EL APOCALIPSIS, UNA PROFECÍA DE LA HISTORIA

Comentario del Apocalipsis de San Juan

AMBROSIO TRONCOSO SANDOVAL

PTLOGICA

www.ambrosiotroncoso.com

Publicado por PTLogica Inc., Ottawa, Canadá.

ISBN libro electrónico: 978-1-7770069-0-7

ISBN libro impreso: 978-1-7770069-1-4

Arte original portada por gottberg.

Diseño portada por Ana Vallejos.

VI.I

A mi esposa Argelia, a mis hijos Pablo, Elízabeth y Cristóbal; a mis nietos Pablo Sebastián, Salvador, Isabella, Santiago y Cristóbal.

AGRADECIMIENTOS

Gracias a mi esposa Argelia por animarme durante la creación de este libro y por su apoyo constante en los cinco años dedicados a este trabajo.

Le agradezco también a mi hijo Pablo Arturo por su valiosa ayuda en la organización, revisión y edición del manuscrito, y por sus acertadas observaciones y sugerencias.

ÍNDICE

PARTE III
EL DÍA DEL SEÑOR

PREFACIO

La idea de escribir un Comentario del Apocalipsis de san Juan surgió al considerar que muchos teólogos y estudiosos han escrito, a lo largo de los siglos, un gran número de interpretaciones sobre este libro destinadas, sobre todo, a ser leídas por otros especialistas en el tema. Por esto mismo, son obras de difícil acceso al público general, lejanas por lo tanto, de aquellos a quienes les gustaría conocer más a fondo y de un modo sencillo este importante libro de la Biblia.

Por otra parte, hay muchas personas que opinan libremente sobre el Apocalipsis desde puntos de vista distintos, en los que predomina la creencia de que el libro fundamentalmente contiene el anuncio de todo tipo de desgracias que vendrán sobre la humanidad; es lo que se conoce como lo apocalíptico. Por eso mismo, tal vez sea éste el más conocido de los libros de la Biblia, y porque trae entre sus páginas famosas imágenes como la de los cuatro jinetes del Apocalipsis y el combate final de Armagedón; estos son textos comentados, interpretados, pintados y constituidos como temas centrales de novelas y otros relatos literarios y de obras de cine. Lo mismo sobre el tema del milenio, sin dejar de mencionar a la Gran Ramera y la Bestia de siete cabezas y diez cuernos.

Pero no basta con considerar estas grandiosas imágenes por separado, porque éstas y muchas otras son como los árboles, todos diferentes y misteriosos, pero que no dejan ver el bosque; es decir, que por detenerse especialmente en alguna de estas imágenes, se dificulta entender el significado completo del libro.

El propósito de este Comentario es, entonces, el de estudiar el Apocalipsis con la intención de encontrar una explicación satisfactoria de todo su contenido, es decir, lograr entender de la mejor manera la totalidad del mensaje que entrega san Juan, y que esta explicación, en lo posible, sea asequible para todos los interesados en el tema.

Para lograr esto, lo primero es tratar de entender el significado literal de la obra, es decir, explicitar aquello que dice el texto directamente, siguiendo su organización tradicional de veintidós capítulos y sus versículos, para pasar luego al plano de lo que el texto quiere decir a sus lectores, con su lenguaje rico en símbolos, imágenes y recursos de estilo, como paralelismos, repeticiones, anticipaciones y con sus alusiones a la mitología universal. Aquí son muy importantes las referencias a los libros del Antiguo Testamento, en especial a los proféticos, como sustrato religioso y cultural propio del autor del Apocalipsis.

El segundo paso es encontrar un hilo conductor capaz de otorgar coherencia y unidad a un libro que a primera vista aparece como fragmentado y repetitivo, formado por una colección de relatos, himnos y visiones sin conexión aparente.

Este hilo conductor es el enfoque histórico con el que abordamos el Apocalipsis, en el sentido de que sostenemos que este libro es una profecía de la historia universal, hecha desde el punto de vista cristiano, que se manifiesta en diversas visiones de la historia, que culminará con la llegada del Día del Señor.

Para facilitar la lectura de este Comentario, hemos incluido completo el libro del Apocalipsis, que se va entregando a medida que se comenta, transcribiendo el capítulo y los versículos correspondientes, con el propósito de que el lector pueda recurrir en forma inmediata al texto cuando lo considere necesario. Sin embargo, este Comentario está organizado en partes y capítulos propios, de acuerdo al enfoque histórico adoptado.

La versión del Apocalipsis que utilizamos en este Comentario está tomada de la Biblia Reina Valera 1865. Ésta es una versión en español del siglo XIX, que utilizamos de manera literal; aunque trae algunas palabras ahora fuera de uso, colocamos aquí la forma actual de algunas de ellas entre [corchetes]. También en esta Biblia hay palabras escritas en forma diferente, sobre todo por su acentuación, ya que el uso de tildes se basa en reglas de ortografía que no son las actuales, por lo que cuando aparecen en el texto bíblico o en las citas del mismo, no deben considerarse como faltas de ortografía.

A pesar de esto, la versión que utilizamos es clara y directa, por lo que facilita la comprensión literal de los textos en estudio.

Cuando en este Comentario se citan partes del texto bíblico que se está comentando, estas citas se presentan en letra itálica o cursiva. Pero cuando la cita corresponde a otra sección del Apocalipsis o al Antiguo y Nuevo Testamento, ésta se presenta entre comillas, en letra itálica, y con su referencia al libro, capítulo y versículos correspondientes.

Por otra parte, Reina Valera 1865 es la única edición viable de la Biblia en español libre de copyright o derechos de autor, lo que permite su libre utilización. Las demás ediciones de la Biblia no permiten citar libremente versículos o secciones mayores, ni menos aún transcribir un libro completo de la Biblia, como lo hacemos en este Comentario.

Hacemos notar que la versión del Apocalipsis y todas las citas bíblicas que aquí utilizamos se transcribieron directamente de un ejemplar original de Reina Valera 1865, y no de alguna reedición posterior de esta Biblia. La transcripción del Apocalipsis se encuentra también disponible en el sitio web del autor.

Ambrosio G. Troncoso Sandoval
Constitución, enero 2021, Chile.

INTRODUCCIÓN

El Apocalipsis es el último libro de la Biblia y el único enteramente profético del Nuevo Testamento. Es profético en el sentido de que anuncia eventos que habrán de cumplirse en tiempos futuros; es una profecía de la historia, cuyo fin se producirá con la manifestación del Día del Señor.

El libro fue escrito a finales del primer siglo d.C. época que marca una rápida expansión del cristianismo y del conflicto cada vez más agudo con el imperio romano y su creciente culto al emperador como persona divina, que significaron persecución, muerte y peligro de extinción para la naciente y vigorosa nueva religión nacida del judaísmo, que proclamaba al Dios único como Padre y creador y a Jesucristo como el único Señor a quien servir.

Su autor se designa a sí mismo con el nombre de Juan; escribió su libro estando preso en la isla de Patmos por proclamar *"la palabra de Dios, y por el testimonio de Jesu Cristo"* (1: 9), por lo que se entiende que su obra es un libro cristiano. Desde tiempos antiguos se lo identifica con Juan, el discípulo predilecto del mismo Jesús y autor del cuarto evangelio.

El Apocalipsis es un libro en forma de carta, enviado a las siete iglesias de la provincia proconsular de Asia. La forma literaria de la carta otorga una gran unidad al escrito, ya que su autor, sus destinatarios, el tema central que desarrolla y las conclusiones y advertencias finales se establecen con mucha claridad por lo que la obra muestra una gran coherencia. La unidad del libro se refuerza también mediante el uso de frecuentes recursos de estilo como la narración en primera persona, el uso de la antítesis, la duplicación y anticipación de temas, junto con el empleo del simbolismo tradicional, destacándose el simbolismo de los colores y el numérico. Sirven también a este propósito las continuas alusiones a la mitología y a la astrología, que aunque en el libro del Apocalipsis pierden su valor usual, se utilizan igualmente como recursos expresivos que sirven para ilustrar los conceptos cristianos que el autor expone.

Sin embargo, el mayor factor de unidad de la obra se encuentra en el profundo conocimiento de los escritos del Antiguo Testamento que manifiesta su autor, no solo en la forma de citas textuales o de referencias libres a los textos, sino porque el propósito fundamental de la Biblia, que es la revelación de la palabra de Dios, que culmina en el evangelio de Jesucristo, tiene su conclusión plena en el Apocalipsis de san Juan. Además, al finalizar el siglo I ya se había predicado a Cristo muerto y resucitado en gran parte del mundo romano; también se habían escrito los libros del Nuevo Testamento, en especial, las cartas del apóstol Pablo y los evangelios. El conocimiento de los escritos sagrados da coherencia a su interpretación de la historia desde una perspectiva cristiana, que es el propósito de su libro.

Los destinatarios son los fieles de las siete iglesias de la provincia de Asia, los que evidentemente reconocían la autoridad del apóstol o profeta que envía el libro para que en esas iglesias fuera leído, escuchado y asimilado con el respeto debido, ya que es palabra del mismo Jesucristo:

"Escribe en un libro lo que ves, y envíalo á las siete iglesias que están en Asia, es á saber: á Epheso, y á Smyrna, y á Pergamo, y á Thyatira, y á Sardis, y á Phiiladelphia, y á Laodicea." (1: 11)

El Apocalipsis fue escrito en tiempos históricos muy difíciles para las comunidades cristianas, que ya se extendían por gran parte del imperio romano. Los fieles habían sufrido duras persecuciones y se hacía evidente que vendrían otras aún más intensas, porque a los ojos del imperio la nueva religión, al proclamar como único Señor a Jesucristo, desafiaba el poder del estado romano, establecido en ese momento histórico en torno al concepto del emperador como persona divina. Esta difícil situación se daba en todas partes, ya que el imperio romano estaba instalado sin contrapeso en todos sus dominios; es así que el libro fue escrito para fortalecer a las iglesias en ese tiempo tan difícil, haciendo evidente que las dificultades que los fieles estaban viviendo formaban parte de un acontecer histórico más amplio, general y universal. Se les da el mensaje, entonces, de que las persecuciones y sufrimientos actuales son parte de las tribulaciones que padecerán los discípulos durante toda la historia, hasta la segunda venida de Jesús. De tal manera que el imperio romano con todo su poder, es semejante a la Bestia de siete cabezas y diez cuernos que se describe en el Apocalipsis, inspirada por Satanás, que domina y esclaviza a los pueblos; pero, de modo más preciso, solo es un tipo o modelo de esta Bestia, la que se manifestará al final de los tiempos, cuando también venga la anunciada gran tribulación con su carga de sufrimientos y persecuciones nunca experimentados por la humanidad. Asimismo, se les da la seguridad de que los fieles triunfarán sobre el poder del imperio romano, que parece invencible, tal como vencerán sobre otros poderes en el transcurso de la historia, a condición de que se mantengan fieles a su Señor.

El Apocalipsis nos presenta el desarrollo de la historia de la humanidad, historia que llega a su término con la manifestación del Día del Señor. La historia se articula en el enfrentamiento entre dos fuerzas o tendencias, que representan opciones opuestas que comprometen absolutamente a todo ser humano:

La primera opción está representada por los que aceptan el evangelio eterno, que proclama que todo ser humano debe reconocer a Dios como creador de todo lo existente, que solo a Dios se debe adorar, que él es el único al que corresponde el poder y la gloria, y que se hace visible en la creación por medio de Jesucristo, Señor de la historia; por medio de él Dios lleva a la humanidad y a toda la creación a su plenitud. El Apocalipsis llama a éstos los siervos de Dios y ejércitos del cielo, que durante la historia trabajan por la llegada del reino de Dios y esperan el Día del Señor.

La segunda tendencia, que corresponde a los que optan por negar la presencia y el poder de Dios en el mundo son los que el Apocalipsis llama "los moradores de la tierra", que son los que consideran como absolutos los poderes establecidos en el mundo, de carácter político, económico o ideológico, poderes que intentan construir la civilización prescindiendo de Dios, aunque sus esfuerzos los lleven continuamente al fracaso, y aun con el peligro de llevar a la humanidad a su autodestrucción. Son los que ceden ante los métodos de seducción y de engaño del Falso Profeta y aceptan la marca de la Bestia de siete cabezas y diez cuernos, esencia del poder político que se mantiene mediante el dominio y sujeción de los seres humanos.

En el Apocalipsis, el dinamismo de la historia se produce por el enfrentamiento entre estas dos fuerzas, que culminará con el triunfo y manifestación de Jesucristo en el Día del Señor.

Según nuestro enfoque histórico del Apocalipsis, dividimos este Comentario en tres partes:

PARTE I: JESUCRISTO Y EL TESTIMONIO DE LAS IGLESIAS

La primera parte del Comentario contiene la presentación del libro del Apocalipsis y el anuncio del Día del Señor: Jesucristo, el Mesías resucitado, volverá al fin de los tiempos: *"He aquí, viene con las nubes, y todo ojo le verá, y también los que le traspasaron"* (1: 7). Continúa con los mensajes a las siete iglesias, precedidos de una visión de Jesucristo, el Hijo del hombre glorificado, anunciado en las profecías. Él está en medio de las iglesias y en su mano derecha tiene a sus ángeles o pastores. Mediante sendos mensajes enviados a cada una de las siete iglesias, que por el simbolismo del número siete representan a la iglesia universal, les pide ser sus testigos durante todo el transcurso de la historia hasta su segunda venida, manteniendo la enseñanza apostólica y rechazando la influencia de Satanás que los podría seducir para servir a los poderes del mundo.

PARTE II: DOS VISIONES DE LA HISTORIA UNIVERSAL

Estas visiones de la historia están contenidas en el libro de los siete sellos, en el ciclo de las siete trompetas y en los testimonios del pueblo de Dios.

Al romper los sellos, Jesucristo, el Cordero que está junto al trono de Dios, despliega el drama de la historia humana mediante poderosas visiones simbólicas que muestran cómo el plan divino se irá cumpliendo durante la historia, plan que incluye la transformación de la humanidad, la derrota de sus enemigos y la llegada definitiva del reinado de Dios simbolizado como la Nueva Jerusalén. Los seis primeros sellos que rompe el Cordero presentan una visión total de la historia humana contemplada desde el cielo, adonde ha sido llamado Juan, historia que terminará con el triunfo de los justos y el castigo y destrucción de los inicuos al llegar el Día del Señor.

El séptimo sello que abre el Cordero da paso al ciclo de las siete trompetas, que es otra mirada a la historia, ahora desde un punto de vista más específico: cada toque sucesivo de las trompetas pone en evidencia las graves consecuencias que traen para la naturaleza y los seres humanos los reiterados intentos de construir una civilización sin Dios.

La séptima trompeta permite escuchar los cantos de alabanza a Dios en el cielo por su juicio inminente porque ha llegado el tiempo *"para que des el galardon á tus siervos los profetas, á los santos, y á los que temen tu nombre (...) y para que destruyas a los que destruyen la tierra"* (11: 18).

PARTE III: EL DÍA DEL SEÑOR

La tercera parte de este Comentario se inicia con el ciclo de las señales simbólicas, continúa con las visiones del juicio de Dios, para terminar con las visiones del reino de Dios o la Nueva Jerusalén que baja del cielo.

En el ciclo de las señales simbólicas se desarrolla un nuevo punto de vista sobre la historia humana; ésta se revela como parte de un combate cósmico entre Jesucristo y Satanás, el dragón o serpiente antigua, que introduce el mal en el mundo con el intento de destruir la humanidad. Se muestra aquí que mediante su influencia Satanás ha llevado a las civilizaciones humanas a construirse en la injusticia y la opresión de las gentes, suscitando para esto dos secuaces que lo representan: los poderes políticos y económicos del mundo (la Bestia surgida del mar, de siete cabezas y diez cuernos) y el poder religioso corrupto (el Falso Profeta o la Bestia que surge de la tierra).

La séptima señal introduce el ciclo de las visiones del juicio, que se inicia con las siete copas de la ira que se derraman sobre un mundo que corresponde esta vez a la civilización final erigida bajo la inspiración del Dragón y sus secuaces: el reino de la Bestia de siete cabezas y diez cuernos. El fracaso total de esta civilización se simboliza como un castigo divino que derrama las copas de la ira sobre este mundo. Después del juicio y castigo de todos los enemigos de Dios y de la humanidad, viene la visión de un cielo nuevo y de una tierra nueva, vale decir, la visión de la Nueva Jerusalén que baja del cielo, la morada de Dios con la humanidad.

De acuerdo con esto, podemos entender que el Apocalipsis es una profecía de la historia, que se fundamenta en que Dios, *"que es, y que era, y que ha de venir"* (1: 4), interviene en los acontecimientos humanos y conduce la historia de manera inexorable hasta el establecimiento de su reino; pero esto lo hace junto a los que aceptan su llamado, los que proclaman la palabra de Dios y tienen el testimonio de Jesús, ya que su propósito es que la humanidad y la creación alcancen su plenitud. Su intervención definitiva se produjo con la venida al mundo del Mesías, su muerte y resurrección. Con este hecho se constituye a Jesucristo como Señor de la creación y el único capaz de revelar los designios de Dios (5: 1-8). Por esto mismo el Apocalipsis es un libro profético; su propósito lo indica el mismo Jesucristo dirigiéndose al vidente: *"Escribe las cosas que has visto, y las que son, y las que han de ser despues de estas"* (1: 19).

La metodología que se utiliza es la del comentario de textos, tratando en primer lugar de establecer lo que éstos dicen de acuerdo a su expresión literal, pero entendiendo que forman parte de un lenguaje más amplio, que incluye imágenes, símbolos, mitos y elementos de astrología. Muy importantes para lograr entender los textos son las frecuentes referencias y citas del Antiguo Testamento, en especial de los libros proféticos, además del conocimiento profundo de la fe cristiana que Juan manifiesta en todo momento. Así, establecido el texto que se comentará, se analiza según su forma y contenido; luego se sitúa en su contexto inmediato para luego hacerlo en su contexto mayor constituido sobre todo por los libros proféticos; además, se consideran, cuando corresponde, las concepciones mitológicas comunes a diferentes culturas, así como algunas alusiones a la astrología, junto con el sistema de símbolos universales también presentes en el libro.

En el texto se incluyen algunas notas (que aparecen con un título no numerado) que toman la forma de artículos destinados a profundizar algunos de los temas tratados.

Esperamos que una lectura enfocada de este modo nos permita aportar con nuevos puntos de vista a la comprensión de este difícil y controvertido libro, abordado por tantos y desde distintos puntos de vista, incluidos quienes han hecho del último libro de la Biblia un sinónimo de plagas, muerte y destrucción para la humanidad. Por el contrario, la esperanza en un mundo mejor que se va construyendo durante la historia y que culminará con la llegada del reinado de Dios, que trae la plenitud a la humanidad y a la creación entera, es, a nuestro entender, el mensaje fundamental del Apocalipsis.

DISPOSICIÓN DE LAS CITAS DE LA BIBLIA

La única versión de la Biblia utilizada para realizar este Comentario es *La Santa Biblia*, versión de Cipriano de Valera, por Ángel Herreros de Mora y Herny Barrignton Pratt, impresa por la Sociedad Bíblica Americana, 1865, también conocida como Reina Valera 1865 o RV1865.

Las citas bíblicas se indican con la abreviatura del libro citado, después se indica el número del capítulo seguido de dos puntos señalando a continuación los versículos correspondientes. Ejemplo: (Gn 3: 8-13), es decir, Génesis capítulo 3, versículos del 8 al 13. El nombre de la Biblia usada se omite, ya que como se mencionó en el párrafo anterior, solo una fuente bíblica es usada en todo el Comentario.

Como la mayor parte de las citas son internas porque corresponden al Apocalipsis, en estos casos anotamos el capítulo y los versículos correspondientes, sin colocar la abreviatura del libro. Ejemplo: (12: 1-3), es decir, Apocalipsis, capítulo 12, versículos del 1 al 3.

Al final de este libro se encuentra la lista de abreviaturas utilizadas, para referencia del lector.

PARTE I

JESUCRISTO Y EL TESTIMONIO DE LAS IGLESIAS

"No temas, yo soy el primero, y el postrero;

Y el que vivo, y he sido muerto, y, he aquí, vivo por siglos de siglos, Amén; y tengo las llaves del infierno, y de la muerte." (1: 17-18)

CAPÍTULO 1
LA REVELACIÓN DE LA PROFECÍA

1.1 PRESENTACIÓN

"La revelacion de Jesu Cristo, la cual Dios le dió para manifestar á sus siervos cosas que deben suceder presto; y la declaró, enviándola por su ángel á Juan su siervo;

El cual ha dado testimonio de la palabra de Dios, y del testimonio de Jesu Cristo, y de todas las cosas que vió.

Bienaventurado el que lee, y los que escuchan las palabras de la profecía, y guardan las cosas que en ella están escritas; porque el tiempo está cerca." (1: 1-3)

Juan comienza con una breve presentación de su libro, la Revelación de Jesucristo, contenida en los tres primeros versículos del primer capítulo del Apocalipsis. Indica que el tema central de su escrito es la *revelación* que Dios entrega a Jesucristo como una profecía para que sus siervos conozcan las *cosas que deben suceder presto.* Esto que sucederá pronto es el Día del juicio de Dios sobre el mundo, anunciado por los profetas como el Día del Señor.

La *revelación* se debe entender en dos aspectos complementarios, que marchan entrelazados a lo largo del libro. Es, por una parte, la *revelación* de Jesucristo como el Mesías que triunfa sobre la muerte, que está presente en su iglesia y que se manifestará gloriosamente en el Día del Señor. Por otra parte, es la *revelación* del plan misterioso de Dios sobre la humanidad, que culminará en el Día supremo, que está escrito simbólicamente en el libro de los siete sellos, pero oculto al entendimiento de todos los seres creados. Solo el Mesías, por su muerte y resurrección es el único que puede tomar este libro como algo suyo, romper sus sellos y darlo a conocer. El autor desarrolla el tema de la *revelación* del plan de Dios a partir del capítulo 4 del Apocalipsis.

Con la palabra *siervo* se designa en la Biblia a los profetas, en cuanto hablan en nombre de Dios, y a los ángeles, en cuanto actúan como sus mensajeros; por extensión, *siervos* son también los fieles. De esta manera, Juan se declara profeta y su libro como profético.

Jesucristo comunica la revelación a Juan no en forma personal, sino por medio de su *ángel*. Según la creencia judía tradicional, toda persona tiene un ángel custodio que cuando se hace visible toma la misma apariencia de esa persona. Así, cuando el apóstol Pedro es liberado de la cárcel y acude a la casa donde permanecían los demás discípulos, éstos se negaban a abrir la puerta diciendo: *"Su ángel es"* (Hch 12: 15). Asimismo, en el Antiguo Testamento Dios se manifiesta por medio de su ángel. Por esto, es el ángel de Jesucristo a quien Juan ve y de quien recibe la revelación como también lo afirma al final del Apocalipsis: *"Yo Jesús he enviado mi ángel para daros testimonio de estas cosas en las Iglesias"* (22: 16).

Juan introduce en estos primeros versículos uno de los conceptos fundamentales del Apocalipsis al decir que él es testigo de que aquello que le fue revelado por medio de visiones es *palabra de Dios y testimonio de Jesu Cristo.* Esta expresión, que es una fórmula que constantemente se repite en el libro, se puede entender como una definición de lo que es ser un discípulo y testigo de Jesucristo; éste es quien proclama la palabra de Dios y acepta y adhiere plenamente al testimonio que dio Jesucristo mediante sus palabras, sus obras, su muerte y resurrección; acepta que en él se cumplen las escrituras, porque como testigo fiel validó el Antiguo Testamento y proclamó el reino de Dios.

Por esto mismo termina esta introducción con una bienaventuranza dirigida al que lea y a quienes en las iglesias escuchen y guarden estas profecías; con Jesucristo se inicia la culminación de los tiempos que concluirán con su gloriosa manifestación, que es el Día del Señor; por eso *bienaventurado el que lee y los que escuchan las palabras de esta profecía, y guarden las cosas que en ella están escritas, porque el tiempo está cerca.* Asimismo, Juan concluye el libro con estas mismas palabras, mostrando la unidad de su obra: *"He aquí, yo vengo prestamente: Bienaventurado el que guarda las palabras de la profecía de este libro"* (22: 7), asegurando así que el Apocalipsis forma parte de los libros que se consideran palabra de Dios.

1.2 EL SALUDO A LOS DESTINATARIOS

"Juan, á las siete iglesias que están en Asia: Gracia á vosotros, y paz de aquel, que es, y que era, y que ha de venir; y de los siete espíritus que están delante de su trono;

Y de Jesu Cristo, que es el testigo fiel, el primogénito de entre los muertos, y el príncipe de los reyes de la tierra. Al que nos amó, y nos lavó de nuestros pecados en su misma sangre,

Y nos ha hecho reyes, y sacerdotes para Dios y su Padre: á él la gloria y el imperio para siempre jamás. Amén.

He aquí, viene con las nubes, y todo ojo le verá, y también los que le traspasaron; y todos los linages de la tierra se lamentarán sobre él. Así es, Amén.

Yo soy el Alpha y la Omega, el principio y el fin, dice el Señor, que es, y que era, y que ha de venir, el Todopoderoso." (1: 4-8)

Juan saluda a sus destinatarios de parte de Dios, de parte de los siete espíritus que están ante su trono y de parte de Jesucristo. Enmarca su saludo entre dos fórmulas que revelan la grandeza de Dios. Empieza, en el versículo cuatro, refiriéndose al *que es, y que era, y que ha de venir.* Concluye el saludo en el versículo ocho con la expresión *Yo soy el Alpha y la Omega, el principio y el fin, dice el Señor, que es, y que era, y que ha de venir, el Todopoderoso.*

La fórmula que usa el autor para iniciar su saludo desarrolla la revelación entregada a Moisés y al pueblo de Israel cuando Dios mismo declara su nombre: *"YO SOY EL QUE SOY"* (Ex 3:14); es decir, Dios es el que existe por sí mismo, el absoluto y trascendente, frente al cual todos los seres creados son contingentes y relativos. Por esto, Dios continúa diciendo a Moisés: *"Así dirás á los hijos de Israel: YO*

SOY, me ha enviado á vosotros" (Ex 3: 14). Entonces Juan saluda a las iglesias de parte del Dios de la eternidad, que trasciende la duración del tiempo, pero que es también el Dios de la historia, pues es el Dios del presente; pero es también el mismo que intervino en los acontecimientos del pasado y el mismo que ha de intervenir en los tiempos venideros, el que se manifestará en el Día del Señor. Es el Dios que se reveló a su pueblo manifestándose en los acontecimientos históricos para salvarlo como en el paso del Mar Rojo, o para corregirlo y acompañarlo en las derrotas militares y en el destierro, y que revela su plenitud en Jesucristo.

Despide el saludo con la expresión *Yo soy el Alpha y la Omega, el Todopoderoso.* Con la expresión *Alpha y Omega*, es decir, la A y la Z, la primera y la última letra del abecedario, Dios se muestra como el principio y el fin de todas las cosas, ya que todo está bajo su dominio. La creación se puede entender como su escritura, como un libro escrito por su mano en el cual también se revela a sí mismo. Las cosas creadas son las letras de este inmenso libro en el que Dios revela parte de su naturaleza y que el ser humano puede leer y conocer, y entender que en la hermosura, orden y perfección de la creación se manifiesta el Creador, como lo dice el salmista: *"Los cielos cuentan la gloria de Dios"* (Sal 19:1). Al mismo tiempo es el *Todopoderoso* porque para el Dios único no hay nada imposible, porque es superior a cualquier fuerza que pueda oprimir y destruir al ser humano.

Con la proclamación del Dios único y todopoderoso, Juan coloca en el centro de la revelación el evangelio eterno, como lo señala más adelante:

> *"Y ví otro ángel volar por en medio del cielo, que tenia el*
> *Evangelio eterno, para que evangelizase á los que moran en la*
> *tierra, y á toda nacion, y tribu, y lengua, y pueblo,*
>   *Diciendo á alta voz: Temed á Dios, y dadle gloria; porque la*
> *hora de su juicio es venida; y adorad al que ha hecho el cielo, y la*
> *tierra, y la mar, y las fuentes de las aguas."* (14: 6-7)

El evangelio eterno es la revelación del Dios único; es la misma afirmación de Jesús cuando rechaza las tentaciones de Satanás al iniciar su vida pública: *"porque escrito está: Al Señor Dios tuyo adorarás, y á él solo servirás"* (Lc 4: 8).

Juan saluda también a las iglesias de parte *de los siete espíritus que están ante su trono.* Por una parte, son los siete ángeles que según la tradición judía están siempre ante la faz de Dios, encargados de comunicar sus designios (Zac 4: 10). También son el Espíritu Santo, que en su plenitud se manifiesta en siete formas o expresiones, las mismas que atribuye el profeta Isaías al futuro Mesías al anunciarlo como príncipe de la paz:

> *"Y reposará sobre él el Espíritu de Jehova, espíritu de sabiduría y*
> *de inteligencia, espíritu de consejo y de fortaleza, espíritu de*
> *conocimiento y de temor de Jehova."* (Is 11: 2)

Después Juan los saluda de parte de Jesucristo. Lo muestra desde dos puntos de vista: por una parte es el Mesías sufriente y *el testigo fiel (...) que nos amó, y nos lavó de nuestros pecados con su misma sangre.* Por otra parte, es también el *príncipe de los reyes de la tierra*, el Señor que tiene autoridad y dominio sobre todos los poderes.

Él es *el testigo fiel* porque realizó plenamente la voluntad de Dios; es *el primogénito de entre los muertos*, venciendo a la muerte con gran poder, llegando a constituirse por esto en *el rey de los reyes de la tierra*, es decir, en el único al que le corresponde el poder y la gloria. Notemos que la expresión equivalente *"Rey de reyes y Señor de señores"* que recibe más adelante Jesucristo (19: 16), es un título divino con el que se muestra el supremo poder de Dios (Cf. Dt. 10: 7 y 1 Ti 6: 15); notemos también que por esto mismo, como lo expone Juan en el Apocalipsis, todo ser humano debe tomar la vital decisión de servir a Dios manifestado en Jesucristo como Señor o, por el contrario, servir a los poderes del mundo, que son expresión de Satanás (13: 1-18); con la proclamación de Jesucristo como *el príncipe de los reyes de la tierra*, Juan hace explícita esta suprema elección humana que recorre todo su libro.

Jesucristo es rey y sacerdote (1: 12-16) y sus testigos deben hacerse semejantes a él; por eso, *nos ha hecho reyes, y sacerdotes para Dios y su Padre*, asociando a sus discípulos en la proclamación del reinado de Dios, y haciéndolos un pueblo sacerdotal, testigos entre los seres humanos.

Juan continúa con su saludo de parte de Jesucristo como el Mesías anunciado, que al final de los tiempos regresará en el Día del Señor. Por eso dice *He aquí, viene con las nubes* y se le entrega *la gloria y la realeza*, como lo anunció el profeta Daniel: *"Veía en la visión de la noche, he aquí en las nubes del cielo, como un Hijo de hombre que venía; (...) Y fuéle dado señorío, y gloria, y reino; y todos los pueblos, naciones, y lenguajes le sirvieron"* (Dn 7: 13-14). Por otra parte, en la profecía de Zacarías, el Mesías es rechazado y asesinado, el mismo que finalmente será reconocido y aceptado por el pueblo israelita: *"mirarán en mí, á quien traspasaron; y harán llanto sobre él, como llanto que se hace sobre unigénito, afligiéndose sobre él como quien se aflige sobre primogénito"* (Zac 12: 10). En su saludo a las iglesias, Juan hace referencia también a esta profecía, que se refiere al Día del Señor, pero la atribuye ahora a toda la humanidad y no solo al pueblo de Israel: *He aquí, viene con las nubes, y todo ojo le verá, y también los que le traspasaron; y todos los linages de la tierra se lamentarán sobre él,* y lo reconocerán como su Salvador.

Estas dos maneras de ver a Jesucristo, aparentemente contradictorias, son en realidad complementarias. Sin embargo, la tradición católica presentó, hasta el Concilio Vaticano II, a Jesucristo sobre todo como el Mesías sufriente muriendo en la cruz por los pecados de los seres humanos; en cambio, las denominaciones evangélicas o protestantes prefieren presentarlo casi exclusivamente como el Señor poderoso y resucitado. Como en los versos del poeta español Antonio Machado en su poema La Saeta:

> *Dice el cantar popular:*
> *"Quién me presta una escalera*
> *para subir al madero*
> *para bajar de la cruz*
> *a Jesús el nazareno."*
> *¡Oh, no eres tú mi cantar!*
> *No quiero cantar ni puedo*
> *a ese Jesús del madero,*
> *sino al que anduvo en el mar.*

Pero ambos aspectos son inseparables pues muestran el misterio de la persona de Jesucristo, y aparecen también más adelante en el Apocalipsis. Él es el León de la tribu de Judá, el rey lleno de poder y gloria, y es a la vez el Cordero inmolado:

"Y uno de los ancianos me dice: No llores: he aquí, el Leon de la tribu de Juda, la raíz de David, que ha prevalecido para abrir el libro y desatar sus siete sellos.

Y miré; y he aquí, en medio del trono, y de los cuatro animales [seres vivientes], y en medio de los ancianos, estaba un Cordero en pié como uno que hubiera sido inmolado (...) Y él vino, y tomó el libro de la mano derecha de aquel que estaba sentado en el trono."

(5: 5-7)

También después, en el ciclo de las siete señales, Juan ve *"el Cordero en pié sobre el monte Sion, y con él ciento y cuarenta y cuatro mil, que tenían el nombre de su Padre escrito en sus frentes"* (14: 1), que son quienes en el mundo luchan contra la Bestia y el Falso Profeta. A continuación ve también *"una nube blanca, y sobre la nube uno asentado semejante al Hijo del hombre que tenía en su cabeza una corona de oro, y en su mano una hoz aguzada"* (14: 14), para segar la mies de la tierra. Es decir, Juan lo ve como el Mesías que, inmerso en la historia junto a sus discípulos, se enfrenta a los secuaces de Satanás, y también como el Señor pleno de gloria, Rey y Juez de las naciones.

CAPÍTULO 2
JESUCRISTO, SEÑOR DE LAS IGLESIAS

2.1 JESUCRISTO, REY GLORIOSO

D espués del saludo a las iglesias, Juan explica a sus destinatarios las circunstancias en que fue llamado por Jesucristo y la misión que le asigna.

"*Yo Juan, vuestro hermano, y participante en la tribulacion, y en el reino, y en la paciencia de Jesu Cristo, estaba en la isla que es llamada Patmos, por la palabra de Dios, y por el testimonio de Jesu Cristo.*

Yo fui en el Espíritu en dia de Domingo, y oí detrás de mí una gran voz como de trompeta,

Que decia: Yo soy el Alpha y la Omega, el primero y el postrero: Escribe en un libro lo que ves, y envíalo á las siete iglesias que están en Asia, es á saber, á Epheso, y á Smyrna, y á Pergamo, y á Thyatira, y á Sardis, y á Philadelphia, y á Laodicea.

Y volvime para ver la voz que hablaba conmigo; y vuelto, ví siete candelabros de oro;

Y en medio de los siete candelabros de oro uno semejante al

Hijo del hombre vestido de una ropa que llegaba hasta los piés y ceñido con una cinta de oro por los pechos;

Y su cabeza, y sus cabellos eran blancos como la lana blanca, tan blancos como la nieve; y sus ojos como llama de fuego;

Y sus piés, semejantes al laton [bronce] fino, ardientes como en un horno; y su voz como ruido de muchas aguas.

Y tenía en su mano derecha siete estrellas; y de su boca salía una espada afilada de dos filos; y su rostro era resplandeciente como el sol resplandece en su fuerza.

Y cuando yo le hube visto, caí como muerto á sus piés. Y él puso su diestra sobre mí, diciéndome: No temas, yo soy el primero, y el postrero;

Y el que vivo, y he sido muerto, y, he aquí, vivo por siglos de siglos, Amén; y tengo las llaves del infierno, y de la muerte.

Escribe las cosas que has visto, y las que son, y las que han de ser despues de estas.

El misterio de las siete estrellas que has visto en mi diestra, y los siete candelabros de oro. Las siete estrellas, son los ángeles de las siete Iglesias, y los siete candelabros que viste, son las siete Iglesias.” (1: 9-20)

Al explicar su llamado, Juan se presenta como uno de los discípulos de Jesús, sometido a las mismas pruebas y compartiendo la misma fe que los demás miembros de la iglesia, perseguido por el poder romano *por la palabra de Dios, y por el testimonio de Jesu Cristo*, es decir, por proclamar la fe en el Dios único y sus mandamientos, y por mantener el testimonio que Jesús dio de sí mismo como el Mesías anunciado por los profetas y heredero de las promesas, que se cumplen plenamente en él.

Prisionero y desterrado, Juan, sumido en profunda oración, entra en un éxtasis que lo lleva a contemplar el momento supremo de la intervención de Dios, cuando destruya a los impíos opresores y premie a sus siervos, es decir, el Día del Señor. Aunque la versión de la Biblia que estamos usando escribe: *yo fui en Espíritu en dia de Domingo*, es mejor basarse en el texto griego original, que dice: *yo estaba en espíritu en el Día del Señor.*

En efecto, esta última expresión se encuentra muchas veces en el Antiguo Testamento y se refiere siempre al Día final o intervención escatológica del fin de los tiempos, como se lee en el profeta Isaías: *"Porque dia de Jehova de los ejércitos vendrá sobre todo soberbio y altivo, y sobre todo ensalzado, y será abajado"* (Is 2: 12). De igual manera, en el Nuevo Testamento, la misma expresión se refiere siempre a este gran Día, en todos los lugares donde aparece: *"El sol se volverá en tinieblas, y la luna en sangre, ántes que venga el dia del Señor grande y illustre"* (Hch 2: 20).

Es cierto que el día de la resurrección de Jesucristo se respetó y se conmemoró desde el comienzo del cristianismo, pero no todavía con el nombre de día Domingo o día del Señor. En el Nuevo Testamento el día de la resurrección de Jesucristo se menciona siempre como el primer día de la semana: *"Y el primer dia de la semana, juntados los discípulos para romper el pan..."* (Hch 20: 7), y también: *"Mas el primer dia de la semana, muy de mañana vinieron al sepulcro, trayendo las drogas aromáticas que habían aparejado"* (Lc 24: 1). Por esto, podemos afirmar que el Apocalipsis, como profecía de la historia, se refiere a este Día final desde sus primeras líneas: *"He aquí, viene con las nubes, y todo ojo le verá, y también los que le traspasaron; y todos los linages de la tierra se lamentarán sobre él. Así es, Amén"* (1:7). En efecto, el Apocalipsis desde principio a fin muestra este Día supremo desde diferentes perspectivas, para culminar finalmente con la llegada del reino de Dios o la Nueva Jerusalén.

En este éxtasis o unión profunda con Dios, una voz poderosa anuncia a Juan que recibirá revelaciones en forma de visiones que deberá escribir en un libro. En general, un libro es símbolo de la ciencia, de la sabiduría y de la palabra inalterable. Juan deberá enviar el libro a las siete iglesias de Efeso, Esmirna, Pérgamo, Tiatira, Sardes, Filadelfia y Laodicea. Las iglesias estaban en esas siete ciudades de la provincia proconsular de Asia, territorio que actualmente es parte de Turquía.

Esta voz poderosa que le habla es la de Jesucristo, que aparece ante él como el Señor victorioso y lleno de gloria, como el Juez anunciado por el profeta Daniel para el fin de los tiempos, sacerdote y rey: *vi uno semejante al Hijo del hombre vestido con una ropa que llegaba hasta los piés y ceñido con una cinta de oro por los pechos.* Juan usa las mismas expresiones de Daniel cuando muestra a Dios como Juez universal: *"Estuve mirando, hasta que fueron traidos tronos, y el Anciano de dias se asentó: su vestido era blanco como la nieve, y el pelo de su cabeza como lana limpia: su trono de llama de fuego, sus ruedas fuego ardiente"* (Dn 7: 9). Los cabellos blancos son un símbolo de la eternidad de Dios, atribuida aquí a Jesucristo, quien también posee la plenitud del conocimiento, simbolizado en sus *ojos como llamas de fuego;* su permanencia y solidez se simbolizan con la imagen de la dureza y brillo del bronce. Su gran poder se expresa en su potente palabra, ya que su voz era *como el ruido de muchas aguas.*

Continúa Juan su descripción cuando dice que *en su mano derecha tenía siete estrellas; y de su boca salía una espada afilada de dos filos; y su rostro era resplandeciente como el sol resplandece con toda su fuerza.* Jesucristo es la Palabra poderosa de Dios, que como una espada de doble filo separa el bien del mal, pone en crisis y penetra el corazón de los seres humanos y sus instituciones. Esto mismo se muestra simbólicamente en la representación tradicional del nacimiento de Jesús: a un lado del niño está el buey como símbolo del bien; al lado contrario, el burro, como símbolo del mal. El mismo significado tiene también la tradicional representación del buen y del mal ladrón a ambos lados de la cruz. En las parábolas del reino se observa la misma dicotomía, la separación tajante del bien y del mal, separación que se manifestará plenamente en el Día del Señor, cuando se muestre la verdad plenamente y cada uno se manifieste tal como es, ni por más que en el transcurso de la historia el bien y el mal estén confundidos y entrelazados como en la parábola del trigo y la cizaña (Mt 13: 24-30) o en la de los peces en la red (Mt 13: 47-50). Así, aunque el bien y el mal crezcan y se desarrollen juntos y se confundan en el corazón humano, confrontados con la Palabra se muestran en lo que son y serán separados definitivamente. De tal modo que por la fuerza de la Palabra todo se revela y se muestra en su verdad pura y limpia dejando atrás la confusión y contaminación de las cosas y los acontecimientos. Jesucristo tiene la Palabra definitiva que es *la espada afilada de dos filos* que sale de su boca; él trae la última palabra de Dios antes del fin del mundo, asegurando que la llegada del reino es inminente. Más adelante Juan puede contemplar el triunfo definitivo de la Palabra de Dios: "*Y vi el cielo abierto, y he aquí un caballo blanco; y el que estaba sentado sobre él, era llamado Fiel y Verdadero, y en justicia juzga y guerrea (...) y su nombre es llamado La Palabra de Dios*" (19: 11-13), que aniquila a la Bestia y al Falso Profeta y a todos sus seguidores (19: 20-21).

Juan dice también que su rostro brilla como el sol

cuando está con toda su fuerza, porque el sol esplendoroso es otro símbolo que expresa su naturaleza divina.

Juan se impresiona a tal punto con esta visión que cae como muerto a sus pies, lleno de inmenso temor tal como los antiguos hombres de Dios. Jesucristo lo consagra como su profeta, quitándole el miedo cuando se revela como el Mesías victorioso vencedor de la muerte, como el primero y el último. Juan usa las mismas palabras de Isaías, que habla de Dios como el origen y el fin de todo: *"Así dice Jehova, Rey de Israel, y su Redentor, Jehova de los ejércitos: Yo el primero, y yo el postrero, y fuera de mi no hay Dios"* (Is 44:6). Juan muestra de la misma manera a Jesucristo que, siendo un ser humano y habiendo estado muerto, por su resurrección se revela como igual a Dios, como *el que vive,* dueño de la vida y vencedor de la muerte, de donde regresó victorioso: *No temas, yo soy el primero, y el postrero; y el que vivo, y he sido muerto, y, he aquí, vivo por siglos de siglos, Amén; y tengo las llaves del infierno, y de la muerte.*

Confortado Juan con las palabras de Jesucristo, puede escuchar cómo se precisa su misión, pues deberá escribir sobre *las cosas que has visto,* que se refieren a esta visión de Jesucristo como *Rey Glorioso.* Con *las cosas que son* o lo presente se indica la situación de la iglesia en los tiempos históricos anteriores al Día del Señor. Con *las que han de suceder después de estas* se alude a la revelación de los acontecimientos últimos relativos a este Día y la instauración de su reino o manifestación de la Nueva Jerusalén.

La explicación del significado de las estrellas en su mano derecha y de los siete candelabros la da el mismo Jesucristo: las estrellas representan a los *ángeles* o jefes de la comunidad, que como servidores suyos deben ser fieles mensajeros de la palabra de Dios; tiene poder pleno sobre ellos, ya que simbólicamente los tiene en *su mano derecha*. Los candelabros representan a las iglesias, y Jesucristo está en medio de ellas para acompañarlas, animarlas, corregirlas y pedirles cuenta.

El Apocalipsis es un libro donde hay muchas imágenes, símbolos y expresiones misteriosas. En ocasiones se proponen como desafíos a la inteligencia humana (como en 13: 18) o son explicadas por los ángeles (como en 17: 7). En este caso, es el mismo Jesucristo quien explica el misterio de las estrellas y de los candelabros de esta visión.

2.2 LOS MENSAJES A LAS IGLESIAS

Los mensajes se estructuran sobre la base de que Jesucristo es el Señor muerto y resucitado, que volverá al final de la historia, y que deja en el mundo a sus testigos preparando y esperando su segunda venida. Son hombres y mujeres que forman parte de diferentes iglesias o comunidades locales que viven en el mundo concreto del aquí y del ahora, representados por su ángel o guía. Su testimonio debe expresarse en comunidades unidas por el amor, proclamando que Dios es uno, Padre y creador y que Jesucristo es el Mesías. Parte del testimonio es la lucha activa contra la influencia de Satanás, que intenta separar al ser humano de su Dios; dicho simbólicamente, que sus discípulos se esfuercen por llevar en sus frentes el sello de Dios (7: 1-4) y que no se dejen seducir aceptando la marca o el número de la Bestia (13: 16-17).

Juan muestra a Jesucristo como Señor poderoso y exigente, que acompaña a las iglesias y las fortalece con su Espíritu: cada una de ellas recibe una parte del mensaje, que es válido para cualquier tiempo y lugar.

Todos los mensajes están estructurados del mismo modo, pudiéndose distinguir en ellos siete partes:

1. Empiezan señalando el destinatario mediante la fórmula fija *escribe al ángel de la iglesia de...*
2. Indican que es el mismo Jesucristo quien entrega el mensaje; habla en primera persona y está caracterizado con uno de los rasgos que muestran su gloria y poder, sacados de la visión del Hijo del hombre precedente (1: 12-20).
3. Muestran que Jesucristo conoce a fondo al *ángel* o jefe de la iglesia, poniendo en evidencia *sus obras* buenas y las fallas o debilidades que le impiden cumplir su misión.
4. Los mensajes invitan al *ángel* y a la comunidad a rectificar y volverse a Dios.
5. Anuncian un castigo inminente si la iglesia no se arrepiente.
6. Prometen premios y recompensas para los que mantengan su testimonio hasta el final.
7. Terminan con la fórmula fija: *"El que tiene oreja, oiga lo que el Espíritu dice á las Iglesias"*, porque las siete iglesias representan a la iglesia universal.

La iglesia está llamada a dar testimonio de Jesucristo hasta que él vuelva, construyendo el reino de Dios y sufriendo por esto persecución y muerte, como ya lo habían experimentado los cristianos del primer siglo, a los que Juan conforta mostrándoles una visión de la historia universal que culmina con la instauración del reino de Dios, final que ya está decidido por la muerte y resurrección de Jesucristo.

Aunque hay quienes abandonan a su Señor y prefieren

asimilarse a las prácticas del mundo, seducidos por los atractivos del poder y la riqueza, siempre hay un grupo de fieles que mantienen vivo el testimonio de Jesucristo y van construyendo el reino de Dios en la historia.

Estas dos tendencias o fuerzas que existen al interior de la iglesia, que conviven y están presentes en todo tiempo y lugar, las ilustra Juan en los siete mensajes.

2.2.1 EL MENSAJE A LA IGLESIA DE EFESO

"Escribe al ángel de la Iglesia de Epheso: El que tiene las siete estrellas en su diestra, el cual anda en medio de los siete candelabros de oro, dice estas cosas:

Yo sé tus obras, y tu trabajo, y tu paciencia, y que tú no puedes sufrir los malos, y has probado á los que se dicen ser apóstoles, y no lo son, y les has hallado mentirosos.

Y has sufrido, y sufres, y has trabajado por la causa de mi nombre, y no has desfallecido.

Pero tengo algo contra ti, porque has dejado tu primer amor.

Por lo cual ten memoria de donde has caido, y arrepiéntete, y haz las primeras obras; si no, vendré á ti prestamente, y quitaré tu candelabro de su lugar, si no te arrepintieres.

Empero [sin embargo] tienes esto, que aborreces los hechos de los Nicolaitas, los cuales yo también aborrezco.

El que tiene oreja, oiga lo que el Espíritu dice á las Iglesias: Al que venciere, daré á comer del árbol de la vida, el cual está en medio del paraiso de Dios." (2: 1-7)

En los mensajes a las iglesias, Jesucristo se dirige en primera persona al *ángel o* encargado de la comunidad; en este caso, al ángel de la iglesia de Efeso. Los jefes de la iglesia son ángeles en el sentido de que deben ser los mensajeros de la palabra de Dios y sus intermediarios ante la asamblea. El poder que tienen debe ser el de servidores de la comunidad, tal como lo dice figuradamente Juan más adelante:

> *"Y yo Juan soy el que ha oido, y visto estas cosas. Y después que hube oido y visto, me postré para adorar delante de los pies del ángel que me mostraba estas cosas.*
>
> *Y él me dijo: Mira que no lo hagas; porque yo soy consiervo tuyo, y de tus hermanos los profetas, y de los que guardan las palabras de este libro: Adora a Dios."* (22: 8-9)

También los jefes de la iglesia, figuradamente, son astros o estrellas del cielo. En la visión de Jesucristo glorificado de la visión precedente, él tiene siete estrellas en la mano derecha, y como él mismo lo explica, *"las siete estrellas, son los ángeles de las siete iglesias"* (1: 20). Cuando estas *estrellas* se apartan de Dios, *porque has dejado tu primer amor,* como sucede con el jefe de la iglesia de Efeso, entonces esta separación es una caída; es decir, apartarse de Dios es caer, descender al abismo y rechazar la vida eterna; por eso se le dice: *Por lo cual ten memoria de donde has caido, y arrepiéntete, y haz las primeras obras.* De tal manera que cuando en la Biblia se habla del ejército del cielo, se habla simbólicamente de estrellas, que en realidad representan al pueblo de Dios y a sus pastores, que cuando se separan de Dios son como astros que caen del cielo a la tierra. Por eso más adelante Juan ve una gran señal en el cielo: un dragón color de fuego que destruye o hace caer a gran parte del pueblo de Dios y sus pastores: *"Y su cola traia con violencia la tercera parte de las estrellas del cielo, y las arrojó a la tierra"* (12: 4), siguiendo así al profeta Daniel cuando anuncia al futuro enemigo, que se erige sobre todo poder e intenta destruir al pueblo de Dios: *"Y engrandecíase hasta el ejército del cielo, y parte del ejército y de las estrellas echó por tierra, y las holló"* (Dn 8: 10). Está claro así que con la expresión *ejército del cielo* Daniel se refiere al pueblo de Dios y a sus pastores, objeto de la persecución que anuncia.

Del mismo modo, el ángel o jefe de la iglesia de Efeso, al perder el entusiasmo y ardor de los comienzos ha cortado finalmente su relación con Dios y se ha vuelto autónomo; sin embargo, con esto ha ido comprometiendo también a la iglesia que dirige, que sigue a su pastor y marcha a su destrucción: *si no vendré á ti prestamente, y quitaré tu candelabro de su lugar, si no te arrepintieres*. Es decir, que si no rectifica volviendo al amor del principio, su iglesia, *su candelabro*, desaparecerá de ese lugar; tal es la responsabilidad de esas *estrellas* o jefes del pueblo de Dios, que pueden llevar a la ruina a sus comunidades. Esto a pesar de las obras positivas que tiene este pastor, que es capaz de desenmascarar a los falsos apóstoles que intentan poner otras bases doctrinales a la iglesia (21: 14), y que, además, rechaza *los hechos de los Nicolaítas, los cuales yo también aborrezco*.

El grupo aludido, que intenta manifestarse todavía sin éxito al interior de la comunidad y que recibe el nombre de nicolaítas, serían seguidores de un tal Nicolás, quizás uno de los primeros diáconos; pero en el lenguaje simbólico del autor, el nombre alude con más propiedad al ejercicio de un poder despótico que se intentaría ejercer al interior de la iglesia, que aunque aquí no tiene cabida, terminará por imponerse más adelante, tal como se aprecia en el mensaje a la iglesia de Pérgamo (2: 14-15). En efecto, *nicolás* es una palabra griega que según su etimología está formada por

nikao, dominar, y por *laos,* pueblo. En este sentido, los nicolaítas buscarían ejercer el poder en la iglesia tal como lo
hace el mundo, es decir, como opresión sobre los demás,
olvidando que el poder debe ejercerse como un servicio al
prójimo.

Tal como se señaló, perder el amor del principio, *porque
has dejado tu primer amor,* significa apartarse de Dios y
volverse autónomo, como en el paraíso terrestre después del
pecado de Adán; su consecuencia es la pérdida de la vida
eterna; por eso, Jesucristo declara que los que rectifiquen y
vuelvan a vivir en unión con Dios obtendrán la vida: *al que
venciere, daré á comer del árbol de la vida, el cual está en medio del
paraíso de Dios.* Los frutos de este árbol daban la vida eterna
a quien los comía; por eso los primeros padres, después del
pecado que los apartó de Dios, no pudieron comer de ellos
(Gén. 3: 22–24). Pero el premio que aquí se ofrece no es la
recuperación del paraíso terrenal, que representa la etapa
inicial de la humanidad; la promesa *al que venciere* es que
comerá del árbol de la vida en el Paraíso de Dios, que es la
Nueva Jerusalén del futuro, alcanzando la vida eterna al
tener parte en ella. Juan desarrolla este tema (capítulos 21 y
22 del Apocalipsis) al describir con imágenes llenas de
simbolismo esta ciudad que baja del cielo para ser la morada
de Dios entre los seres humanos, y que representa la culminación de la humanidad y de toda la creación.

2.2.2 EL MENSAJE A LA IGLESIA DE ESMIRNA

"*Y escribe al ángel de la Iglesia de Smyrna: El primero y el
postrero, que fué muerto, y vive, dice estas cosas:
Yo sé tus obras y tu tribulación, y tu pobreza, (pero tú eres*

rico) y sé la blasfemia de los que se dicen ser Judíos, y no lo son, sino que son la sinagoga de Satanás.

No tengas ningún temor de las cosas que has de padecer. He aquí, el diablo ha de arrojar algunos de vosotros á la cárcel, para que seáis probados; y tendreis tribulación de diez dias. Sé fiel hasta la muerte, y yo te daré la corona de la vida.

El que tiene oreja, oiga lo que el Espíritu dice á las Iglesias: El que venciere, no será dañado de la segunda muerte." (2: 8-11)

Esta iglesia no recibe ningún reproche ya que representa a los testigos de Jesús de cualquier época histórica, que por su testimonio sufrirán la persecución y la muerte. Jesucristo se dirige a su *ángel* como *el primero y el postrero,* título que lo iguala a Dios, y como el Mesías que venció a la muerte para volver a vivir, para fortalecer así a esta iglesia identificada plenamente con su Señor. Es una iglesia pobre según los criterios del mundo, lo que significa que estos testigos han colocado toda su confianza en Jesucristo y en él tienen su riqueza.

Conoce también sus enemigos, llamados simbólicamente *los que se dicen ser Judíos, y no lo son, sino que son la sinagoga de Satanás.* Juan alude así a grupos de cristianos procedentes del judaísmo que aunque habían aceptado a Jesucristo, sostenían que para salvarse no bastaba con el sacrificio de la cruz, sino que además había que practicar las reglas y prohibiciones de la ley mosaica. Acorde con esta polémica propia del primer siglo, Juan proyecta la misma situación para los tiempos futuros: habrá grupos que estando al interior de la iglesia serán atraídos por la sabiduría del mundo y negarán el poder salvador de Jesucristo. Por eso el testimonio de los creyentes es tan importante, a la vez que sus consecuencias inmediatas: las persecuciones.

Así, a esta iglesia dice: *no tengas ningún temor de las cosas que has de padecer* y le anuncia a continuación un tiempo de pruebas: *Y tendréis tribulación de diez días.* Simbólicamente, diez días es un período completo porque este número contiene todos los números, del uno al nueve; por lo tanto, anuncia a los testigos de Jesús fuertes y prolongadas persecuciones que se extenderán a lo largo de todo el tiempo histórico, agregando: *Sé fiel hasta la muerte, y yo te daré la corona de la vida.* La persecución es la consecuencia de la fidelidad de los discípulos a Jesucristo, manteniendo su testimonio, y la promesa no es salvarlos de las persecuciones, sino darles el premio de la vida eterna: *El que venciere, no será dañado de la segunda muerte.* El tema de la segunda muerte está desarrollado por Juan más adelante (20: 14), como el destino último y definitivo de aquellos que optando por la ausencia de Dios en sus vidas y rechazando la vida eterna, tendrán como consecuencia la desaparición definitiva.

2.2.3 EL MENSAJE A LA IGLESIA DE PÉRGAMO

"Y escribe al ángel de la Iglesia que está en Pergamo: El que tiene la espada afilada de dos filos, dice estas cosas:

Yo sé tus obras, y donde moras, que es en donde está la silla de Satanás; y tienes mi nombre, y no has negado mi fé, aun en los dias en que fué Antipas mi testigo fiel, el cual ha sido muerto entre vosotros, donde Satanás mora.

Pero tengo unas pocas cosas contra ti; porque tú tienes ahi los que tienen la doctrina de Balaam, el cual enseñaba á Balaac á poner escándalo delante de los hijos de Israel, á comer de cosas sacrificadas á los ídolos, y á cometer fornicación.

Así también tú tienes á los que tienen la doctrina de los Nicolaitas, lo cual yo aborrezco.

Arrepiéntete; porque de otra manera vendré á tí prestamente, y pelearé contra ellos con la espada de mi boca.

El que tiene oreja, oiga lo que el Espíritu dice á las Iglesias: Al que venciere, daré á comer del maná escondido, y le daré una piedrecita blanca, y en la piedrecita un nombre nuevo escrito, el cual ninguno conoce, sino aquel que lo recibe." (2: 12-17)

En el mensaje a la iglesia de Pérgamo, Jesucristo se presenta como *el que tiene la espada afilada de dos filos,* es decir, como la Palabra que discierne separando el bien del mal y que castiga mostrando la verdad claramente. Comienza reconociendo el valor y la fidelidad del jefe de la comunidad, aunque vive en un ambiente hostil, que es el mundo en cualquier tiempo y lugar, dominado por el mal: *Yo sé tus obras, y donde moras, que es en donde está la silla de Satanás;* a pesar de esto, ha mantenido su fe hasta en los momentos más duros de las persecuciones: *Y no has negado mi fé aun en los días en que fué Antipas, mi testigo fiel.*

Sin embargo, reprocha a este *ángel* porque parece no darse cuenta de un grave peligro, que es la constante seducción que ejercen los valores y las prácticas del mundo, muy atractivos y defendidos por algunos como elementos de una cultura superior que es conveniente asumir, pero que trae como consecuencia la separación entre la fe y la vida, y finalmente el abandono de la enseñanza recibida. Esto se denomina simbólicamente seguir la doctrina de Balaam; de aquí el reproche al jefe de la comunidad *porque tú tienes ahí los que tienen la doctrina de Balaam,* ya que por influencia de este personaje (Nm 31: 15-16), al llegar a la tierra prometida, los israelitas encontraron una civilización urbana que admiraron, se dejaron seducir por las mujeres del país, adoptaron su cultura y luego adoraron los dioses locales, rechazando a su Dios (comieron *las cosas sacrificadas a los ídolos y fornicaron*). El castigo que recibieron por esto fue durísimo (Nm. 25: 1-5). Los reproches al ángel de la iglesia de Pérgamo se hacen más duros todavía porque también permite que en su comunidad se manifiesten abiertamente aquellos que usan su posición en la iglesia para ejercer el poder a la manera del mundo: es decir, lo usan para servirse a sí mismos y para oprimir a los demás; por eso se le llama la atención, porque permite actuar a *los que tienen la doctrina de los nicolaítas*. Así, tanto los seguidores de Balaam como los nicolaítas buscan la sabiduría y el poder a la manera del mundo; por eso Jesucristo se dirige al ángel y a su iglesia diciendo *arrepiéntete, porque de otra manera vendré a ti prestamente, y pelearé contra ellos con la espada de mi boca*, es decir, son invitados a cambiar en relación con lo que hacen, de lo contrario, los visitará con su *espada* de doble filo, que separa el bien del mal y que castiga con dureza.

Frente a la tendencia de muchos miembros de la iglesia que buscan su realización personal adoptando los usos y prácticas del mundo, separando la fe y la vida en lo que se ha llamado un ateísmo práctico, el mensaje a esta iglesia enseña que la verdadera plenitud del ser humano está en Jesucristo, que dice a los que *vencieren* que no los abandonará y que los fortalecerá de manera especial en el mundo, como no fueron abandonados los israelitas en el desierto cuando se les envió el maná; también los renovará completamente haciéndolos personas nuevas, ya que la piedra blanca es símbolo de estabilidad y victoria y el *nombre nuevo* es un símbolo de la renovación completa de la persona por la experiencia personal de su relación con Dios.

2.2.4 EL MENSAJE A LA IGLESIA DE TIATIRA

"Y escribe al ángel de la Iglesia que está en Thyatira: El Hijo de Dios que tiene sus ojos como llama de fuego, y sus piés semejantes al laton fino, dice estas cosas:

Yo he conocido tus obras, y caridad, y servicio, y fé, y tu paciencia, y tus obras; y las postreras, que son muchas mas que las primeras.

Empero tengo unas pocas cosas contra ti: que permites á Jezabel muger (que se dice profetisa) enseñar, y seducir á mis siervos, á fornicar, y á comer cosas ofrecidas á los ídolos.

Y le he dado tiempo para que se arrepienta de su fornicacion, y no se ha arrepentido.

He aquí, yo la arrojaré á un lecho, y á los que adulteran con ella, en muy grande tribulación, si no se arrepintieren de sus obras.

Y mataré sus hijos con muerte; y todas las Iglesias sabrán, que yo soy el que escudriño los riñones, y los corazones; y daré á cada uno de vosotros segun sus obras.

Pero yo digo á vosotros, y á los demás que estais en Thyatira: Cualesquiera que no tienen esta doctrina, y que no han conocido las profundidades de Satanás (como ellos dicen) yo no enviaré sobre vosotros otra carga.

Empero la que ya teneis, tenédla hasta que yo venga.

Y al que hubiere vencido, y hubiere guardado mis obras hasta el fin, yo le daré potestad sobre las naciones;

Y regirlas ha con vara de hierro, y serán quebrantadas como vaso de ollero, como tambien yo he recibido de mi Padre.

Y darle he la estrella de la mañana.

El que tiene oreja, oiga lo que el Espíritu dice á las Iglesias."
(2: 18-29)

Jesucristo se dirige a esta iglesia como el que conoce a fondo a las personas, *yo soy el que escudriño los riñones, y los corazones*; los ojos, *como llama de fuego*, son símbolo del conocimiento; y establecido en todo su poder y grandeza ya que sus pies tienen la firmeza, la textura y el brillo del bronce.

Jesucristo es el *Hijo de Dios* que invita a sus discípulos a guardar *sus obras* hasta el final, es decir, a mantener el testimonio de Jesús, rechazando el llamado a la idolatría que significa servir a los poderes del mundo; los llama igualmente a rechazar *las obras* de los que ostentan el poder mundano ya que a cada uno dará lo que corresponda, según *las obras* que haya hecho.

Le reconoce al *ángel* de esta iglesia, en primer lugar, sus méritos, que son muchos: *sus obras*, su amor, su fe, su servicio y paciencia, y aún siendo *sus obras* actuales mayores que las primeras. Pero tiene, sin embargo, un grave reproche en su contra porque acepta que al interior de la comunidad actúe abiertamente una falsa profetisa a la que llama Jezabel, que seduce a gran parte de la iglesia. A Jezabel, que falsamente dice hablar en nombre de Dios como profetisa, le permite *enseñar, y seducir a mis siervos, á fornicar, y á comer cosas ofrecidas á los ídolos*; sus seguidores sido convencidos de que la fe en Dios ya no es necesaria (puede quedar entre paréntesis), y que en las prácticas del mundo está la verdadera manera de actuar, la verdadera sabiduría que lleva al éxito, al bienestar y al poder; es decir, simbólicamente, ellos conocen los misterios o *profundidades de Satanás*. Esta parte de la iglesia, en efecto, se ha contaminado con el poder del mundo actuando como Jezabel, la reina del Antiguo Testamento que se impuso sobre su marido el rey Acab y sobre el pueblo de Israel; por esto el ángel de la iglesia de Tiatira recibe un fuerte reproche porque *tengo unas pocas cosas contra ti: que permites á Jezabel muger (que se dice profetisa) enseñar, y seducir á mis siervos, á fornicar, y á comer cosas ofrecidas á los ídolos.* Esta poderosa reina combatió la religión de Israel e impuso el culto a los dioses extranjeros (1 R 16: 31). Jezabel, la falsa profetisa, simboliza aquí a una persona o a un sector de la iglesia que abiertamente rechaza a Jesucristo (rechaza su enseñanza, esa es su prostitución) invitando a los demás miembros de la comunidad, con sus palabras y actos, a usar el poder como lo hace el mundo; esas son sus *obras*.

A pesar de que se le ha dado tiempo para arrepentirse, ella no abandona su prostitución. Por eso vendrá el castigo: 1) ella será castigada duramente, 2) como también los poderosos del mundo a quienes sirve, es decir, con quienes comete adulterio, 3) e igualmente sus seguidores al interior de la comunidad, que serán castigados con la muerte: *Y le he dado tiempo para que se arrepienta de su fornicacion, y no se ha arrepentido. He aquí, yo la arrojaré á un lecho, y a los que adulteran con ella, en muy grande tribulación, si no se arrepintieren de sus obras. Y mataré sus hijos con la muerte (...) y daré a cada uno de vosotros según sus obras.* Jezabel es por lo mismo una anticipación de la Gran Ramera (capítulo 17 del Apocalipsis), que representa a aquellos integrantes de la comunidad, que sin abandonar la iglesia, la corrompen porque ejercen el poder a la manera del mundo, como Jezabel; ellos, como esa mujer, serán castigados y completamente destruidos.

Al contrario, a aquellos miembros de la iglesia que se mantengan fieles a su Señor, *al que hubiere vencido, y hubiere guardado mis obras hasta el fin,* se les promete ejercer el verdadero poder que tiene su plenitud en Jesucristo: Yo *le daré potestad sobre las naciones; y regirlas ha con vara de hierro.* Los que mantienen el testimonio de Jesucristo se hacen semejantes a él, que es *la estrella de la mañana* y participan en la construcción del reino de Dios: esta *estrella*, como luminaria de la noche es la luz que destruye las tinieblas y anuncia el nuevo día, por lo que es símbolo de la renovación del mundo y de la nueva creación que se manifestará plenamente al fin de los tiempos.

2.2.5 EL MENSAJE A LA IGLESIA DE SARDES

"Y escribe al ángel de la Iglesia que está en Sardis: El que tiene los siete Espíritus de Dios, y las siete estrellas, dice estas cosas: Yo conozco tus obras: que tienes nombre, que vives, y estás muerto.

Sé vigilante, y corrobora las cosas que restan, que están para morir; porque no he hallado tus obras perfectas delante de Dios.

Acuérdate pues de lo que has recibido, y has oido, y guárdalo, y arrepiéntete. Que si no velares, vendré á tí como ladron, y no sabrás á qué hora vendré á ti.

Empero tienes unos pocos nombres aun en Sardis, que no han ensuciado sus vestiduras, y andarán conmigo en vestiduras blancas; porque son dignos.

El que venciere, este será vestido de vestiduras blancas; y no borraré su nombre del libro de la vida, ántes confesaré su nombre delante de mi Padre, y delante de sus ángeles.

El que tiene oreja, oiga lo que el Espíritu dice á las Iglesias."
(3: 1-6)

Jesucristo se presenta ante esta iglesia como el que tiene *los siete Espíritus de Dios, y las siete estrellas;* los siete espíritus de Dios están representados como siete antorchas que arden delante del trono de Dios y simbolizan su profundo conocimiento (4: 5); las siete estrellas son los ángeles o encargados de las iglesias, indicando así que él es quien conoce a fondo a las personas y comunidades. Esta iglesia presenta a los ojos de Jesucristo una doble faz: parece que sigue sus huellas, pero en realidad hace lo contrario. Por las *obras* que produce, sabe que el guía y su comunidad están realmente muertos, aunque para los demás sea una iglesia exitosa, porque *no he hallado tus obras perfectas a la luz de Dios*. Éste *ángel* no produce obras buenas porque abandonó lo fundamental de la enseñanza recibida; por eso debe volver a *lo que has recibido, y has oído*, es decir, a la proclamación de Jesucristo muerto y resucitado, que lo llama a compartir su vida. Si no rectifica, este mismo Jesucristo en el que ya no cree, vendrá como ladrón, de manera imprevista y quizás no lo encontrará alerta y despierto; es decir, lo encontrará muerto a la vida eterna.

Pero, *tienes unos pocos nombres aun en Sardis que no han ensuciado sus vestiduras;* es decir, siempre habrá testigos fieles que *"siguen al Cordero por donde quiera que vaya"* (14: 4) y que con su testimonio señalan el camino a los demás. Estos vestirán de blanco porque este color es símbolo de vida, felicidad y unión con lo divino. *Los que siguen al Cordero* son los que aceptan el supremo don de Dios que es la vida eterna, por eso no serán borrados del *libro de la vida*. En este libro, simbólico, están inscritos todos los seres humanos, pero aquellos que con sus *obras* rechazan la vida eterna serán borrados de él, obteniendo como consecuencia la segunda muerte y desaparición definitiva (21: 27).

2.2.6 EL MENSAJE A LA IGLESIA DE FILADELFIA

> *"Y escribe al ángel de la Iglesia que está en Philadelphia: el Santo*
> *y Verdadero, el que tiene la llave de David, el que abre, y ninguno*
> *cierra; el que cierra y ninguno abre, dice estas cosas:*
>
> *Yo conozco tus obras: he aquí, te he dado una puerta abierta*
> *delante de ti, y ninguno la puede cerrar; porque tú tienes una*
> *poquita de potencia, y has guardado mi palabra, y no has negado*
> *mi nombre.*
>
> *He aquí, yo doy de la sinagoga de Satanás, los que se dicen ser*
> *Judios, y no lo son, mas mienten: he aquí, yo los constreñiré á que*
> *vengan, y adoren delante de tus piés, y sepan que yo te he amado.*
>
> *Porque has guardado la palabra de mi paciencia, yo tambien*
> *te guardaré de la hora de la tentación, que ha de venir sobre todo*
> *el universo mundo, para probar los que moran en la tierra.*
>
> *Cata [mira], que yo vengo prestamente: ten lo que tienes, para*
> *que ninguno tome tu corona.*
>
> *Al que venciere, yo le haré columna en el templo de mi Dios, y*
> *nunca mas saldrá fuera; y escribiré sobre él el nombre de mi Dios,*
> *y el nombre de la ciudad de mi Dios, que es la nueva Jerusalem, la*
> *cual desciende del cielo de mi Dios, y mi nombre nuevo.*
>
> *El que tiene oreja, oiga lo que el Espíritu dice á las Iglesias."*
> (3: 7-13)

Jesucristo se dirige a esta iglesia como el Mesías que tiene todo el poder, simbolizado en la *llave de David*, como heredero y realizador de las promesas mesiánicas. La llave es símbolo del poder porque quien la posee puede abrir y cerrar cuando quiera. Jesucristo es el único que puede abrir y cerrar las puertas del reino de Dios o de la Jerusalén celestial, porque fuera de él no hay otro Mesías ni otro salvador.

Esta iglesia, para la que tampoco tiene ningún reproche, representa a todos los discípulos fieles y leales a toda prueba, que solo confían en él; son los que viven por *"la palabra de Dios, y por el testimonio de Jesú Cristo"* (1: 9; 6: 9-11). Con ellos Jesucristo tiene una relación personal, diciendo a su pastor: *te he dado una puerta abierta delante de ti, y ninguno la puede cerrar,* es decir, viven en una comunicación profunda con Dios. Por eso, aunque es una iglesia débil *has guardado mi palabra, y no has negado mi nombre.* La puerta abierta simboliza el paso de una dimensión a otra; es la puerta del cielo, abierta para los testigos de Jesús como para Juan (4: 1), que los hace participar en la intimidad de Dios siendo parte en su plan de salvación. Más adelante están señalados como los ciento cuarenta y cuatro mil que llevan el sello de Dios, tomados de las doce tribus de Israel (7: 4-8) y como los ciento cuarenta y cuatro mil que acompañan al Cordero en el monte Sión (14: 1).

Por identificarse profundamente con Jesucristo al mantener su testimonio, triunfarán finalmente sobre los enemigos internos y externos, simbólicamente triunfarán sobre *la sinagoga de Satanás;* por eso, *yo los constreñiré á que vengan, y adoren delante de tus piés, y sepan que yo te he amado,* y serán protegidos de manera especial durante el tiempo que les corresponda dar su testimonio: *yo tambien te guardaré de la hora de la tentación, que ha de venir sobre todo el universo mundo, para probar a los que moran en la tierra.*

A estos discípulos tan leales los insta a no desanimarse porque el tiempo de espera será breve, *yo vengo prestamente: ten lo que tienes, para que ninguno tome tu corona.* La corona es símbolo de la victoria que se obtiene después de una dura lucha, pues éstos son los que construyen la iglesia y el mundo que viene: *al que venciere, yo lo haré columna en el templo de mi Dios*; estarán marcados con el sello de Dios, porque le pertenecen: *escribiré sobre él el nombre de mi Dios, y el nombre de la ciudad de mi Dios, la nueva Jerusalén, la cual desciende del cielo de mi Dios, y mi nombre nuevo.*

2.2.7 EL MENSAJE A LA IGLESIA DE LAODICEA

"Y escribe al ángel de la Iglesia de los Laodicenses: Estas cosas dice el Amen, el testigo fiel y verdadero, el principio de la creacion de Dios:

Yo conozco tus obras: que ni eres frio, ni caliente. Ojalá fueses frio, o hirviente;

Mas porque eres tibio, y no frio ni hirviente, yo te vomitaré de mi boca.

Porque tu dices: Yo soy rico, y soy enriquecido, y no tengo necesidad de ninguna cosa; y no conoces que tu eres cuitado [desdichado], y miserable, y pobre, y ciego, y desnudo.

Yo te aconsejo que de mi compres oro afinado en el fuego, para que seas hecho rico; y vestiduras blancas, para que seas vestido, y que la vergüenza de tu desnudez no se descubra; y unge tus ojos con colirio, para que veas.

Yo reprendo y castigo á todos los que amo: sé pues zeloso [fervoroso], y arrepiéntete.

He aqui que yo estoy parado á la puerta, y llamo: si alguno oyere mi voz, y me abriere la puerta, entraré á él, y cenaré con él, y él conmigo.

Al que venciere, yo le diré que se asiente conmigo en mi trono: así como yo también vencí, y me asenté con mi Padre en su trono.

El que tiene oreja, oiga lo que el Espíritu dice á las Iglesias."
(3: 14-22)

Jesucristo habla a esta iglesia como *el Amen, el testigo fiel y verdadero, el principio de la creacion de Dios;* es el Amén porque en él se cumplen las promesas anunciadas por los profetas, *el testigo fiel y verdadero* que hace la voluntad de Dios hasta la muerte y que es la Palabra que todo lo creó: *el principio de la creacion de Dios.* Se manifiesta así como el Mesías y el Hijo de Dios con toda su grandeza ante esta iglesia exitosa y rica, confiada en sí misma, que mantiene muy bien su estructura institucional y que aparentemente reconoce a Jesucristo como su único Señor, pero que en realidad se nutre de la sabiduría, de la riqueza y del poder del mundo. Por eso es una iglesia indiferente, prudente y falta de compromiso, *mas porque eres tibio, y no frío ni hirviente, yo te vomitaré de mi boca.*

A pesar de los duros reproches que le hace, Jesucristo no abandona a esta iglesia; por el contrario, la llama a la conversión y al arrepentimiento. La invita a reconocer que él es la única fuente de poder, sabiduría, verdad y riqueza; la llama a que lo vuelva a reconocer como su Señor: *Yo te aconsejo que de mi compres oro afinado en el fuego, para que seas hecho rico; y vestiduras blancas, para que seas vestido, y que la vergüenza de tu desnudez no se descubra; y unge tus ojos con colirio, para que veas.* Llama a su *ángel* a dejar de ser tibio y recuperar su fervor, es decir, su amor ardiente por Jesús. No sólo eso, sino que lo invita a aceptar una relación de amistad, de amor y de profunda intimidad con él: *He aqui que Yo estoy parado á la puerta, y llamo: si alguno oyere mi voz, y me abriera la puerta, entraré á él, y cenaré con él, y él conmigo.* Jesucristo es *el que tiene la llave de David,* es decir, tiene el poder para abrir y cerrar las puertas del reino de Dios (3: 7), pero que, sin embargo, necesita la libre decisión de cada hombre o mujer para que el reino de Dios se manifieste en su vida. Él es quien toma la iniciativa, se acerca y llama; el que abra su puerta hará una opción personal, libre y definitiva por Jesucristo, que lo hará participar de su misma naturaleza; por eso *Al que venciere, yo le diré que se asiente conmigo en mi trono: así como yo también vencí, y me asenté con mi Padre en su trono.*

TERMINADOS los mensajes a las siete iglesias, Juan desarrolla su profecía de la historia mediante grandiosas visiones que tienen su culminación en el Día del Señor. Éstas se inician con la descripción del trono de Dios en medio de su creación.

PARTE II
DOS VISIONES DE LA
HISTORIA UNIVERSAL

"Y ví en la mano derecha del que estaba sentado sobre el trono un libro escrito de dentro y de fuera, sellado con siete sellos.

Y ví un fuerte ángel, predicando en alta voz: ¿Quién es digno de abrir el libro, y de desatar sus sellos?

Y ninguno podía, ni en el cielo, ni en la tierra, ni debajo de la tierra, abrir el libro, ni mirarlo." (5: 1-3)

CAPÍTULO 3
DIOS TODOPODEROSO EN EL CENTRO DE SU CREACIÓN

3.1 ANTECEDENTES

Una vez terminadas las cartas a las siete iglesias de Asia, se da comienzo a las visiones de Juan en relación *"con las cosas que deben suceder después de estas"* (4: 1). Para él hay una puerta abierta en el cielo: su primera visión es la del trono de Dios en donde ve que *"el que está asentado en el trono"* (4: 9) se encuentra en el centro de toda su creación y que sus obras lo bendicen y lo aclaman.

Una parte de la visión del trono de Dios se inspira en los profetas Isaías y Ezequiel, que contemplaron la gloria de Dios cuando fueron consagrados como profetas y enviados al pueblo de Israel.

Isaías estaba en el templo de Jerusalén cuando vio el trono de Dios. Su gloria irradiaba desde el templo y llenaba toda la tierra, mientras los serafines, seres celestiales, lo aclamaban como tres veces santo:

"En el año que murió el rey Ozias, vi al Señor sentado sobre un trono alto y sublime, y sus extremidades henchian el templo.

Y encima de él estaban serafines: cada uno tenia seis alas: con dos cubrian sus rostros, y con otras dos cubrian sus piés, y con las otras dos volaban.

Y el uno al otro daba voces, diciendo: Santo, Santo, Santo, Jehova de los ejércitos: toda la tierra está llena de su gloria." (Is. 6: 1-3)

En la visión de Ezequiel hay más detalles del trono de Dios y de los querubines, seres que lo acompañan:

"...y fué allí sobre él la mano de Jehova.

Y miré, y, he aquí, un viento tempestuoso venia de la parte del aquilon [del Norte], y una gran nube, y un fuego, que venia revolviéndose, y tenia al derredor de si un resplandor, y en medio del fuego una cosa que parecia como de ámbar.

Y en medio de ella venia una figura de cuatro animales; y este era su parecer: habia en ellos una figura de hombre.

Y cada una tenia cuatro rostros, y cuatro alas (...)

Y la figura de sus rostros era rostros de hombre, y rostros de leon á la parte derecha en todos cuatro; y rostros de buey á la izquierda en todos cuatro; y rostros de águila en todos cuatro (...)

Y oíase voz de arriba del extendimiento [bóveda], que estaba sobre sus cabezas: cuando se paraban, aflojaban sus alas.

Y sobre el extendimiento que estaba sobre sus cabezas había una figura de un trono que parecía de piedra de zafiro; y sobre la figura del trono habia una semejanza que parecia de hombre sobre él encima (...)

...vi que parecía como fuego, y que tenía resplandor alrededor.

Que parecia al arco del cielo [arco iris] que está en las nubes el dia que llueve, así era el parecer del resplandor al derredor." (Ez 1: 4-6 y 10, 25-26, 27-28)

Los seres vivientes que están junto al trono de Dios son cuatro, y cada uno tiene un rostro humano, otro de león, otro de toro y otro de águila. Sostienen el trono, que es de zafiro; en él, Ezequiel ve a un ser con un aspecto que le recuerda la forma humana, rodeado por la luz del arco iris.

Al describir en el Apocalipsis el trono de Dios (4: 1-11), Juan recoge algunos elementos de las visiones de Isaías y Ezequiel. Pero su descripción no es simplemente un desarrollo de esas visiones, porque para él también se abre una puerta en el cielo; es decir, Juan tiene acceso a una dimensión superior, que es la realidad verdadera. El Apocalipsis mantiene la creencia tradicional propia de la antigüedad que se refiere a que la realidad última está en el cielo y que la representación terrenal es una figura de esa realidad superior. Por eso, Juan puede decir que se encuentra en el verdadero Templo, donde contempla el trono de Dios tal como es. Su visión, que es grandiosa, muestra a Dios en el centro de la creación, como creador eterno de todas las cosas, que existen por su voluntad.

3.2 EL TRONO DE DIOS

"Despues de estas cosas miré, y he aqui una puerta abierta en el cielo; y la primera voz que oi era como de trompeta que hablaba conmigo; la cual dijo: Sube acá, y yo te mostraré las cosas que deben suceder despues de estas.

Y al punto yo fuí en el espíritu; y, he aquí, un trono estaba puesto en el cielo, y sobre el trono estaba uno asentado.

Y el que estaba asentado, era al parecer semejante á una piedra de jaspe y de sardonia, y el arco del cielo [arco iris] estaba al derredor del trono semejante en el aspecto á la esmeralda.

Y al rededor del trono habia veinte y cuatro sillas; y ví sobre las sillas veinte y cuatro ancianos sentados, vestidos de ropas blancas; y tenian sobre sus cabezas coronas de oro.

Y del trono salian relámpagos, y truenos, y voces; y habia siete lámparas de fuego que estaban ardiendo delante del trono, las cuales son los siete Espíritus de Dios.

Y delante del trono habia como un mar de vidrio semejante al cristal; y en medio del trono, y al derredor del trono cuatro animales llenos de ojos delante y detrás.

Y el primer animal era semejante á un leon, y el segundo animal, semejante á un becerro, y el tercer animal tenia la cara como hombre, y el cuarto animal, semejante al águila que vuela.

Y los cuatro animales tenian cada uno por si seis alas al derredor; y de dentro estaban llenos de ojos; y no tenían reposo dia ni noche, diciendo: Santo, Santo, Santo es el Señor Dios Todopoderoso, que era, y que es, y que ha de venir.

Y cuando aquellos animales daban gloria, y honra, y accion de gracias al que estaba sentado en el trono, al que vive para siempre jamás,

Los veinte y cuatro ancianos se postraban delante del que estaba sentado en el trono, y adoraban al que vive para siempre jamás, y echaban sus coronas delante del trono, diciendo:

Señor, digno eres de recibir gloria, y honra, y poderio; porque tú creaste todas las cosas, y por tu voluntad tienen ser, y fueron creadas.” (4: 1-11)

Para contemplar y conocer *las cosas que deben suceder despues de estas,* es necesario que Juan mire los acontecimientos desde el punto de vista de la eternidad, desde donde todas las cosas se despliegan al mismo tiempo, como en un eterno presente. La puerta abierta para él le permite pasar a ese estado superior obedeciendo la misma voz que antes le había hablado. Sin embargo, ahora no verá a Jesucristo como el Hijo del hombre glorificado y pleno de poder, sino como el Cordero sacrificado pero vencedor, que conserva las huellas de su lucha entre los seres humanos. También para los antiguos profetas se abre una puerta en el cielo como símbolo de una comunicación íntima con Dios (Ez 1:1), al igual que en el bautismo de Jesús se abren los cielos indicando lo mismo (Mt 3: 16-17).

Juan queda entonces bajo el poder del Espíritu y traspasa esa puerta, lo cual le permitirá contemplar los acontecimientos futuros por medio de visiones extraordinarias. Entiende entonces que entra en el Templo del cielo, que es el arquetipo o modelo del templo de Jerusalén. Su primera visión es la del trono de Dios, rodeado por su creación. El trono es símbolo de la majestad y del poder de Dios.

Juan no describe al *que está asentado* en el trono, porque no se puede describir a Dios por su incomprensible inmensidad; sólo dice *y sobre el trono estaba uno asentado*, es decir, una persona, y que por su aspecto es semejante a la piedra de jaspe y a la cornalina; *y el arco del cielo estaba al derredor del trono semejante en el aspecto a la esmeralda*. Dios tiene el aspecto de una piedra de jaspe, símbolo de espiritualidad y eternidad; el arco iris es atributo de Dios y de su voluntad de reconciliarse y restablecer la armonía con la humanidad y con toda la creación; brilla como una esmeralda, piedra que es símbolo de la eternidad y del renacer, por su color verde. Las piedras preciosas, valiosas porque irradian la luz de manera extraordinaria, son símbolos de la divinidad que irradia su gloria *que llena toda la tierra*. Asimismo, la Nueva

Jerusalén que baja del cielo está iluminada con el resplandor de Dios:

> *"Y llevóme en el espíritu a un gran monte y alto, y mostróme la grande ciudad, la santa Jerusalem, que descendia del cielo de Dios, teniendo la gloria de Dios; y su lumbre era semejante a una piedra preciosísima, como piedra de jaspe cristalizante"* (21: 10-11), y *"el material de su muro era de jaspe; empero la ciudad era de oro puro, semejante al vidrio limpio."* (21: 18)

Juan ve a continuación veinticuatro Ancianos, que tienen un rol sacerdotal. Sentados en sus respectivos tronos rodean el trono de Dios rindiéndole un permanente culto; lo alaban y le reconocen su poder como creador. Son el modelo para las veinticuatro clases sacerdotales que servían en el Templo de Jerusalén (1 Cr 24: 1-18). Su base simbólica es el número 12, que significa la perfección y la totalidad. Como ejemplos del uso de este número se puede citar los 12 hijos de Jacob, las 12 tribus de Israel, los 12 apóstoles de Jesús, las 12 puertas de la Nueva Jerusalén. Su ancianidad es símbolo de la eternidad que han recibido de Dios; van vestidos de blanco como símbolo de perfección y de pureza. Llevan coronas de oro sobre sus cabezas porque comparten la realeza y el poder de Dios.

La presencia de Dios se manifiesta también mediante fenómenos naturales como *relámpagos, y truenos, y voces* que salen del trono, fenómenos atribuidos tradicionalmente a la divinidad como expresión de fuerza y poder. Las siete lámparas que arden ante el trono, que son los siete espíritus de Dios, son los siete arcángeles que permanecen en su presencia para ejecutar su voluntad, representados en el templo de Jerusalén por el candelabro de siete brazos. El *mar de vidrio semejante al cristal* son las aguas superiores que están sobre el firmamento, que Juan ve delante del trono; estas aguas también son una manifestación de la vida, que tiene su origen en Dios. En el Templo de Jerusalén este mar transparente estaba representado por una enorme fuente destinada a la realización de los rituales sagrados (2 Cr 4: 1-5).

Aunque el trono está en el cielo, Dios está en medio de su creación representada por los cuatro seres Vivientes que rodean el trono. Parecidos a los seres celestiales de Isaías y Ezequiel, representan la creación visible en el sentido de las cuatro fuerzas o principios que conforman todo lo que existe en la tierra y a nivel cosmológico. Cuatro es el número que simboliza la tierra con sus cuatro direcciones o puntos cardinales, los cuatro vientos principales, como también los cuatro elementos: fuego, agua, tierra y aire.

Los cuatro seres Vivientes, *los cuatro animales llenos de ojos delante y detrás* (la palabra *animal* viene del latín y significa *ser vivo, ser animado, que tiene el soplo vital*) están llenos de ojos, símbolo de la sabiduría y del conocimiento. Es decir, no son fuerzas ciegas, sino que manifiestan el poder creador de Dios, ya que simbolizan a los infinitos seres de la creación. Los Vivientes son descritos también con seis alas cada uno, como los de la visión de Ezequiel.

El primer Viviente tiene aspecto de león, que simbólicamente se asocia al fuego por su color y por su melena, que recuerda los rayos del sol; el segundo Viviente, semejante a un toro, se vincula con el agua, siendo por eso mismo este animal un antiguo símbolo de fecundidad; el tercer Viviente, que es semejante a un ser humano, se asocia a la tierra, porque de ella ha sido tomado, y a ella debe volver; finalmente, el cuarto Viviente, que es semejante a un águila en vuelo, se asocia al aire. De esta manera podemos observar que los cuatro Vivientes que rodean el trono de Dios representan los cuatro elementos tradicionales, fuego, agua, tierra y aire, que conforman todos los seres visibles existentes.

Pero estos cuatro Vivientes no sólo simbolizan las fuerzas que dan forma a todos los seres visibles de la tierra, sino que a toda la creación material, a nivel cosmológico. Por eso estos cuatro animales simbólicos se encuentran en los cuatro puntos centrales de la rueda del zodíaco: Leo, Tauro, Escorpio y Acuario.

Los cuatro Vivientes, que están permanentemente en la presencia de Dios, repiten una oración de alabanza: *Santo, Santo, Santo es el Señor Todopoderoso, que era, y que es y que ha de venir.* Su oración se dirige a Dios como tres veces santo, creador, poderoso y eterno, trascendente, pero que interviene en el mundo y que es esperado en los acontecimientos futuros.

Cada vez que los cuatro Vivientes, que son las fuerzas de la creación, dan gracias a Dios, los veinticuatro Ancianos arrojan sus coronas, diciendo: *Señor, digno eres de recibir gloria, y honra, y poderío; porque tú creaste todas las cosas, y por tu voluntad tienen ser, y fueron creadas.* Cuando los cuatro Vivientes adoran a Dios, los veinticuatro Ancianos responden reconociendo que Dios es el creador de todas las cosas y que todo existe por su voluntad. La oración de los Ancianos confirma así que los cuatro Vivientes simbolizan las fuerzas de la creación, representadas en los cuatro elementos que dan forma a todo lo que existe.

$\sim$

EL TRONO DE DIOS, LOS OBJETOS DEL CULTO SAGRADO Y LA NUEVA JERUSALÉN

JUAN ENTRA en éxtasis y sube al cielo llamado por la voz de Jesucristo. Ahí, en el Templo del cielo, arquetipo del templo de Jerusalén, tiene las visiones mediante las cuales contempla en grandiosas imágenes los sucesos fundamentales de la historia humana, la preparación del Día del Señor, la llegada de este acontecimiento y el establecimiento del reinado eterno de Dios. Así, él puede ver la verdad del desarrollo de la historia humana, que se dirige a un fin establecido según el plan eterno de Dios, quien tiene dominio absoluto sobre todos los acontecimientos. La creación será, finalmente, lo que Dios quiere que sea y llegará a su plenitud.

Al mismo tiempo, Juan contempla en el cielo los objetos del culto, que fueron los modelos que vio Moisés y que utilizó para construir el tabernáculo del desierto y que más tarde reprodujo el rey Salomón como constructor del templo de Jerusalén. La idea de que los lugares, las ciudades y los templos existen porque son imitaciones de sus respectivos modelos o arquetipos celestiales es común a las culturas tradicionales de la India, Babilonia, Egipto y otras. Los israelitas manifiestan la misma creencia en relación con Jerusalén, el templo y los utensilios del culto, que tienen sus respectivos modelos en el plano celestial.

Lo primero que Juan contempla es el trono de Dios. La tradición bíblica enseña la existencia de un trono de Dios en el cielo, como símbolo de su autoridad sobre todo el universo, tal como lo describen los profetas Isaías y Ezequiel. Juan lo ve como un asiento magnífico desde donde Dios, *el que está sentado en el trono*, recibe homenaje y alabanzas por sus obras, y desde el cual gobierna su creación. Rodeando el trono hay una corte de seres que ejecutan su voluntad, como los siete ángeles que están de pie ante él, simbolizados por siete lámparas que arden ante su presencia, y que Moisés representó como un candelabro de siete brazos colocado al interior del tabernáculo (Ex 25: 31-40). También, junto al trono, se encuentran los veinticuatro Ancianos, que alaban continuamente a Dios, y que en el templo de Salomón estaban representados por las veinticuatro clases sacerdotales que por turnos servían ante el altar (1 Cr 24: 1-19). Los cuatro seres Vivientes que también rodean el trono, seres alados y con rostros de animales, son las fuerzas que animan la creación entera y que sobre el Arca de la Alianza estaban representados por querubines, como asimismo estaban figurados en el lugar Santísimo del Templo de Salomón, donde se erigieron dos de enormes dimensiones (1 R 6: 23-27).

Cerca del trono, y desarrollando el tema a lo largo del libro, Juan ve también los verdaderos objetos del culto, que Dios mostró a Moisés en el monte Sinaí para que el tabernáculo del desierto, el altar de los holocaustos, el altar de los inciensos, el Arca de la Alianza y el resto del mobiliario destinado al culto sagrado fueran construidos por Moisés según instrucciones recibidas de Dios mismo y de acuerdo a los modelos que se le mostraron:

"Y hacerme han santuario, y yo habitaré entre ellos.

Conforme á todo lo que yo te mostraré, es á saber, la semejanza del tabernáculo [la morada], y la semejanza de todos sus vasos; así hareis." (Ex. 25: 8-9)

Lo mismo para la construcción del Arca, fabricada como

todo lo demás con medidas precisas, y depositada en el lugar Santísimo del tabernáculo, desde donde Dios comunicaba su voluntad a Moisés: *"Harán tambien un arca de madera de cedro; la longura de ella será de dos codos y medio; y su anchura de codo y medio; y su altura de codo y medio"* (Ex. 25: 10). De tal modo que tanto los objetos como los rituales sagrados realizados en la tierra tienen valor en cuanto representan la verdadera realidad existente en el cielo. Así también lo afirma en el Nuevo Testamento la carta a los hebreos:

> *"Así que la suma de las cosas que habemos dicho es esta: Que tenemos tal sumo sacerdote que se asentó á la diestra del trono de la magestad en los cielos:*
>
> *Ministro del santuario, y del verdadero tabernáculo que el Señor asentó, y no por hombre (...)*
>
> *(Los cuales sirven por bosquejo y sombra de las cosas celestiales, como fué respondido á Moyses cuando habia de comenzar á construir el tabernáculo: Mira, pues, dice, haz todas las cosas conforme al dechado [modelo] que te ha sido mostrado en el monte)."* (Heb 8: 1-2 y 5)

De acuerdo con este modelo, Moisés hizo construir el tabernáculo del desierto, que era la tienda destinada a ser la morada de Dios entre su pueblo. Al interior del tabernáculo construyó un aposento que tenía la forma de un cubo, el oratorio (esto es, el lugar Santísimo), donde estaba depositada el Arca, que contenía las tablas de la Ley de Dios. Varios siglos después, al construir el primer templo, el rey Salomón usó como modelo el tabernáculo, aumentando sus medidas de manera proporcional, manteniendo por lo tanto la forma de la tienda del desierto. Así, el lugar Santísimo del templo era un cubo de 20 codos de lado (en medida actual,

9 metros de lado), donde se depositó el Arca, como se indica en el libro primero de los Reyes:

> *"Y adornó el oratorio por de dentro en medio de la casa, para poner allí el arca del concierto de Jehova.*
>
> *Y el oratorio estaba en la parte de adentro, el cual tenia veinte codos de largo, y otros veinte de ancho y otros veinte de altura; y vistiólo de oro purísimo: y el altar cubrió de cedro."* (1 R 6: 19-20)

Más adelante, Juan contempla la Jerusalén que baja del cielo, el Santuario donde Dios tendrá su morada definitiva entre los seres humanos, siendo imágenes suyas la tienda del tabernáculo y el templo de Jerusalén: *"Yo Juan ví la santa Ciudad de Jerusalem nueva, que descendía del cielo (...) Y oí una gran voz del cielo, que decia: He aquí, el tabernáculo de Dios con los hombres, y él morará con ellos; y ellos serán su pueblo, y el mismo Dios será su Dios con ellos"* (21: 2-3). Y así como el lugar Santísimo de la tienda del desierto y del templo de Salomón tenían la forma de un cubo, la Nueva Jerusalén en la visión de Juan también es un cubo, ahora de proporciones enormes, cuyas medidas son múltiplos de doce: *"Y la ciudad está situada y puesta en cuadro, y su longitud es tanta como su anchura. Y él midió la ciudad con la caña, y tenia doce mil estadios; y la longitud, y la anchura, y la altura de ella son iguales"* (21: 16). El cubo es un símbolo de estabilidad y de solidez, que representa la firmeza y la duración, ya que es un desarrollo del cuadrado. Por eso la Nueva Jerusalén simboliza la eterna y definitiva unión de Dios con los seres humanos en el mundo nuevo que viene.

Todo lo anterior quiere decir, entonces, que el mundo nuevo que vendrá, que es el reino de Dios, se manifestará de acuerdo al modelo que está en el cielo (empleando el lenguaje mitológico tradicional de las antiguas culturas); pero, esto significa, usando un lenguaje directo, que el mundo nuevo se realizará según la voluntad de Dios expresada en su plan eterno que por medio de Jesucristo conduce la creación a su plenitud.

3.3 EL TRIUNFO DEL MESÍAS

Los acontecimientos que contempla ahora Juan continúan sucediendo en el templo del cielo, junto al trono de Dios. Ha sido llamado por la misma voz de la visión anterior, pero en el cielo no ve a quien lo llama: solo después de describir el trono y su grandeza, y de señalar a Dios como centro de su creación, Juan ve al mismo Jesucristo que lo llamó, pero ahora como el Cordero sacrificado que entra al cielo, glorificado a tal punto de que es merecedor de las mismas alabanzas y adoración que se entregan a Dios. El centro de la visión es ahora un libro que está en las manos de Dios y que toma el Cordero, el único hallado digno de tomarlo, de romper sus sellos y de leerlo; es decir, es el único que puede entenderlo, darlo a conocer y ejecutar la voluntad de Dios contenida en él:

"Y ví en la mano derecha del que estaba sentado sobre el trono un libro escrito de dentro y de fuera, sellado con siete sellos.

Y ví un fuerte ángel, predicando en alta voz: ¿Quién es digno de abrir el libro, y de desatar sus sellos?

Y ninguno podía, ni en el cielo, ni en la tierra, ni debajo de la tierra, abrir el libro, ni mirarlo.

Y yo lloraba mucho, porque no había sido hallado ninguno digno de abrir el libro, ni de leerlo, ni de mirarlo.

Y uno de los ancianos me dice: No llores: he aquí, el Leon de la tribu de Juda, la raiz de David, que ha prevalecido para abrir el libro y desatar sus siete sellos.

Y miré; y, he aqui, en medio del trono, y de los cuatro animales, y en medio de los ancianos, estaba un Cordero en pié como uno que hubiera sido inmolado, que tenía siete cuernos, y siete ojos, que son los siete Espíritus de Dios enviados en toda la tierra.

Y él vino, y tomó el libro de la mano derecha de aquel que estaba sentado en el trono.

Y cuando hubo tomado el libro, los cuatro animales, y los veinticuatro ancianos se postraron delante del Cordero, teniendo cada uno arpas, y tazones de oro llenos de perfumes, que son las oraciones de los santos:

Y cantaban una nueva cancion, diciendo: Digno eres de tomar el libro, y de abrir sus sellos; porque tú fuiste inmolado, y nos has redimido para Dios con tu sangre, de todo linage, y lengua, y pueblo, y nacion:

Y nos has hecho para nuestro Dios, reyes y sacerdotes,y reinarémos sobre la tierra.

Y miré, y oi voz de muchos ángeles al derredor del trono, y de los animales, y de los ancianos; y el número de ellos era miriadas de miriadas, y millares de millares,

Que decian en alta voz: El Cordero que fué inmolado es digno de recibir poder, y riquezas, y sabiduría, y fortaleza, y honra, y gloria, y bendición.

Y oí á toda criatura que está en el cielo, y sobre la tierra, y debajo de la tierra, y que está en la mar, y todas las cosas que en ellos estaban, diciendo: Al que está sentado en el trono, y al Cordero, sea bendición y honra, y gloria, y poder para siempre jamás.

Y los cuatro animales decían: Amen. Y los veinticuatro

ancianos se postraron, y adoraron al que vive para siempre jamás." (5: 1-14)

El libro, que está *en la mano derecha del que estaba sentado en el trono* (una perífrasis que usa Juan para no nombrar a Dios de manera directa), contiene el misterio de la voluntad divina sobre la humanidad. Desde un punto de vista inmanente, es posible apreciar la historia humana como un caos de acontecimientos que se suceden en el tiempo, que aparentemente se repiten sin conducir a ningún fin, dando a veces la impresión de un eterno retorno de las cosas, acontecimientos e instituciones. Pero desde el punto de vista de Dios, es decir, miradas las cosas desde la eternidad, la historia humana sí tiene sentido; está encaminada a un punto, tiene una meta, tiene trazado un camino y un itinerario que deberá cumplirse de modo inexorable.

Por esto, en un momento señalado (en la culminación de los tiempos), se hace necesario que el propósito secreto de Dios sobre la historia humana sea conocido por todos. Es un misterio que involucra, sin embargo, a toda la creación. Dios quiere revelar este misterio y por eso se espera al que sea digno de tomar el libro y mostrar su contenido. Un *fuerte ángel*, debido a la importancia del hecho, llama con una gran voz buscando al que debe ser capaz de entender los designios secretos de Dios y de darlos a conocer: *¿Quién es digno de abrir el libro, y de desatar sus sellos?* Pero no se encontró a nadie digno en ninguno de los tres mundos o niveles de la creación: ni entre los seres espirituales ni entre los terrenales ni en el mundo de *debajo de la tierra* o del abismo.

Juan, presente en esta búsqueda hecha en toda la creación, llora porque no se encuentra a nadie digno de revelar la voluntad de Dios. Sin embargo, uno de los veinticuatro Ancianos que permanecen en la presencia de Dios, dirigiéndose a él, le anuncia que el Mesías prometido a Israel, después de vencer por su muerte y resurrección, será quien abrirá el libro. Juan oye a uno de los Ancianos que le anuncia que el *Leon de la tribu de Juda*, la tribu de la realeza en Israel, constituido como rey por ser *la raiz de David*, es decir, un nuevo David ungido como rey, es el vencedor. Él se ha mostrado como el único digno de tomar el libro y de leerlo. Pero su victoria la obtuvo con humildad y mansedumbre, cumpliendo la voluntad de Dios hasta la muerte en la cruz; por eso, cuando Juan mira, en lugar de un león ve a un Cordero con las marcas de su sacrificio, pero lleno de gloria.

En la intimidad más profunda de Dios, *en medio del trono, y de los cuatro animales, y en medio de los ancianos,* Juan mira y ve un Cordero de pie y victorioso, aunque con las marcas y señas de su sacrificio, como características propias. Tiene siete cuernos como símbolo de su poder absoluto; y siete ojos, *que son los siete Espíritus de Dios enviados en toda la tierra,* porque en él culmina y llega a su plenitud la revelación de Dios a la humanidad.

El Mesías muerto y resucitado tiene la plenitud del poder, de la sabiduría y del Espíritu de Dios. Es el testigo fiel, el Hijo del hombre que en el cielo, por su resurrección se revela como Dios. Por esta revelación hecha ante toda la creación, el Cordero recibe la adoración de todos los seres creados: *Y él vino, y tomó el libro de la mano derecha de aquel que estaba sentado en el trono. Y cuando hubo tomado el libro, los cuatro animales, y los veinticuatro ancianos se postraron delante del Cordero, teniendo cada uno arpas y tazones de oro llenos de perfumes, que son las oraciones de los santos.* El Cordero toma la iniciativa y coge el libro de la mano de Dios, como algo que le pertenece. Por eso los cuatro Vivientes lo adoran, al igual que los veinticuatro Ancianos, que de acuerdo a su rol sacerdotal portan en sus manos copas de oro con las oraciones del pueblo de Dios, y que llevan cítaras para cantar al Cordero un canto nuevo: *Digno eres de tomar el libro, y de abrir sus sellos; porque tú fuiste inmolado, y nos has redimido para Dios y con tu sangre, de todo linage , y lengua, y pueblo, y nación. Y nos has hecho para nuestro Dios, reyes y sacerdotes, y reinarémos sobre la tierra.* Entonan este canto nuevo para celebrar una nueva realidad que se establece por el sacrificio y triunfo del Mesías: la llegada del reino de Dios; porque él adquiere para Dios personas *de todo linage, y pueblo, lengua y nación,* haciéndolos sacerdocio y reino para Dios. Entonces, ahora el reino y sacerdocio no son sólo para el pueblo de Israel, sino para todos los seres humanos que acepten la salvación. También se entiende que el Día del Señor, con el que culminará la historia, ya se inició con la muerte y resurrección de Jesucristo.

Juan oye y mira todo esto como un testigo privilegiado. La alabanza al Cordero se extiende al mundo espiritual y millones de ángeles lo reconocen como Dios, uniéndose a la adoración de los cuatro seres Vivientes y de los veinticuatro Ancianos: *Y miré, y oi voz de muchos ángeles al derredor del trono, y de los animales, y de los ancianos; y el número de ellos era miriadas de miriadas, y millares de millares, que decían en alta voz: El Cordero que fué inmolado es digno de recibir poder, y riquezas, y sabiduría, y fortaleza, y honra, y gloria, y bendición.* Y a la adoración de los ángeles se unen los seres de los tres niveles de la creación, que reconocen al Cordero como igual al que está sentado en el trono: *Y oí a toda criatura que está en el cielo, y sobre la tierra, y debajo de la tierra, y que está en la mar, y todas las cosas que en ellos estaban, diciendo: Al que está sentado en el trono, y al Cordero, sea bendición, y la honra, y gloria, y poder para siempre jamás.*

Este canto de adoración al Cordero que resuena en toda la creación recibe la confirmación de los cuatro Vivientes y de los veinticuatro Ancianos, que están junto al trono de Dios: *Y los cuatro animales decían: Amen, y los veinticuatro ancianos se postraron, y adoraron al que vive para siempre jamás.*

~

LOS TRES NIVELES COSMOLÓGICOS

"Y ninguno podía, ni en el cielo, ni en la tierra, ni debajo de la tierra, abrir el libro, ni mirarlo." (5: 3)

LA IDEA de que el universo creado tiene tres divisiones o niveles cosmológicos es otra de las creencias mitológicas comunes a varias culturas o sociedades tradicionales de la antigüedad, entre ellas Israel, Babilonia y Grecia, creencia claramente expuesta en el Apocalipsis, que busca expresar también por este medio los misteriosos designios del Creador. Estos tres mundos se conciben como superpuestos de acuerdo a una jerarquía que tiene el cielo como el mundo superior, morada de la divinidad y de los seres espirituales; la tierra, mundo material o intermedio, morada de los seres humanos; y el mundo inferior, llamado también el mundo de abajo o el abismo, también identificado como el caos de aguas oscuras y turbulentas, anterior a la creación del mundo, y por extensión llamado también el mar, en cuanto significa lo peligroso, lo desconocido, lo informe y no dominado por los seres humanos. El caos también es igual al monstruo o serpiente mítica que habita en esas aguas.

Según las antiguas creencias, la divinidad creó el mundo poniendo orden en el caos. Esto se expresa simbólicamente con la muerte de la serpiente o dragón del mar. Por eso en el libro de Job el acto de la creación del mundo se manifiesta de esa manera, ya que Dios *"...rompe la mar con su potencia, y con su entendimiento hiere [su] hinchazon. Su espíritu adornó los cielos: su mano erió [hirió] la serpiente rolliza"* (Job 26: 12-13).

Es así que en el Antiguo Testamento la noción de un Dios creador de los tres mundos es frecuente en los profetas y otros escritos; en el libro del Éxodo se lee: *"No te harás imágen, ni ninguna semejanza de cosa que esté arriba en el cielo, ni abajo en la tierra, ni en las aguas debajo de la tierra"* (Ex 20: 4). Y Nehemías dice, dirigiéndose al Creador: *"Tú, oh Jehova, eres solo, tú hiciste los cielos (...) la tierra, y todo lo que está en ella: las mares, y todo lo que está en ellas..."* (Neh 9: 6). Del mismo modo, en el Nuevo Testamento se encuentra la misma noción, ahora en relación a la adoración que los seres de los tres mundos tributan a Jesucristo:

> *"Para que al nombre de Jesus toda rodilla de lo celestial, de lo terrenal, y de lo infernal se doble; Y que toda lengua confiese, que Jesu Cristo es Señor para la gloria de Dios el Padre."* (Flp 2: 10-11)

En el Apocalipsis, estas tres dimensiones cósmicas constituyen una de las ideas que estructuran el libro. En el cielo, junto al trono, Juan ve a un poderoso ángel que pregunta quién será capaz de abrir los sellos y leer el libro que contiene el plan secreto de Dios; en los tres mundos no se encuentra a nadie que pueda hacerlo: *Y ninguno podía, ni en el cielo, ni en la tierra, ni debajo de la tierra, abrir el libro, ni mirarlo.* Más adelante, Juan oye a *"toda criatura que está en el cielo, y sobre la tierra, y debajo de la tierra, y que está en la mar, y todas las cosas que en ellos estaban, diciendo: Al que está sentado en el trono, y al Cordero, sea bendición y honra, y gloria, y poder para siempre jamás"* (5: 13). Después, cuando se anuncia el toque de la séptima trompeta, que está a punto de producirse, Juan ve un poderoso ángel que jura por el Creador de los tres mundos:

> *"Y el ángel que yo ví estar en pié sobre la mar, y sobre la tierra, levantó su mano derecha al cielo, y juró por el que vive para siempre jamás, que ha creado el cielo, y las cosas que en él están, y la tierra, y las cosas que en ella están, y la mar, y las cosas que en ella están, que el tiempo no será mas."* (10: 5-6)

La comunicación entre los tres mundos es posible, de acuerdo a estas antiguas concepciones cosmológicas. Las tradiciones de diversos pueblos hablan de un eje del mundo que une los tres niveles; el eje frecuentemente está representado por un árbol o una montaña. En el sueño que tuvo el patriarca Jacob en Betel, el eje estaba figurado por una escalera que unía el cielo y la tierra y por donde subían y bajaban los ángeles (Gn. 28: 12-13). En la tradición bíblica la puerta del cielo se abría ocasionalmente para que los profetas pudieran recibir los mensajes de Dios (Ez 1:1), la misma que se abre para Juan, el autor del Apocalipsis, también profeta como los anteriores.

Por esta puerta Juan sube al cielo para recibir las visiones que escribe en su libro: *"He aquí una puerta abierta en el cielo; y la primera voz que oí era como voz de trompeta que hablaba conmigo; la cual dijo: Sube acá, y yo te mostraré las cosas que deben suceder después de estas"* (4: 1). Juan entra al cielo por esta puerta y allí recibe las grandiosas visiones que preparan el Día del Señor y la instalación de su reinado.

La comunicación con el *mundo inferior o mundo de abajo* es posible también porque como el orden está construido sobre el caos, existe entonces el peligro permanente de la irrupción de las fuerzas destructivas del mundo inferior. Por eso, según las antiguas creencias, la entrada al abismo o mundo inferior estaba obstruida por una gran roca; o como indica Juan en el Apocalipsis, la entrada estaba cubierta por una puerta cerrada con cadenas y candado. Así, cuando el ángel toca la quinta trompeta (9: 1-3), Juan ve que a una estrella que había caído del cielo a la tierra (la manifestación de un apóstata que seduce a muchos para servir a los poderes del mundo) se le entrega *"la llave del pozo del abismo"* (9: 2); al abrir esta puerta surgen de ella enormes influencias malignas que causan un gran sufrimiento a los moradores de la tierra, es decir a las personas que optan por la ausencia de Dios en sus vidas.

De acuerdo con esto, en el Apocalipsis leemos que al final de los tiempos la puerta del mundo inferior será abierta para dejar emerger enormes influencias caóticas que se manifestarán como un gran poder supremo idolátrico que dominará la tierra y perseguirá y vencerá, aunque por tiempo breve, a los que se mantengan fieles a Dios. Esto se anticipa ya en la visión de los dos testigos, que son derrotados por este poder absoluto: *"Y cuando ellos hubieron acabado su testimonio, la bestia que sube del abismo hará la guerra contra ellos, y los vencerá, y los matará"* (11: 7).

Más adelante Juan narra con muchos detalles la irrupción de esta Bestia que surge del mar, expresión equivalente al abismo, y que recibe su enorme poder político, económico e ideológico del dragón o Satanás; esta es la Bestia que domina en el mundo y cuya pretensión es ocupar el lugar del mismo Dios:

"Y vi una bestia subir de la mar, que tenía siete cabezas, y diez cuernos; y sobre sus diez cuernos diez diademas, y sobre las cabezas de ella un nombre de blasfemia." (13: 1-3)

Sin embargo, el mundo inferior, según el Apocalipsis, desaparecerá definitivamente. Está determinado por la resurrección de Jesucristo, *"el primogénito de entre los muertos"* (1: 5), vencedor del mal, y que tiene poder sobre el mundo del abismo para liberar de la muerte: *"Y cuando yo lo hube visto, caí como muerto a sus piés. Y él puso su diestra sobre mí, diciéndome: No temas, yo soy el primero, y el postrero; y el que vivo; y he sido muerto, y, he aquí, vivo por siglos de siglos, Amén; y tengo las llaves del infierno, y de la muerte"* (1: 17-18). Del mismo modo, la destrucción de la serpiente de las aguas del caos o la Bestia que surge del abismo estaba ya anunciada por los profetas de la Biblia, significando con ello el inicio de una nueva creación: Isaías dice que *"En aquel día [el Día del Señor, cuando Dios intervenga] Jehova visitará con su espada dura, grande, y fuerte, sobre el leviathan, serpiente rolliza, y sobre el leviathan, serpiente retuerta; y matará al dragón que está en la mar"* (Is 27: 1). Con este simbolismo (matar la serpiente de las aguas) Isaías estaba anunciando una nueva creación para el final de los tiempos. Lo mismo afirma Juan en el Apocalipsis cuando dice: *"Y ví un cielo nuevo, y una tierra nueva; porque el primer cielo, y la primera tierra se fué, y la mar ya no era"* (21: 1).

En el Apocalipsis, esta estructura mítica de los tres niveles de la creación—cielo, tierra y mundo de abajo— desaparece finalmente dando paso a un nuevo mundo. El abismo con sus expresiones equivalentes como el mar, el caos, Leviatán, el Dragón, y aun la noche como símbolo de oscuridad y confusión, pasa al no ser, es arrojado al lago de fuego y azufre, que es la muerte segunda: *y la mar ya no era;* de la misma manera, el cielo y la tierra también desaparecen para dar paso a un nuevo cielo y nueva tierra, que se funden en un mundo nuevo simbolizado en la Nueva Jerusalén, la morada eterna de Dios con los seres humanos. Porque el triunfo definitivo de Dios y su pueblo significa una renovación total, no sólo de cada persona y de las estructuras humanas, sino del universo entero: *"Y el que estaba sentado en el trono, dijo: He aquí, yo hago nuevas todas las cosas. Y me dijo: Escribe; porque estas palabras son fieles y verdaderas"* (21: 5).

CAPÍTULO 4
EL LIBRO DE LOS SIETE SELLOS, PRIMERA VISIÓN DE LA HISTORIA

4.1 EL CORDERO ABRE EL LIBRO DE LOS SIETE SELLOS

En el capítulo 6 del Apocalipsis, Juan se encuentra junto al trono de Dios, en el templo del cielo, llamado por la misma voz poderosa de Jesucristo, que ya le había hablado antes para ordenarle escribir lo que viera y enviarlo a las siete iglesias. Ahora le manda escribir sobre lo que sucederá en el futuro, es decir, sobre el Día del Señor: *"Sube acá, y yo te mostraré las cosas que deben suceder despues de estas"* (4: 1).

Juan ha visto cómo el Cordero sacrificado y glorificado ha sido entronizado junto a Dios y alabado por toda la creación. Lleva ahora en su mano el libro que contiene el plan misterioso de Dios en relación con la humanidad, y se dispone a revelarlo a todos por medio de Juan.

Esta primera visión comienza con la apertura del libro de los siete sellos, iniciándose así la revelación del plan secreto de Dios. Al abrir el primer sello se presenta un caballo blanco; el segundo muestra uno de color rojo; el tercero hace que se presente un caballo negro y el cuarto sello llama uno de color verdoso, cada uno montado por su respectivo jinete. El quinto sello permite ver bajo el altar del templo del cielo las almas de los degollados por proclamar la palabra de Dios y por mantener el testimonio de Jesús, y que claman justicia. En tanto, la apertura del sexto sello muestra una primera visión del Día del Señor, empleando el lenguaje tradicional de los profetas: la conmoción de la naturaleza ante la llegada inminente del juicio de Dios, la separación entre los reprobados y los salvados, y la llegada del reino de Dios después de la gran tribulación. Por último, el séptimo sello se abre para anunciar otro punto de vista, complementario, sobre el desarrollo de la historia: las desastrosas consecuencias sufridas por las personas y por la naturaleza debido a las decisiones de los que eligen construir la civilización ignorando a Dios y sin respetar a los demás seres humanos ni al resto de la creación; sin embargo, Juan muestra que Dios siempre está presente mediante su palabra y por medio de sus testigos.

4.2 LOS CUATRO PRIMEROS SELLOS: LOS CUATRO JINETES DEL APOCALIPSIS

"Y miré cuando el Cordero hubo abierto el uno de los sellos, y oí á uno de los cuatro animales diciendo como con una voz de trueno: Ven, y vé.

Y miré, y he aquí un caballo blanco; y el que estaba sentado encima de él, tenia un arco; y le fué dada una corona, y salió victorioso, para que tambien venciese.

Y cuando él hubo abierto el segundo sello, oí el segundo animal, que decía: Ven, y vé.

Y salió otro caballo bermejo: y al que estaba sentado sobre él, fué dado poder de quitar la paz de la tierra, y que se matasen unos á otros; y le fué dada una grande espada.

Y cuando él hubo abierto el tercero sello, oí al tercer animal, que decia: Ven, y mira. Y miré, y he aquí un caballo negro; y el que estaba sentado encima de él tenía un peso [una balanza] en su mano.

Y oí una voz en medio de los cuatro animales, que decia: Un cheniz [kilo] de trigo por un denario, y tres chenices de cebada por un denario; y no hagas daño al vino, ni al aceite.

Y despues que él abrió el cuarto sello, oí la voz del cuarto animal, que decía: Ven, y vé.

Y miré, y he aquí un caballo pálido; y el que estaba sentado sobre él, tenía por nombre Muerte, y el Infierno le seguia; y le fué dada potestad sobre la cuarta parte de la tierra, para matar con espada y con hambre, y con mortandad, y con fieras de la tierra."
(6: 1-8)

Cuando el Cordero rompe los primeros cuatro sellos del libro, Juan ve desplegarse ante sus ojos la extraordinaria imagen de los cuatro caballos y sus jinetes, la llamada visión de los cuatro jinetes del Apocalipsis. El texto ha sido explicado por muchos comentaristas, que, en general, coinciden en que el segundo, el tercer y el cuarto caballo representan la guerra, el hambre y la peste como experiencias históricas dolorosas de la humanidad. Donde no hay acuerdo es en la explicación del significado del primer caballo y su jinete, que es objeto de interpretaciones distintas, contradictorias y a veces confusas.

Según la Biblia Latinoamericana, *"los cuatro caballos simbo-*

lizan las fuerzas que han plasmado la historia bíblica", es decir, la historia del pueblo hebreo antes del cristianismo; por eso agrega que *"el que monta el caballo blanco es la palabra de Dios entregada a los profetas en el Antiguo Testamento"*. Continúa diciendo, que *"los otros tres caballos representan la guerra, el hambre y las epidemias, las grandes plagas que aquejan a la humanidad pecadora"*, aceptando entonces que cuando el Cordero abre los sellos no solo expone *las fuerzas que han plasmado la historia bíblica*, sino que estas fuerzas se refieren al destino de toda la humanidad (Bib. Lat., 2002, pág. 420).

La Biblia de Estudio no entrega una explicación propia en relación con el primer jinete y su cabalgadura blanca: *"Muchos ven en este jinete un símbolo de Cristo, a quien pertenece la victoria. Otros, observando las características de los otros caballos, lo interpretan como símbolo de ejércitos destructores"* (Bib. Est., 2002, pág. 1362). Se hace evidente que los que interpretan el caballo blanco como símbolo de los ejércitos destructores, intentan ofrecer una interpretación que no sea contradictoria en sí misma, colocando los cuatro jinetes en una misma línea significativa, al considerar que los cuatro simbolizan la destrucción y la muerte.

Por su parte, la Biblia de Jerusalén afirma que *"Los cuatro jinetes (...) simbolizan (...) las cuatro plagas con que los profetas amenazaban al Israel infiel: fieras salvajes, guerra, hambre y peste. El jinete del caballo blanco hace pensar en los Partos (cuya arma peculiar era el arco), terror del mundo romano en el siglo I, [comparables a] 'fieras de la tierra'"*. Consecuentemente, explica que el segundo caballo es *"Símbolo de las sangrientas guerras provocadas por el primer jinete. El tercer jinete simboliza el hambre, y el cuarto, de color verdoso, es el cadáver que se descompone sobre todo por efecto de la peste"*. Sin embargo, también recuerda que *"Toda una corriente de la tradición cristiana ha visto en este jinete vencedor al Verbo mismo de Dios, o la expansión del evangelio"* (Bib. Jer., 1975, pág. 1774).

Uno de los autores que mantienen este último punto de vista, es decir, que el jinete del caballo blanco simboliza la expansión del evangelio en la historia, es el padre Leonardo Castellani cuando señala que el primer jinete es la monarquía cristiana, desde Constantino a Carlos V: *"Ireneo y san Crisóstomo sostienen nuestra interpretación. Dicen que el caballo blanco es la triunfante propagación del evangelio, pero esa propagación triunfó por el apoyo político de los monarcas cristianos Constantino, Clodoveo, Recaredo, Carlomagno..., de aquí 'la corona'. Lleva un 'arco' que alcanza lejos: la monarquía llevó sus armas—y sus misioneros—al África, América, Asia. Salió 'a vencer' una y otra vez"* (Castellani, 2005, pág. 69). Continúa diciendo que después viene la decadencia de la cristiandad europea en la forma de los otros tres jinetes: las guerras catastróficas, el hambre y la muerte. Según este autor, los cuatro jinetes simbolizan la historia del cristianismo occidental, desde sus orígenes hasta el presente.

La Sagrada Biblia, de Guillermo Jünneman, explica los jinetes como aspectos distintos del mismo Cristo, que así se revela; afirma que el caballo blanco es *"símbolo de Cristo triunfador, pacífico y perfecto"*, en tanto que el caballo rojo es *"Cristo vengador"*, mientras que el caballo negro representa a *"Cristo castigando con hambre"* (Jünneman, 1992, pág. 1761). Aunque no explica el significado del cuarto caballo, se entiende que su intención es dar una explicación coherente sobre este texto.

En general, a los comentaristas de esta visión se les hace difícil encontrar una explicación en la que los cuatro jinetes estén integrados en un solo sistema debido al simbolismo diferente del primer jinete: por su color blanco, que en el

Apocalipsis es símbolo de pertenencia a Dios, porque está coronado como vencedor y viene para seguir venciendo, y porque porta el arco, que es un arma asociada también a la divinidad, es evidente que su significado es diferente al de los otros tres. Y no solo es diferente, sino que por las características señaladas, el caballo blanco y su jinete tienen un significado evidentemente positivo, relacionado con la fuerza divina y la victoria; al contrario, los otros tres caballos claramente se relacionan con el sufrimiento y la muerte.

A primera vista, esto parece contradictorio y sin mucho sentido, ya que en una misma visión, el caballo blanco simboliza elementos relacionados con lo divino, mientras que los otros tres representan la guerra, el hambre y la peste. Sin embargo, es evidente que los cuatro jinetes de la visión son elementos de un mismo sistema; y precisamente esto es lo que dificulta la comprensión del texto. Hay que encontrar, entonces, una interpretación de este pasaje que sea coherente en sí misma y al mismo tiempo que tenga coherencia con las profecías del Antiguo y Nuevo Testamento, de las cuales el Apocalipsis es la culminación natural, como último libro de la Biblia.

Tradicionalmente se ha dado una importancia enorme a la visión de los cuatro jinetes, que se tiene casi en forma unánime como la representación máxima de los castigos y desgracias que supuestamente anuncia el Apocalipsis. Con esto parece no tomarse en cuenta que la visión de los cuatro jinetes no puede explicarse en sí misma, sino que se la debe considerar en su contexto, que es el libro de los siete sellos, ya que su significado se relaciona necesariamente con el significado del quinto, sexto y séptimo sello, y con todo el Apocalipsis. Además, se la debe situar en el contexto mayor que es el Antiguo Testamento, referente permanente de Juan.

Por esto, proponemos que en el libro de los siete sellos se presenta una visión completa de la historia humana, en la cual los cuatro primeros sellos, que corresponden a los cuatro caballos y sus jinetes, representan etapas sucesivas de la historia, estando su primera etapa simbolizada por el caballo blanco. El quinto sello muestra en una narrativa paralela, cómo Dios interviene en la historia por medio de sus testigos. El sexto sello presenta el Día del Señor con el que concluye la historia, en tanto que el séptimo sello anuncia una mirada específica sobre un aspecto de la historia humana, la cual se desarrolla en el siguiente ciclo de las siete trompetas.

4.2.1 LAS DOS PROFECÍAS DE DANIEL QUE INSPIRAN LA VISIÓN DE LOS CUATRO JINETES DEL APOCALIPSIS

Como antecedente de la visión de los cuatro jinetes se señala con frecuencia las profecías de Zacarías, ya que en algunas de ellas utiliza el simbolismo de los caballos para representar la fuerza y velocidad de los mensajeros de Dios que recorren el mundo en sus cuatro direcciones:

> *"Ví una noche, y he aquí un varon que cabalgaba sobre un caballo bermejo [rojo], el cual estaba entre los arrayanes que están en la hondura; y detrás de él estaban caballos bermejos, overos [castaños], y blancos.*
>
> *Y yo dije: ¿Quién son estos, Señor mio? Y dijome el ángel que hablaba conmigo: Yo te enseñaré quién son estos.*
>
> *Y aquel varon que estaba entre los arrayanes respondió, y dijo:*

Estos son los que Jehova ha enviado, para que anden la tierra."
(Zac 1: 8-10)

Más adelante Zacarías reitera la visión de los caballos, relacionándolos ahora con carros de guerra tirados por caballos de distintos colores, asociando los colores a los cuatro puntos cardinales:

"Y tornéme, y alcé mis ojos, y miré, y he aqui cuatros carros que salian de entre dos montes; y aquellos montes eran de metal.

En el primer carro habia caballos bermejos, y en el segundo carro caballos negros,

Y en el tercer carro, caballos blancos, y en el cuarto carro caballos overos, rucios rodados.

Y respondí, y dije al ángel que hablaba conmigo: Señor mio, ¿qué es esto?

Y el ángel me respondió, y díjome: Estos son los cuatro vientos de los cielos, que salen de donde están delante del Señor de toda la tierra.

En el que estaban los caballos negros, salieron hacia la tierra de aquilon; y los blancos salieron tras ellos; y los overos salieron hácia la tierra del mediodia." (Zac 6: 1-6)

Sin embargo, aunque estos caballos muestran también algún simbolismo de los colores, no logran formar un sistema que pueda servir de antecedente para explicar la visión de Juan. Así, aunque se acepte que tome de este lugar la imagen de los caballos, es evidente que la estructura y significado de la visión de los cuatro jinetes del Apocalipsis no tienen relación directa con estos pasajes del profeta Zacarías.

Pero si se considera que en la visión de los cuatro jinetes

del Apocalipsis, Juan ve cuatro jinetes que son convocados de manera sucesiva, empezando por el que cabalga en el caballo blanco, seguido del jinete del caballo rojo, continuando con el que monta un caballo negro y terminando con la aparición de un caballo de color verdoso cuyo jinete es la Muerte, encontramos que hay dos profecías de estructura semejante en el libro de Daniel. Juan, que utiliza en su libro continuas referencias a los escritos del Antiguo Testamento, recurre con frecuencia al libro Daniel por su marcado carácter apocalíptico, y por supuesto como conocedor a fondo de dos de sus más famosas profecías: una es la del sueño de Nabucodonosor, en el que este rey ve una impresionante estatua hecha de oro, plata, bronce y hierro. La otra es la visión del mismo Daniel en relación con cuatro grandes animales que surgen del mar de manera sucesiva: el primero parecido a un león, el segundo semejante a un oso, el tercero como un leopardo y el cuarto descrito como una bestia terrible y diferente a los otros tres animales.

Al examinar estos textos, se puede entender que son ellos los que proveen los arquetipos, elementos y marco general que dan forma a esta visión. Al estar en línea con estos elementos cognitivos tradicionales de su pueblo, estas estructuras más profundas o de base hacen posible descifrar la visión de los cuatro jinetes del Apocalipsis.

4.2.1.1 EL SUEÑO DE NABUCODONOSOR

Nabucodonosor, rey de Babilonia, había tenido un sueño misterioso que lo inquietaba por las extraordinarias imágenes que lo formaban y porque nadie era capaz de interpretarlo. Daniel, uno de los israelitas desterrados, fue llamado por el rey para explicar este sueño:

"Mas hay un Dios en los cielos el cual revela los misterios; y él ha hecho saber al rey Nabuchodonosor lo que ha de acontecer á cabo de dias. Tu sueño, y las visiones de tu cabeza sobre de tu cama, es esto:

Tú, ó! rey, en tu cama, tus pensamientos subieron por saber lo que habia de ser en lo porvenir; y el que revela los misterios, te mostró lo que ha de ser.

Y á mí, no por la sabiduría que en mi hay mas que en todos los vivientes, ha sido revelado este misterio, mas para que yo notifique al rey la declaración, y que entendieses los pensamientos de tu corazon.

Tu, ó! rey, veias y he aqui una grande imágen. Esta imágen, que era muy grande, y cuya gloria era muy sublime, estaba en pié delante de tí, y su vista era terrible.

La cabeza de esta imágen era de fino oro: sus pechos y sus brazos de plata: su vientre y sus muslos de metal:

Sus piernas de hierro: sus piés en parte de hierro, y en parte de barro cocido.

Estabas mirando, hasta que una piedra fué cortada, no con las manos, la cual hirió á la imágen en sus piés de hierro y de barro cocido, y los desmenuzó.

Entonces fué tambien desmenuzando el hierro, el barro cocido, el metal, la plata, y el oro, y se tornaron como tamo de las eras del verano; y levantólos el viento, y nunca mas se les halló lugar. Mas la piedra que hirió á la imágen, fue echa un gran monte, que hinchió toda la tierra.

Este es el sueño: la declaración de él diremos también en la presencia del rey.

Tú, ó! rey, eres rey de reyes; porque el Dios del cielo te ha dado el reino, la potencia, y la fortaleza, y la magestad.

Y todo lo que habítan hijos de hombre, bestias del campo, y aves del cielo, ha entregado en tu mano; y te ha hecho enseñorear sobre todo ello: tú eres aquella cabeza de oro.

Y despues de tí se levantará otro reino menor que tú; y otro tercero reino de metal, el cual se enseñoreará de toda la tierra.

Y el reino cuarto será fuerte como hierro; y como el hierro desmenuza, y doma todas las cosas, y como el hierro que quebranta todas estas cosas, desmenuzará y quebrantará.

Y lo que viste los piés y los dedos en parte de barro cocido de ollero, y en parte de hierro, el reino sera diviso, y habrá en él algo de fortaleza de hierro, de la manera que viste el hierro mezclado con el tiesto de barro.

Y los dedos de los piés en parte de hierro, y en parte de barro cocido, en parte el reino será fuerte, y en parte será frágil.

Cuanto á lo que viste el hierro mezclado con tiesto de barro, mezclarse han con simiente humana: mas no se pegaran el uno con el otro, como el hierro no se mezcla con el tiesto.

Mas en los dias de estos reyes el Dios del cielo levantará un reino que eternalmente no se corromperá; y este reino no será dejado á otro pueblo: el cual desmenuzará, y consumirá todos estos reinos, y él permanecerá para siempre.

De la manera que viste que del monte fué cortada una piedra, que no con manos, desmenuzó al hierro, al metal, al tiesto, á la plata, y al oro, el Dios grande mostró al rey lo que ha de acontecer en lo porvenir. Y el sueño es verdadero, y fiel su declaración." (Dn 2: 28-45)

En el sueño del rey Nabucodonosor, el profeta Daniel recoge la antigua y universal tradición que veía la historia humana, desde sus orígenes hasta su culminación, como la sucesión de cuatro etapas o reinos, comenzando por el más antiguo y mejor, recordado como la edad de oro de la humanidad, y continuando con la edad de plata, la de bronce y finalmente la de hierro, que traería al mundo la destrucción y la ruina. Era una mirada pesimista que aseguraba que en el mundo las cosas irían empeorando cada vez más.

El profeta Daniel establece claramente que el sueño del rey es una profecía que debe explicarse en el plano universal; es decir, que las cuatro etapas o reinos se refieren a toda la historia humana y no a reinos históricos particulares; se trata en ella del destino final de todo el mundo. Por eso empieza diciendo: *Tú, ó ! rey, en tu cama, tus pensamientos subieron por saber lo que habia de ser en lo porvenir; y el que revela los misterios, te mostró lo que ha de ser.* Sin embargo, al comenzar a explicar el sueño, Daniel parece situarse en su plano histórico inmediato, al decir que Nabucodonosor es *aquella cabeza de oro* de la estatua. Pero habla sin duda en el plano universal cuando describe los otros reinados que vendrán en el futuro: *Tú, ó ! rey, eres rey de reyes; porque el Dios del cielo te ha dado el reino, la potencia, y la fortaleza, y la magestad (...) y te ha hecho enseñorear sobre todo ello: tú eres aquella cabeza de oro. Y despues de tí se levantará otro reino menor que tú; y otro tercero reino de metal, el cual se enseñoreará de toda la tierra. Y el reino cuarto será fuerte como hierro; y como el hierro desmenuza, y doma todas las cosas, y como el hierro que quebranta todas estas cosas, desmenuzará y quebrantará.*

Aunque Daniel, como ya se señaló, empieza su explicación situándose aparentemente en su plano histórico inmediato (*Tú, ó ! rey, eres rey de reyes*), nótese que no dice que la cabeza de oro de la estatua es el reino de Babilonia (lo que sería imposible ya que Babilonia es la representación más fuerte del dominio político idolátrico opuesto a Dios); Daniel dice que la cabeza de oro es Nabucodonosor, a quien Dios le ha dado poder sobre todo el mundo conocido. De tal manera que el profeta Daniel personifica en Nabucodonosor al gobernante que tiene un poder legítimo porque le ha sido entregado por el mismo Dios, que le ha dado *el reino, la potencia, y la fortaleza, y la magestad.* Sucede que Daniel ve en el rey un integrante de la clase sacerdotal de los caldeos, sabios y astrólogos, representantes de la antigua tradición sacerdotal y que en su corte eran muy importantes. Cuando, según la tradición, los pueblos estaban gobernados por personas que ostentaban este tipo de poder, el mundo se encontraba en la edad de oro, recordada como época de justicia y paz, de cercanía con la divinidad. Es en este sentido que el rey Nabucodonosor (no el reino de Babilonia), por su relación con el sacerdocio de los caldeos, puede representar en esta profecía la lejana y añorada edad de oro del mundo, y puede ser simbolizado como la cabeza de oro de la gran estatua.

Daniel continúa la explicación hablando enseguida sobre los reinos futuros, diciendo que después de este rey vendrá otro reino, de plata, inferior al primero, y luego un tercer reino de metal, es decir, de bronce. A este tercer reino le atribuye un rasgo extraordinario, pues dice que *se enseñoreará de toda la tierra,* anunciando que ese reino futuro tendrá por primera vez el dominio completo sobre el mundo entero. Este tercer reino tan poderoso aún no se ha hecho presente en el mundo. Sin embargo, sabemos que ahora se avanza con rapidez hacia un mundo globalizado y posiblemente a un poder político y económico de carácter mundial, que quizás podría llegar a identificarse con el tercer reino de bronce de la profecía. Luego, después del tercer reino, el profeta Daniel anuncia la llegada del cuarto reino *fuerte como hierro; y como el hierro desmenuza, y doma todas las cosas, y como el hierro que quebranta todas estas cosas, desmenuzará y quebrantará.*

Sin embargo, este cuarto reino, siendo el más poderoso

que habrá sobre la tierra, tiene una debilidad en la base misma que lo sustenta; su debilidad es ser un reino dividido. Sus pies son una mezcla de hierro y de barro, por lo que una piedra arrojada por mano no humana golpea la estatua, convirtiendo en polvo el oro, la plata, el bronce, el barro y el hierro. La piedra que la golpeó se convirtió en una gran montaña que ocupó toda la tierra. De tal manera que después de destruido el terrible cuarto reino, *el Dios del cielo levantará un reino que eternalmente no se corromperá; y este reino no será dejado á otro pueblo: el cual desmenuzará, y consumirá todos estos reinos, y él permanecerá para siempre.*

Daniel concluye diciendo al rey que *el Dios grande mostró al rey lo que ha de acontecer en lo porvenir. Y el sueño es verdadero, y fiel su declaración.*

Es evidente, entonces, que esta profecía de Daniel se refiere a cuatro grandes períodos de la historia humana, al fin de esta historia y a la llegada definitiva del reino de Dios una vez destruido el cuarto reino de hierro.

A pesar de lo señalado, este pasaje es interpretado tradicionalmente sólo como una profecía aplicable al plano histórico inmediato, y a lugares geográficos del ámbito de los intérpretes como son los países europeos y del cercano Oriente. Así, la Biblia de Jerusalén (pág. 1277) identifica el primer reino con el imperio neobabilónico de Nabucodonosor, el segundo con el de los medos, el tercero con el imperio persa y el cuarto con el de Alejandro el Grande y sus sucesores, incluida la dinastía seléucida. También hay quienes ponen en orden de sucesión, primero al reino neobabilónico, segundo al reino de medos y persas como uno solo, tercero al imperio griego de Alejandro y cuarto al imperio romano, como reino de hierro, que sometió a todos por la guerra, más los diez estados de la Europa moderna que suceden a este imperio (Ampuero, 1958, pág. 70). En su obra La Venida del Mesías en Gloria y Majestad, el padre Manuel Lacunza había indicado mucho antes que la cabeza de oro de la estatua representa al reino de los babilonios o caldeos más los medos y persas, como un solo imperio que sólo cambió de amos, pero que mantuvo el mismo carácter y ocupó los mismos lugares geográficos; que los pechos y brazos de plata, el segundo reino, simbolizan el imperio de Alejandro, por ser inferior de alguna manera al anterior; que el vientre y los muslos de bronce representan imperio romano, el tercer reino, que dominó sobre toda la tierra con sus imperios de Oriente y Occidente; y que los pies de hierro y de barro, el cuarto reino, corresponden a los reinos europeos occidentales surgidos como herederos de este imperio, cuyas monarquías, aunque relacionadas por lazos de sangre, jamás lograrán una verdadera unidad política, así como el hierro y el barro no pueden unirse (Lacunza, 1969, pág. 36).

Lo anterior muestra el sentir de los que opinan que esta profecía debe interpretarse sólo en el plano histórico inmediato; por eso, partiendo del mencionado imperio babilónico (sin tomar en cuenta que la cabeza de oro es el rey Nabucodonosor, no este imperio) se esfuerzan por realizar ajustes ingeniosos para hacer calzar la profecía con los persas, los griegos, los romanos o los modernos estados europeos occidentales; y otros autores, relacionan la profecía aun con estados actuales como Irak o Irán, aunque omiten sin explicación alguna enormes e importantes imperios mundiales como el de los mongoles, chinos y muchos más. De cualquier manera, sin embargo, se puede notar que si se acepta este procedimiento habrá que continuar adaptando la profecía de la estatua a los reinos o regímenes históricos conocidos y a los que vengan en el futuro, de manera interminable. Con esta clase de interpretaciones no se toma en cuenta, además, lo principal: que según la profecía, una vez destruido el cuarto reino de muerte, se instalará el definitivo reino de Dios, acontecimiento que no ha sucedido y que se espera para tiempos venideros. Por eso, las palabras del profeta Daniel son claras: *el Dios grande mostró al rey lo que ha de acontecer en lo porvenir. Y el sueño es verdadero, y fiel su declaración.*

Es decir, podemos reiterar que la profecía de la estatua con sus cuatro metales no representa ciertos reinos históricos particulares, sino que el profeta Daniel simbolizó así las cuatro etapas míticas de la historia humana, después de las cuales se manifestará el reinado de Dios.

4.2.1.2 VISIÓN DE LOS CUATRO ANIMALES DEL MAR

"Habló Daniel, y dijo: Yo veia en mi vision siendo de noche, y he aquí que los cuatro vientos del cielo combatian la gran mar.

Y cuatro bestias grandes, diferentes la una de la otra, subian de la mar.

La primera era como leon, y tenia alas de águila. Yo estaba mirando hasta tanto que sus alas fueron arrancadas, y fué quitada de la tierra; y púsose enhiesta sobre los piés á manera de hombre, y fuéle dado corazon de hombre.

Y he aquí otra segunda bestia, semejante á un oso, la cual se puso al un lado; y tenia en su boca tres costillas entre sus dientes, y fuéle dicho asi: Levántate, traga carne mucha.

Despues de esto yo miraba, y he aquí otra semejante á un tigre;

y tenía cuatro alas de ave en sus espaldas: tenia tambien esta bestia cuatro cabezas, y fuéle dada potestad.

Despues de esto yo miraba en las visiones de la noche; y he aquí la cuarta bestia espantable, y temerosa, y en grande manera fuerte: la cual tenia unos dientes grandes de hierro. Tragaba y desmenuzaba, y las sobras hollaba con sus piés; y era muy diferente de todas las bestias que habían sido ántes de ella, y tenía diez cuernos." (Dn 7: 2-7)

Al comparar el sueño de la estatua de Nabucodonosor, interpretado por Daniel, con la visión del mismo Daniel de los cuatro animales que surgen del mar, notamos inmediatamente que son textos paralelos con una misma forma y significado, que se complementan porque tienen un mismo propósito. En los dos se trata del tema de los cuatro imperios (o períodos) del mundo, en decadencia progresiva; en ambos se da el poder total sobre la tierra al tercero de ellos, siendo el cuarto el de muerte y destrucción, después del cual se instala definitivamente el reino de Dios.

En tanto la visión del sueño de Nabucodonosor es naturalmente estática, dándose la progresión mediante la descripción de los cuatro metales desde la cabeza de oro hasta los pies de hierro y barro, la visión de Daniel en la que contempla los cuatro animales, es sumamente dinámica. Daniel ve que los cuatro vientos del cielo soplan y agitan las aguas del mar, haciendo surgir así y en forma sucesiva los cuatro imperios del mundo en forma de cuatro enormes animales. Es decir, el dinamismo caótico de las aguas, que simboliza a los pueblos y muchedumbres de la tierra (17: 15), se ordena cuando los cuatro vientos, que representan las fuerzas o emisarios enviados por Dios, llaman a la existencia a los muchos y diversos reinos del mundo, que se sintetizan en los cuatro imperios universales.

La descripción simbólica de los cuatro reinos muestra que todos son diferentes entre sí, pero que el cuarto tiene características que lo hacen todavía más distinto a los tres anteriores; por lo que cada uno se describe con sus rasgos propios, pero especialmente el cuarto reino, que por esto se describe con muchos más detalles significativos.

∿

Las Dos Profecías de Daniel y el Mito de los Cuatro Reinos Universales

Daniel en su visión de los cuatro animales que surgen del mar, ilustra la sucesión de los cuatro reinos o edades del mundo de la tradición universal: las edades de oro, de plata, de bronce y de hierro.

> *"La primera era como leon, y tenia alas de águila. Yo estaba mirando hasta tanto que sus alas fueron arrancadas, y fué quitada de la tierra; y púsose enhiesta sobre los piés á manera de hombre, y fuéle dado corazon de hombre."* (Dn 7: 4)

El primer reino es representado por un león con alas de águila. El león como rey de los animales simboliza la realeza, la fuerza, el poder y la justicia, por lo que aparece figurado en los tronos y como guardián de los templos. Tiene significado solar por su color amarillento y su melena. Del mismo modo, el águila es la reina de las aves por la altura y audacia de su vuelo, ya que según la tradición, se eleva mirando cara al sol; por esto simboliza la contemplación espiritual. Las plumas simbolizan los rayos del sol.

Este primer reino o manera de organizar la sociedad quedó en la memoria de los pueblos como la edad de oro (igual que la cabeza de oro de la estatua de Nabucodonosor), porque según la tradición en ella reinaba plenamente la justicia, ya que la sociedad pretendía establecerse tomando como centro una relación armónica entre los seres humanos y la divinidad. Su tipo de pensamiento era analógico, en la creencia de que lo que sucede en el cielo también sucede en la tierra, es decir, que las cosas de la tierra, cuando están bien establecidas, tienen su modelo en el cielo. Este período histórico o reino se mantuvo por miles de años en toda la tierra. La sociedad se organizaba alrededor de la ciudad-estado gobernada por un sacerdote rey. El patriarca Abraham después de su victoria sobre los cinco reyes pagó el diezmo a Melquisedec, sacerdote y rey de Salem, reconociendo de esta manera la autoridad espiritual del sacerdocio, ya que en su tiempo aún quedaban vestigios de esta primera organización (Gn 14: 18-20). Su estructura se organizaba en torno a centros religiosos llamados "ombligos del mundo", lugares sagrados que mantuvieron por mucho tiempo su importancia, aún después de que este sistema de organización desapareciera en la mayor parte de la tierra. Así, en la Biblia se lee cómo los hebreos al llegar a Palestina fueron ocupando estos antiguos centros del mundo de manera sucesiva, como Guilgal, Silo, Betel y Siquem, manteniéndolos como lugares sagrados en los cuales permanecía el Arca de la Alianza; estos centros rivalizaron en ocasiones con Jerusalén, conquistada después por el rey David para ser la capital política y religiosa del reino.

En todas partes hay memoria de esta antigua forma de

organización social, o teocracia, a cargo de las castas sacerdotales, persistiendo el recuerdo de los antiguos centros religiosos con el mismo nombre de ombligos del mundo, como en Rapa Nui en Oceanía o la ciudad del Cusco en Sudamérica

Este primer sistema de gobierno universal llegó a su término cuando la gente ya no vio en los sacerdotes gobernantes un poder divino, o ya no los respetó por sus conocimientos astronómicos, que los manifestaba a los ojos de todos como a representantes cercanos de la divinidad, sino que fueron considerados como personas iguales a todos. Por eso en la visión de Daniel, al primer animal que se presenta, que simboliza la edad de oro, se le quitan los atributos de la realeza y divinidad cuando *sus alas fueron arrancadas, y fué quitada de la tierra; y púsose enhiesta sobre los piés á manera de hombre, y fuéle dado corazon de hombre.* Sucedió así que el gobierno de los grupos sacerdotales (chamanes, sacerdotes-reyes) fue desapareciendo paulatinamente, dejando, sin embargo, la añoranza de una maravillosa época que, según este mito, floreció en todas partes del mundo.

Su poder fue tomado por el segundo reino, que le sucede, y que Daniel simboliza en el segundo animal que sale del mar:

"Y he aquí otra segunda bestia, semejante á un oso, la cual se puso al un lado; y tenia en su boca tres costillas entre sus dientes, y fuéle dicho así: Levántate, traga carne mucha." (Dn 7: 5)

El segundo reino o forma universal de gobierno se representa como un oso. Este animal es símbolo de fuerza y agresividad. En la profecía representa a los señores de la guerra o aristocracias de guerreros que gobernaron después de los sacerdotes, a quienes desplazaron del poder en todas partes. Empezaron siendo los conquistadores de las antiguas ciudades independientes, suplantando así a los reyes-sacerdotes, para llegar a convertirse en los fundadores de los grandes imperios del mundo. En la Biblia se recuerda este cambio de gobernantes como una rebelión contra Dios; los grupos guerreros están representados por Nemrod, fundador de Nínive: *"Y Chus engendró á Nimrod. Este comenzó á ser poderoso en la tierra. Este fué poderoso cazador delante de Jehova: por lo cual se dice: Como Nimrod poderoso cazador delante de Jehova. Y fué la cabecera de su reino Babel, y Arach, y Achad, y Chalanne, en la tierra de Sennaar. De aquesta tierra salió Assur, el cual edificó á Ninive..."* (Gn. 10: 8-11). A Nemrod se le da el apelativo de *cazador*, que es lo mismo que decir guerrero, puesto que *comenzó á ser poderoso en la tierra*. A continuación se narra el episodio de la torre de Babel, en el que queda claro que los imperios guerreros se levantan contra lo sagrado, puesto que la intención de sus constructores fue edificar *"una ciudad, y una torre, que tenga la cabeza en el cielo"* (Gn 11: 4). Este tipo de gobernantes necesitó, sin embargo, del apoyo del poder religioso en retirada para legitimarse o por lo menos para instalarse en el poder mediante la ceremonia de coronación, colocando las castas sacerdotales a su servicio y declarando así que su poder era de origen divino, como lo afirmaron los reyes y emperadores en todos los lugares, como los faraones de Egipto que tomaban para sí el título de sumo sacerdote o el emperador romano, que a la vez era el pontífice máximo. Según el mito de las cuatro edades, este sistema de gobierno expresado en los reinos e imperios del mundo se mantuvo en todas partes durante miles de años; su poder nace de la espada y de la guerra, de la violencia, la esclavitud y la destrucción; por eso en la visión Daniel dice que *y he aquí otra segunda bestia, semejante á un oso, la cual se puso al un lado; y tenia en su boca tres costillas entre sus dientes, y fuéle dicho así: Levántate, traga carne mucha.* En el sueño de la estatua colosal del rey Nabucodonosor este segundo reino universal está simbolizado por el pecho y los brazos de plata; su poder radica en la nobleza, organizada en poderosas familias y en dinastías reinantes, que transmite el gobierno por herencia sanguínea; establece las fronteras entre los estados, provocando invasiones, deportaciones y guerras.

La Revolución Francesa dio el golpe definitivo al poder de la nobleza y a este antiguo régimen de gobierno, aunque actualmente se mantiene aún en muchos lugares del mundo, pero ya en franca retirada, superado por los grupos que poseen el poder económico, ya que según este mito, corresponde ahora la llegada de un dominio mundial que podría estar en manos de aquellos que detentan el poder del dinero. Su fuerza no radica ni en el dominio religioso ni en el de las armas. De forma violenta o de manera paulatina ha venido desplazando a la nobleza reinante, imponiendo en el mundo sus nuevas formas de opresión y de dominio, colocando, a su vez, la institución militar a su servicio.

De tal manera, en la profecía de Daniel, el segundo reino (el de la nobleza y de los grupos guerreros) será reemplazado por uno que tendrá el poder total sobre la tierra, representado por un animal de presa:

"Despues de esto yo miraba, y he aquí otra semejante á un tigre; y tenia cuatro alas de ave en sus espaldas: tenia tambien esta bestia cuatro cabezas, y fuéle dada potestad." (Dn 7: 6)

El tercer reino es simbolizado como un tigre. Como

animal manchado representa al depredador temible. Simboliza la agresividad y ferocidad. Las cuatro alas en la espalda significan la velocidad (de desplazamiento, de comunicaciones) como atributo principal para ejercer su dominio, y las cuatro cabezas simbolizan su poder sobre los cuatro puntos de la tierra, ya que a este reino *fuéle dada potestad*. Ahora, por primera vez un reino es capaz de obtener un dominio total sobre el planeta; es la edad del bronce según el orden de los metales de la estatua de Nabucodonosor. Antes nunca se ha dado esta situación, ya que en la edad de oro había ciudades estado independientes diseminadas por el mundo; en la edad de plata, reinos e imperios que tenían sus límites geográficos. Pero el tercer reino o edad del bronce tendrá el dominio efectivo sobre todo el mundo, pero no mediante las creencias religiosas o por el poder de las armas, sino por el poder del dinero y la acumulación de la riqueza. La tercera forma de gobierno mundial se atribuye a los grupos dueños del dinero, vale decir, según esta profecía de Daniel, estaríamos en la actualidad ante un próximo y total dominio económico universal, que aunque ocupará la tierra entera, será sin embargo inferior en calidad a los anteriores. El dominio total sobre el planeta es un fenómeno que corresponde a nuestra época, y se dará por primera vez en la historia de la humanidad. De acuerdo con esto, sería posible identificar este tercer período o reino con el sistema capitalista, ya que a este tercer reino *fuéle dada potestad,* por lo que el capitalismo está en vías de alcanzar el dominio en el mundo entero a través del libre mercado en lo económico, de la democracia como sistema político, del consumismo como expresión máxima de la cultura, por el desarrollo de la tecnología y por la acumulación de la riqueza en pocas manos, todo lo cual constituye una fuerza imparable para alcanzar la globalización del mundo y el total dominio sobre él. Su poder de penetración es enorme, de tal manera que va imponiéndose sobre cualquier cultura local o sobre las enormes y antiguas civilizaciones del mundo, permeándolas en forma rápida o paulatina. ¿En cuánto tiempo este sistema completará la globalización del mundo y por cuánto tiempo mantendrá su dominio universal?

Francis Fukuyama afirmó que el capitalismo era la culminación de un largo proceso de evolución humana y que su triunfo sobre los demás sistemas económicos e ideologías significaba el fin de la historia en el sentido de que al establecerse este sistema de manera universal, todas las contradicciones estarían resueltas y satisfechas todas las necesidades humanas. Aunque no todos estén de acuerdo con estos planteamientos, en realidad no se vislumbra todavía la aparición de alguna ideología o sistema que represente una alternativa real frente al éxito del capitalismo, a pesar de que algunos nacionalismos o algunas ideologías religiosas arremetan de vez en cuando contra esta fuerte tendencia globalizadora.

Según el mito de los cuatro reinos universales que estamos comentando, este tercer reino no será el último ni la historia terminará cuando se establezca. Al contrario, será superado por uno totalmente diferente, aunque reunirá los rasgos más notables de los anteriores:

"Despues de esto yo miraba en las visiones de la noche; y he aquí la cuarta bestia espantable, y temerosa, y en grande manera fuerte: la cual tenia unos dientes grandes de hierro. Tragaba y desmenuzaba, y las sobras hollaba [pisoteaba] con sus piés; y era muy diferente de todas las bestias que habian sido ántes de ella, y tenia diez cuernos." (Dn 7: 7)

El terrible cuarto reino está representado por un animal monstruoso jamás visto antes, provisto de un enorme poder en la tierra, pues era *en grande manera fuerte*. Los grandes dientes de hierro de esta Bestia muestran su poder de destrucción, ya que *tragaba y desmenuzaba*, pero también lo vincula con la edad de hierro, futuro reino de muerte, de opresión y de exterminio del ser humano, de sus obras y aun de la naturaleza, ya que este monstruo *las sobras hollaba con sus piés* de aquello que no alcanzaba a devorar. Por su propósito de destruir y aniquilar la tierra y la humanidad es un reino diferente a los otros, ya que los tres primeros buscan el dominio de distintos modos, pero estableciendo un orden e impidiendo que el caos demuela la sociedad. Al contrario, este cuarto reino buscará la destrucción del mundo. Los diez cuernos que esta Bestia lleva en su cabeza son una señal de su gran poder, ya que reunirá bajo su dominio a todos los reinos o poderes del mundo, porque el número 10 es símbolo de lo que está completo, ya que contiene todos los números, del 1 al 9, en tanto los cuernos son símbolos de poder y fuerza tal como sucede en el reino animal. Estos diez reinos son equivalentes a los diez dedos de los pies de la estatua del sueño de Nabucodonosor.

Según este mito universal, la historia termina con el cuarto reino, que es la edad de hierro de la humanidad. Pero para el profeta Daniel no se trata solo de cuatro reinos, sino de uno más, el definitivo, que es el reino de Dios, que llega a su culminación y que se manifiesta después de destruido el cuarto reino de opresión y de injusticia. Es la piedra arrojada por mano no humana que pulveriza la estatua del sueño de Nabucodonosor y que se transforma en una montaña que llena la tierra entera.

4.2.2 LOS CUATRO JINETES DEL APOCALIPSIS Y LAS DOS PROFECÍAS DE DANIEL

Hemos considerado con algún detalle estas dos profecías de Daniel, señalando su paralelismo y elementos semejantes, con la intención de mostrar cómo su estructura de cuatro etapas sucesivas de la historia, en decadencia progresiva, se corresponden con la visión de los cuatro jinetes del Apocalipsis. Nuestra tesis indica, entonces, que en el libro de los siete sellos esta misma visión de la historia está simbolizada en los primeros cuatro sellos, por los cuatro jinetes y sus caballos, y que a partir de la apertura del quinto sello, el Apocalipsis muestra la llegada del definitivo reino de Dios.

Juan ve cómo el Cordero comienza a romper los sellos del libro que toma de la mano *"del que estaba sentado en el trono"* (5: 1), y oye al primero de los cuatro (animales) Vivientes llamar con fuerte voz. Estos seres Vivientes son las fuerzas que organizan la creación visible (asimilados a los cuatro elementos tradicionales que forman todas las cosas: fuego, agua, tierra y aire), incluidos también los acontecimientos de la historia humana.

Así, el primer Viviente convoca la primera etapa de la historia, simbolizada por el caballo blanco y su jinete.

"Y miré cuando el Cordero hubo abierto el uno de los sellos, y oí á uno de los cuatro animales diciendo como con una voz de trueno: Ven, y vé. Y miré, y he aquí un caballo blanco; y el que estaba sentado encima de él, tenia un arco; y le fué dada una corona, y salió victorioso, para que también venciese." (6: 1-2)

Y he aquí un caballo blanco. El caballo es el animal de guerra por excelencia; indica aquí que los acontecimientos humanos tienen un componente de violencia, fuerza y dinamismo. En este caso, el caballo de color blanco simboliza además lo divino, limpio y puro. Su jinete tiene un arco en sus manos, arma que simbólicamente se asocia a lo divino, ya que la flecha arrojada por el arco se asocia a su vez al rayo, que es una expresión universal del poder de Dios. Juan ve que el jinete recibe una corona, que también es símbolo de poder: *y le fué dada una corona*, es decir, se le entrega poder y se lo declara vencedor, y está preparado *para que también venciese* en el futuro.

El caballo blanco del Apocalipsis se corresponde con la cabeza de oro de la estatua del sueño del rey Nabucodonosor y con el primer animal de la visión de Daniel, que tiene melena de león y alas de águila. Los elementos de estas tres visiones indican superioridad, nobleza y cercanía con lo divino. Por esto se simboliza así esta primera etapa o primer reino que es la organización teocrática sacerdotal, y que según las creencias tradicionales se impuso en todas partes del mundo como primera forma de organización de la humanidad, recordada como la idílica edad de oro. El jinete coronado y su caballo blanco se van, pero *para que también venciese*, ya que esta antigua sociedad teocrática, que tiene como centro lo divino, de alguna manera anuncia el futuro reino de Dios, simbolizado en el Apocalipsis como la Jerusalén bajada del cielo.

Juan ve enseguida que el Cordero rompe el segundo sello y oye al segundo (animal) Viviente llamar con voz imperiosa al jinete que monta el caballo rojo como el fuego, a quien se designa para imponer en la humanidad la violencia como sistema.

"Y cuando él hubo abierto el segundo sello, oí el segundo animal, que decía: Ven, y vé. Y salió otro caballo bermejo: y al que estaba sentado sobre él, fué dado poder de quitar la paz de la tierra, y que se matasen unos á otros; y le fué dada una grande espada." (6: 3-4)

El caballo rojo corresponde a los hombros y brazos de plata de la estatua del sueño de Nabucodonosor, como reino inferior al anterior; y es paralelo también al segundo animal que sube del mar, semejante a un oso, al que se le ordena que destruya y coma todo lo que quiera. Así se simboliza la segunda etapa o período del desarrollo histórico humano: el control de las ciudades-estado gobernadas por un sacerdote rey pasa ahora a las aristocracias militares que amplían sus dominios mediante guerras de conquistas que llevan a la formación de los grandes imperios. El color rojo del caballo simboliza la sangre y la violencia. La espada grande que se le entrega al jinete simboliza las invasiones y las guerras que quitan *la paz de la tierra.*

El tercer caballo convocado por el tercero de los (animales) Vivientes es de color negro. Su jinete lleva una balanza en sus manos (un peso o una pesa), y con ella se simboliza la actividad comercial que trae como consecuencia el dominio y la opresión mediante la concentración del poder económico, la carestía y el hambre:

"Y cuando él hubo abierto el tercer sello, oí al tercer animal, que decía: Ven, y mira. Y miré, y he aquí un caballo negro; y el que estaba sentado encima de él tenía un peso en su mano. Y oí una voz en medio de los cuatro animales, que decía: Un cheniz de trigo por un denario, y tres chenices de cebada por un denario; y no hagas daño al vino, ni al aceite." (6: 5-6)

El caballo negro y su jinete, que lleva una balanza (un peso o pesa) indicando la actividad económica, simboliza la tercera etapa de la historia humana: ahora el poder y dominio se centra en la actividad de los comerciantes, en el poder del dinero y el intercambio de bienes a escala local y mundial. De en medio de los (animales) Vivientes, una voz sintetiza lo esencial de este reino o régimen de gobierno: su dominio lo ejerce mediante el elevado precio de los alimentos estrictamente necesarios y haciendo imposible, por lo tanto, el acceso a los mejores bienes. Por eso con un denario, el salario de un día, se compra solo una pequeña medida de trigo o tres medidas de cebada; pero no se puede tocar el vino ni el aceite; es decir, los alimentos de calidad son inalcanzables para la mayoría de la gente. El caballo negro corresponde al vientre y caderas de la estatua del sueño de Nabucodonosor, hechos de bronce como reino inferior al de plata, pero al que sin embargo, se dice que *se le entrega el poder* sobre la tierra. En el orden de los animales que salen del mar en la visión de Daniel corresponde al tercero, un tigre o animal moteado con cuatro alas y cuatro cabezas, al que también el profeta Daniel dice que *se le entrega el poder*, es decir, el dominio total sobre el mundo.

Cuando el Cordero rompe el cuarto sello se despliega el cuarto reino representado por el jinete y su caballo de color pálido amarillento; estos colores son símbolos de la putrefacción y de la muerte.

"Y después que él abrió el cuarto sello, oí la voz del cuarto animal, que decía: Ven, y vé. Y miré, y he aquí un caballo pálido; y el que estaba sentado sobre él, tenía por nombre la Muerte, y el Infierno le seguía; y le fue dada potestad sobre la cuarta parte de la tierra,

para matar con espada y con hambre, y con mortandad, y con fieras de la tierra." (6: 7-8)

El jinete, que es la misma Muerte, cabalga seguido por el lugar de los muertos, es decir, por el mismo infierno o el mundo inferior. Pero a pesar del enorme poder que representan, este poder es limitado, ya que se le permite dañar sólo una parte de la tierra: *Y les fué dada potestad sobre la cuarta parte de la tierra, para matar con espada y con hambre, y con mortandad, y con fieras de la tierra.* El poder recibido les permite matar mediante las guerras como el segundo jinete, con el hambre como el tercero, y además con plagas incontrolables y con las fieras de la tierra, que pueden aumentar en número y dañar a la gente, en un mundo que como consecuencia de este cuarto reino quede casi despoblado.

Este cuarto reino corresponde a los pies de la estatua del sueño del rey Nabucodonosor, hechos de una mezcla de hierro y arcilla, porque a pesar de todo su poder tendrá un elemento de debilidad que lo llevará a la destrucción en breve tiempo, ya que será un reino dividido, como lo indican los diez dedos de los pies de la estatua, que simbolizan los reinos que lo forman. En la visión de los cuatro animales que salen del mar, corresponde al cuarto y más terrible, un animal nunca visto, que todo lo destruye y devora.

Este último reino que, finalmente, llega al poder y que tiene el propósito de dominar y destruir la tierra, reúne las características de los reinos anteriores, utilizando y superando los métodos de dominio tradicionales. Culmina con este reino un desarrollo misterioso de la violencia y del mal, el misterio de la iniquidad, que llega a imponerse en el mundo de una manera al parecer absoluta e irreversible. Es la etapa final de decadencia, destrucción y muerte. Es la edad de hierro anunciada por las antiguas tradiciones, en la que se impone finalmente la cultura de la muerte. El gobierno de este imperio traerá la gran tribulación anunciada en muchas profecías, que aunque breve en el tiempo, será de grandes sufrimientos y constituirá una dura prueba para toda la humanidad.

El autor del Apocalipsis, al igual que Daniel en sus dos profecías, da término a la historia humana con la destrucción de este cuarto reino y la manifestación del reinado de Dios.

En conclusión, los sucesivos reinos del mundo, simbolizados en la estatua del sueño de Nabucodonosor, son convertidos en polvo por la piedra que se desprendió del monte, que llega a ocupar toda la tierra, simbolizando así la llegada del reino de Dios. De la misma manera, la cuarta Bestia, que corresponde al último período de la humanidad en la visión de Daniel, es apresada y muerta, entregándose el reino al Hijo de hombre que viene entre las nubes, que simboliza la llegada del reino de Dios (Dn 7: 11-14). Tenemos entonces, que en el Apocalipsis se expresa la misma idea cuando después de la visión del cuarto jinete que arrastra su séquito de destrucción y muerte, imponiendo así la última etapa de la historia humana, Juan ve que ahora viene el juicio de Dios y el establecimiento de su reinado, lo que se muestra a partir del quinto sello que rompe el Cordero.

El Mito de las Cuatro Edades del Mundo

LA CREENCIA en las cuatro edades del mundo, desarrollada largamente en el pensamiento religioso de la India y descrita por Hesíodo en la antigua Grecia, por Ovidio en Roma, y presente también en los sistemas míticos de otras culturas tradicionales, se encuentra también en el pensamiento judeocristiano, aunque de manera diferente, ya que el concepto del tiempo lineal conlleva la idea de que la historia humana tendrá un final definitivo, aunque esto pueda acaecer en un futuro impreciso.

En lo fundamental, el mito de las cuatro edades sostiene la existencia del "gran tiempo" o ciclo cósmico, con un concepto circular del tiempo, que se inicia siempre con una edad de oro o paraíso terrestre y que termina con la edad de hierro, al final de la cual todo se diluye. Parte central de esta idea es que la condición inicial es recuperable al final del ciclo, ya que la creación se regenera y se reinicia con un nuevo paraíso terrenal, de tal manera que los acontecimientos son repetibles una y otra vez, en un eterno retorno.

Para la tradición hindú, el gran tiempo, llamado Mahayuga, significa la repetición eterna del tiempo y de los acontecimientos. El ciclo está formado por cuatro edades o yugas, de duración desigual. La primera es Krita-yuga, que dura 4000 años; la segunda, Treta-yuga, de 3000 años; la tercera es Dvapara-yuga, que alcanza 2000 años; y la cuarta, llamada Kali-yuga, que tiene una duración de 1000 años. Cada una de las edades está precedida por una "aurora" y termina con un "crepúsculo", ambos de una cierta duración, atribuyéndose así al ciclo completo, el Mahayuga, un tiempo de 12.000 años. Estas cuatro edades son sucesivas y de decadencia progresiva en todos los planos: la duración de la vida humana va disminuyendo en cada yuga; asimismo, la inteligencia humana también disminuye, y en el plano social, las costumbres se van corrompiendo, culminando la decadencia en el Kali-yuga o edad de las tinieblas. Ésta finalmente se disuelve para dar paso a una nueva creación que se reinicia con Krita-yuga, la edad de oro paradisíaca, repitiéndose el ciclo infinitamente; según las especulaciones hindúes, estos ciclos a su vez se unen dando forma a ciclos cada vez mayores, en una eterna repetición de las cosas.

Hesíodo, poeta griego antiguo, recoge en su obra Trabajos y Días las tradiciones de su propia cultura en relación con las edades del mundo; lo mismo hace el poeta romano Ovidio en su Metamorfosis. Por lo demás, se sabe que este mito es común a muchas culturas de diversos lugares del mundo, y en todas partes se basa en el concepto de un tiempo circular que se regenera infinitamente.

En cuanto a la tradición judeocristiana, es en el libro del profeta Daniel donde se expone con más claridad la noción de las cuatro edades del mundo, alcanzando aquí la forma de cuatro reinos o modos de gobierno mundiales sucesivos que se caracterizan por su decadencia progresiva, siendo, por lo tanto, cada uno inferior al anterior, y culminando con el cuarto reino caracterizado como de muerte y opresión, equivalente a la edad de hierro. Daniel desarrolla esta antigua creencia en dos de sus profecías. Una, en la cual Dios le revela los acontecimientos del futuro a Nabucodonosor, rey del imperio caldeo o neobabilónico, estando representados los cuatro reinos del mundo por una colosal estatua hecha de cuatro metales; la otra, en una visión del mismo Daniel, en la que estos imperios están simbolizados como cuatro enormes animales que surgen del mar. Sin embargo, en ambas profecías, después de estos cuatro reinos que representan el desarrollo de la historia universal, se inicia el reinado eterno de Dios.

En el Apocalipsis, Juan utiliza también esta noción como parte de su visión de la historia de la humanidad, que culmina en el Día del Señor. La desarrolla en el libro de los siete sellos, correspondiendo las cuatro edades o formas de gobierno a los cuatro primeros sellos, simbolizados por los cuatro jinetes y sus cabalgaduras: así, al jinete del caballo blanco *"le fué dada una corona, y salió victorioso, para que también venciese"* (6: 1-2)*;* simboliza la edad de oro de la humanidad, tiempo mítico de justicia, de paz, de armonía y de unión con la divinidad, gobernado el mundo por las castas sacerdotales. El jinete del caballo rojo, al *"que fué dado poder de quitar la paz de la tierra, y que se matasen unos a otros"* (6: 3-4), representa la etapa siguiente e inferior, la de plata, en la que el mundo está gobernado por los grandes jefes guerreros, que ejercen su poder mediante las guerras de conquista, la esclavitud y la violencia. El jinete del caballo negro, que *"tenía un peso en su mano"*—una pesa o balanza—(6: 5-6) representa la etapa del mundo que viene a continuación, dominada por los comerciantes y financistas. Por último, la cuarta etapa está representada por la Muerte misma, que es el jinete del caballo pálido o amarillento seguida del mundo de la muerte, con poder para exterminar a la cuarta parte de la humanidad *"con espada y con hambre, y con mortandad, y con fieras de la tierra"* (6: 7-8). Este último reino aparece más adelante en el Apocalipsis como la Bestia que surge del abismo, que vence por un breve tiempo a los dos testigos de Dios (11: 7-11); después Juan describe con más detalles este reino y lo caracteriza como la Bestia que sube del mar, que se erige directamente contra Dios recibiendo la adoración de la gente y venciendo al pueblo fiel por breve tiempo (13: 1-8). La Bestia primera del Apocalipsis tiene las mismas características del cuarto enorme animal de la visión del profeta Daniel, que simboliza el cuarto reino que traerá la gran tribulación a la humanidad.

Tal como se ha expuesto, en la tradición bíblica también está presente el mito de las cuatro edades del mundo como un marco de interpretación de la historia humana. Sin embargo, en este caso el resultado es totalmente distinto al de las tradiciones universales: en efecto, el judeocristianismo propone el concepto lineal del tiempo, proclama a un Dios único, creador de todas las cosas, dueño absoluto del tiempo y de la historia, y tiene la esperanza en el Mesías que salvará el mundo de manera definitiva. Es así que con la destrucción del cuarto reino se pondrá término a la historia humana; ya no habrá regeneración del tiempo, ni eterno retorno de las cosas ni de los acontecimientos. En el Apocalipsis, la historia y el mundo tal como lo conocemos llegan a su culminación cuando las instituciones y los seres humanos son juzgados según sus obras, como seres históricos que existieron en un tiempo y lugar determinados. No hay una segunda oportunidad, no hay repetición ni vuelta atrás. No hay, por lo tanto, recuperación de un paraíso perdido, sino la llegada de un nuevo mundo simbolizado como la Nueva Jerusalén, la morada de Dios entre los seres humanos y la plenitud de la vida eterna.

En el Apocalipsis se anuncia la inminente llegada del juicio de Dios cuando un ángel poderoso proclama: *"Que el tiempo no será mas: Pero que en los días de la voz del séptimo ángel (...) el misterio de Dios será consumado, como él lo evangelizó a sus siervos los profetas"* (10: 6-7). La llegada del Mesías en su segunda venida da inicio al juicio, en primer lugar, de las instituciones humanas y luego de Satanás, el enemigo espiritual de la humanidad. El Mesías ha dejado la palabra de Dios que ha transformado el mundo y ahora viene a separar definitivamente el bien del mal: *"Y ví el cielo abierto, y he aquí un caballo blanco; y el que estaba montado sobre él, era llamado Fiel y Verdadero (...) y estaba vestido de una ropa teñida en sangre, y su nombre es llamado La Palabra de Dios"* (19: 11-13). La Bestia, símbolo del poder político opresor, es capturada junto con el Falso Profeta, que representa a los movimientos religiosos corruptos que apoyan y fortalecen este poder absoluto, destructor de la humanidad (19: 19-21). Después viene la condena del Dragón, la serpiente antigua o Satanás: *"Y el diablo que los engañaba fué lanzado en el lago de fuego y azufre, donde está la bestia y el falso profeta, y serán atormentados día y noche para siempre jamás"* (20: 10).

Los seres humanos son juzgados a continuación, de acuerdo a sus obras, es decir, según sus decisiones y conducta en su vida histórica, en un tiempo y lugar: *"Y fueron juzgados los muertos por las cosas que estaban escritas en los libros, según sus obras"* (20: 12). Finalmente, la misma Muerte y el lugar de los muertos, que es el infierno o el mundo de abajo, son condenados, arrojados también al lago de fuego y azufre, que es la segunda muerte, o su desaparición definitiva, el no ser: *"Y la muerte, y el infierno fueron lanzados en el lago de fuego. Esta es la muerte segunda"* (20: 14).

El Día del Señor y juicio final acontece cuando la palabra de Dios ha transformado el mundo por completo, como la levadura en la masa; confrontados con la Palabra, finalmente las instituciones y las personas se revelarán tales como son, y el mal mostrará su fracaso definitivo, de tal manera que el pecado desaparecerá para siempre. Al desaparecer el pecado, el sufrimiento y la muerte ya no existirán porque se establecerá la unión profunda de los seres humanos con

Dios. La transformación del mundo y de las personas es definitiva; no se vuelve al paraíso perdido de los orígenes, sino que se da inicio a una nueva creación, a un cielo nuevo y a una tierra nueva, a una nueva realidad donde ya no existe el mar, es decir, el mundo inferior, el abismo, el mundo del peligro, del caos informe: *"Y ví un cielo nuevo, y una tierra nueva, porque el primer cielo, y la primera tierra se fué, y la mar ya no era"* (21: 1). La historia humana, que se inició en el paraíso terrestre, en un jardín inmerso en la naturaleza, termina con la instalación de una ciudad, es decir, de una verdadera comunidad de personas, que es la Nueva Jerusalén, que se ha venido construyendo a lo largo de la historia, porque sobre sus puertas tiene grabados *"los nombres de las doce tribus de los hijos de Israel (...) y el muro de la ciudad tenia doce fundamentos; y en ellos los nombres de los doce Apóstoles del Cordero"* (21: 12-14). El mundo se ha transformado de tal manera que puede recibir en su seno al mismo Dios y habitar con él para siempre. Es la ciudad definitiva, que, finalmente, se ha construido según el modelo celestial, es decir, de acuerdo con lo que Dios quiere para los seres humanos:

> *"Y yo Juan ví la santa Ciudad de Jerusalem nueva, que descendía del cielo, aderezada de Dios, como la esposa ataviada para su marido (...) he aquí el tabernáculo [la morada] de Dios con los hombres (...) y limpiará Dios toda lágrima de los ojos de ellos; y la muerte no será mas (...) porque las primeras cosas han pasado."* (21: 1-4)

De tal manera que el sistema de los cuatro reinos míticos universales que utiliza Juan como su marco histórico termina definitivamente con la destrucción del último y más terrible, para dar paso al reino eterno de Dios. Más adelante

Juan hace uso también de otro marco histórico (17: 7-11), que es un sistema de siete reinos o imperios sucesivos, uno de los cuales reaparece para llegar a ser el octavo reino (equivalente al Cuarto ya considerado), que domina todo el mundo. Según se verá, son dos sistemas que no se contradicen sino que se complementan; en ambos casos, después de ellos se manifiesta el reinado de Dios.

4.3 EL QUINTO SELLO: EL TESTIMONIO DE LOS SEGUIDORES DEL CORDERO

Frente a las fuerzas de la historia visible que se manifiesta en sucesivos sistemas políticos o reinos, cada cual más fuerte que el anterior en cuanto a los métodos de opresión de que se sirven (el misterio de la iniquidad), Juan ve que también hay otro desarrollo de los acontecimientos. Es un curso misterioso de la historia impulsado por aquellos que proclaman la palabra de Dios y mantienen el testimonio de Jesús, fieles a su maestro hasta la muerte. Los ve bajo el altar de los holocaustos en el templo del cielo como víctimas ofrecidas a Dios. Se les entregan ropajes blancos como símbolo de victoria, pero deberán esperar todavía ya que, durante el tiempo histórico que resta, la humanidad deberá transformarse por obra de quienes, al igual que ellos, proclaman la palabra de Dios y mantienen este testimonio.

> "*Y cuando él hubo abierto el quinto sello, ví debajo del altar las almas de los que habían sido muertos por la palabra de Dios, y por el testimonio que ellos tenían:*
>
> *Y clamaban en alta voz, diciendo: ¿Hasta cuándo, Señor, santo y verdadero, no juzgas, y vengas nuestra sangre de los que moran sobre la tierra?*

Y fuéronles dadas sendas ropas blancas, y les fué dicho, que aun reposasen todavía un poco de tiempo, hasta que sus consiervos fuesen cumplidos, y sus hermanos que tambien habían de ser muertos como ellos." (6: 9-11)

La apertura del quinto sello proclama que la historia no culmina con la instalación del cuarto reino de muerte y destrucción (el cuarto Jinete), sino que anuncia el juicio de Dios y la llegada de su reinado (lo que acontece con la apertura del sexto sello): *¿Hasta cuándo, Señor, santo y verdadero, no juzgas, y vengas nuestra sangre de los que moran sobre la tierra?*

Estos que claman justicia son los que murieron por la palabra de Dios y por *el testimonio que ellos tenían*. ¿Cuál es el testimonio que mantuvieron? Para caracterizar a los fieles seguidores de Jesús, a los que *"siguen al Cordero por donde quiera que fuere"* (14: 4), Juan dice que él y los demás discípulos son perseguidos *"por la palabra de Dios, y por el testimonio de Jesu Cristo"* (1: 9). Entonces, el *testimonio que ellos tenían* es el testimonio de Jesús. Él es el testigo fiel porque en su vida se cumplen todas las promesas de Dios proclamadas por los profetas; él es el Mesías, el rey y salvador anunciado, el Hijo de Dios venido en carne que proclama la verdad. Jesús da testimonio de todo esto, y lo mantiene ante Pilato: *"Díjole entonces Pilato: ¿Luego rey eres tu? Respondió Jesus: Tú dices que yo soy rey. Yo para esto he nacido, y para esto he venido al mundo, es á saber, para dar testimonio á la verdad. Todo aquel que es de la verdad, oye mi voz"* (Jn 18: 37). Sus discípulos, a través de la historia, hacen suyo el testimonio de Jesús, se adhieren plenamente a él y se hacen uno con su Maestro; este es el *testimonio que ellos tenían*, y que mantuvieron, por lo cual recibieron una muerte violenta, al igual que Jesús.

Y les fué dicho, que aún reposasen todavía un poco de tiempo,

*hasta que sus consiervos fuesen cumplidos, y sus hermanos que
también habían de ser muertos como ellos.* Estos testigos claman
a Dios por la justicia y el merecido castigo de sus persegui-
dores. Se les responde que lo que piden se hará a su debido
tiempo, porque el juicio de Dios llegará, pero se producirá
cuando se haya completado el número de los testigos que
deberán morir como ellos. Entonces, antes del juicio, es
necesario que otros mártires sean sacrificados hasta
completar un número establecido, *hasta que sus consiervos
fuesen cumplidos, y sus hermanos que también habían de ser muertos
como ellos.* ¿Por qué es necesario que muchos testigos, a lo
largo de la historia, sufran y mueran de la misma manera
que Jesús?

Sabemos que Jesús aceptó el sufrimiento como medio de
salvación para los seres humanos y que por esto murió en la
cruz, y que por su sangre derramada se salvan todos los que
aceptan su salvación, y que ya no es necesario ningún otro
sacrificio porque su obra de redención está completa (Cf.
Heb 10: 12-14). Sin embargo, Jesús formó discípulos y los
envió a evangelizar en su nombre, y les anunció que serían
perseguidos y odiados por su causa: *"Entonces os entregarán
para ser afligidos; y os matarán; y sereis aborrecidos de todas naciones, por causa de mi nombre"* (Mt 24: 9); es decir, deja a sus
discípulos en lugar suyo para que muestren en su vida y en
su muerte que están completamente unidos a su Señor; de
tal manera que la gente pueda creer al ver, en el testimonio
de sus discípulos, al mismo Jesús perseguido y muerto: *"Que
ahora me regocijo en lo que padezco por vosotros, y cumplo en mi
carne lo que falta de las aflicciones de Cristo por amor de su cuerpo,
que es la Iglesia"* (Col 1: 24). Cristo continúa su obra a través
de sus discípulos, los que mantienen su testimonio a lo largo
de la historia; ellos son su iglesia y su cuerpo. Así, el Apóstol

puede decir: *"Estoy crucificado con Cristo; mas vivo, no ya yo, sino que Cristo vive en mí"* (Gl 2: 20). Por eso es necesario que muchos mueran como Cristo hasta su segunda venida: ellos reviven ante los demás el único sacrificio de Cristo; es *el testimonio que ellos tenían.*

Es el misterio del quinto sello: los que proclaman la palabra de Dios y mantienen el testimonio de Jesús, aunque aparentemente sean vencidos y muertos, son los que impulsan la historia hacia su culminación: el reinado de Dios.

4.4 EL SEXTO SELLO: PRIMERA VISIÓN DEL JUICIO DE DIOS

"Y miré cuando él abrió el sexto sello; y, he aquí, fué hecho un gran terremoto; y el sol fué hecho negro como saco de pelo, y la luna fué hecha toda como sangre;

Y las estrellas del cielo cayeron sobre la tierra, como la higuera deja caer sus no sazonados higos, cuando es sacudida de un vigoroso viento:

Y el cielo se apartó como un libro que es arrollado; y todo monte y islas fueron movidos de sus lugares;

Y los reyes de la tierra, y los magnates, y los ricos, y los capitanes, y los fuertes, y todo siervo, y todo libre se escondieron en las cavernas, y entre las piedras de los montes;

Y decian á los montes, y á las rocas: Caed sobre nosotros, y escondédnos de la cara de aquel que está sentado sobre el trono, y de la ira del Cordero:

Porque el gran dia de su ira es venido, ¿y quién podrá estar firme?" (6: 12-17)

"*Y despues de estas cosas, ví cuatro ángeles que estaban en pié sobre las cuatro esquinas de la tierra, deteniendo los cuatro vientos de la tierra, para que no soplase viento sobre la tierra, ni sobre la mar, ni sobre ningun árbol.*

Y ví otro ángel que subia del nacimiento del sol, teniendo el sello del Dios vivo. Y clamó con gran voz á los cuatro ángeles, á los cuales era dado hacer daño á la tierra, y á la mar,

Diciendo: No hagais daño á la tierra, ni á la mar, ni á los árboles, hasta que señalemos á los siervos de nuestro Dios en sus frentes.

Y oí el número de los señalados, que eran ciento y cuarenta y cuatro mil señalados de todas las tribus de los hijos de Israel.

De la tribu de Juda, doce mil señalados. De la tribu de Ruben, doce mil señalados. De la tribu de Gad, doce mil señalados.

De la tribu de Aser, doce mil señalados. De la tribu de Nephtali, doce mil señalados. De la tribu de Manasses, doce mil señalados.

De la tribu de Simeon, doce mil señalados. De la tribu de Levi, doce mil señalados. De la tribu de Issachar, doce mil señalados.

De la tribu de Zabulon, doce mil señalados. De la tribu de Joseph, doce mil señalados. De la tribu de Benjamin, doce mil señalados.

Despues de estas cosas miré, y he aquí una gran compañia, la cual ninguno podia contar, de todas las naciones, y linages, y pueblos, y lenguas, que estaban delante del trono, y en la presencia del Cordero, vestidos de luengas [largas] ropas blancas, y palmas en sus manos;

Y clamaban á alta voz, diciendo: La salvación á nuestro Dios que está sentado sobre el trono, y al Cordero.

Y todos los ángeles estaban en pié al derredor del trono, y al

*rededor de los ancianos, y de los cuatro animales; y postráronse
sobre sus caras delante del trono, y adoraron á Dios,*

*Diciendo: Amen: la bendición, y la gloria, y la sabiduria, y el
hacimiento de gracias, y la honra, y la potencia, y la fortaleza á
nuestro Dios para siempre jamás. Amen.*

*Y respondió uno de los ancianos, diciéndome: Estos que están
vestidos de luengas ropas blancas, ¿quiénes son? ¿y de dónde han
venido?*

*Y yo le dije: Señor, tú lo sabes. Y él me dijo: Estos son los que
han venido de grande tribulación, y han lavado sus luengas ropas,
y las han blanqueado en la sangre del Cordero:*

*Por esto están delante del trono de Dios, y le sirven dia y
noche en su templo; y el que está sentado en el trono morará entre
ellos.*

*No tendrán mas hambre, ni sed; y el sol no caerá mas sobre
ellos, ni otro ningun calor;*

*Porque el Cordero que está en medio del trono los apacentará,
y los guiará á las fuentes vivas de las aguas. Y Dios limpiará toda
lágrima de los ojos de ellos."* (7: 1-17)

Cuando el Cordero rompe el sexto sello, Juan tiene la
visión del Día del Señor con que culminará la historia de la
humanidad. Es una primera visión, sintética y resumida de
este Día; esta primera visión, concisa, es el Día de la ira y
destrucción para unos y el de la misericordia y salvación
para otros.

Este acontecimiento, que ya fue descrito en términos
parecidos por los profetas y que se encuentra también en
varios textos del Nuevo Testamento, se anuncia precedido
por enormes cataclismos de la naturaleza que provocan una
conmoción universal, trayendo consecuencias definitivas
para toda la humanidad, tal como lo dice Isaías:

"He aquí que el dia de Jehova viene cruel; y enojo, y ardor de ira, para tornar la tierra en soledad, y raer de ella sus pecadores.

Por lo cual las estrellas de los cielos y sus luceros no derramarán su lumbre: el sol se oscurecerá en naciendo, y la luna no echará su resplandor (...)

Porque haré estremecer los cielos, y la tierra se moverá de su lugar en la indignacion de Jehova de los ejércitos, y en el dia de la ira de su furor." (Is 13: 9-13)

En los evangelios se anuncia el Día del Señor con los mismos signos de la tradición bíblica; se lo identifica ahora con la segunda venida de Jesucristo, como el Juez universal que reúne a sus escogidos:

"Y luego despues de la afliccion de aquellos dias, el sol se oscurecerá; y la luna no dará su lumbre; y las estrellas caerán del cielo; y las virtudes de los cielos serán conmovidas.

Y entonces se mostrará la señal del Hijo del hombre en el cielo, y entonces lamentarán todas las tribus de la tierra; y verán al Hijo del hombre que vendrá sobre las nubes del cielo, con poder y grande gloria.

Y enviará sus ángeles con trompeta y gran voz; y juntarán sus escogidos de los cuatro vientos, del un cabo del cielo hasta el otro." (Mt 24: 29-31)

4.4.1 EL CASTIGO DE LOS IMPÍOS

En el templo del cielo, cerca del trono de Dios, Juan ve el cumplimiento de estas profecías. Cuando el Cordero rompe el sexto sello, contempla una síntesis del Día del Señor: la conmoción de la naturaleza, el miedo de los que rechazaron a Dios, y la alegría de aquellos que superando los sufrimientos se encuentran con su Dios en un mundo nuevo. El juicio de Dios, al anunciarse con la conmoción universal del mundo natural, indica el cambio radical de todo el universo y la llegada de una nueva creación.

En el juicio, la humanidad se separa en dos grupos: por un lado, aquellos que intentaron construir una civilización sin Dios pretendiendo que los poderes políticos y económicos del mundo fueran absolutos para el ser humano; por otro, aquellos que optaron por aceptar a Dios y participar en la construcción de su reino.

Juan comienza presentando la situación final de los primeros, los que después de haber probado errados caminos confiando en el poder, la riqueza o las armas, tienen ahora conciencia de su total fracaso, habiendo perdido el control sobre el mundo y teniendo a la naturaleza como enemiga. Ellos se sumergen en la desesperación siendo su único deseo el de huir de la presencia de Dios, al que rechazan definitivamente. Como Adán, que se ocultó de Dios después del pecado, éstos tratan de esconderse y desaparecer teniendo aguda conciencia de lo errado de sus opciones: *"Y decían á los montes y á las rocas: caed sobre nosotros, y escondednos de la cara de aquel que está sentado sobre el trono, y de la ira del Cordero: Porque el gran dia de su ira es venido, ¿y quién podrá estar firme?"* (6: 16-17). El castigo de los impíos se manifiesta como grandes daños a la naturaleza, en la forma de catástrofes naturales o de enormes alteraciones a la tierra provocadas por los mismos seres humanos, que afectan gravemente a todos.

Los cuatro vientos que soplan sobre la tierra son un símbolo de las fuerzas que Dios envía para dar vida al mundo, para organizarlo y sostenerlo; el viento es símbolo de la vida y presencia divina. Cuando los seres humanos rechazan a Dios en su intento por construir el mundo sin respetar a los demás ni a la naturaleza, quedan abandonados a su suerte y se vuelven vulnerables: esto se simboliza cuando Juan ve *"cuatro ángeles que estaban en pié sobre las cuatro esquinas de la tierra, para que no soplase viento sobre la tierra, ni sobre la mar, ni sobre ningún árbol"* (7: 1). En realidad *"el daño a la tierra"* (7: 3) es provocado por los mismos impíos, ya que es la consecuencia de los actos de aquellos que optaron por cortar los vínculos con Dios.

4.4.2 EL TRIUNFO DEL PUEBLO DE DIOS

Frente a los que optan por vivir sin Dios, pretendiendo que el poder que poseen es absoluto y autónomo, y que las categorías del bien y del mal pueden ser manejadas como les plazca, están quienes a lo largo de la historia optaron por mantener la unión con su Creador, esforzándose, como consecuencia, por vivir en armonía con ellos mismos, con los demás y con la naturaleza. A pesar de estar inmersos en un mundo que se ha vuelto hostil, éstos últimos tienen una protección especial, ya que Juan los ve marcados con el sello de Dios, tal como fueron señaladas las puertas de las viviendas de los israelitas para que no sufrieran daño al salir de Egipto. Los sellos se usaban en Oriente como rúbrica o firma que daba validez o autenticidad a un documento o a un objeto. Este sello, entonces, indica el vínculo personal entre Dios y quienes lo llevan. Los marcados así no son un grupo pequeño. Primero, Juan oye su número: son ciento cuarenta y cuatro mil; es decir doce mil de cada tribu de Israel multiplicado por doce (el número de tribus), simbólicamente, una cantidad enorme. A continuación, Juan ve a los que llevan el sello de Dios como una multitud imposible de contar: *"Después de estas cosas miré, y he aquí una gran compañia, la cual ninguno podía contar de todas las naciones, y linages, y pueblos, y lenguas"* (7: 9). El pueblo de los salvados es el mismo en ambos casos, marcados con el sello de Dios, vestidos de blanco y llevando palmas en las manos en señal de victoria, y que aclaman diciendo: *"La salvación á nuestro Dios, que está sentado sobre el trono, y al Cordero"* (7: 10). Juan indica de esta manera que la salvación ahora no es solo para los israelitas sino que para todos los seres humanos. Del mismo modo, más adelante Juan habla de todo el pueblo de Dios empleando la imagen de los ciento cuarenta y cuatro mil fieles marcados con el sello de Dios, que siguen a Jesucristo en su lucha contra la Bestia y el Falso Profeta: *"Y miré, y, he aquí, el Cordero estaba en pié sobre el monte de Sión, y con él ciento y cuarenta y cuatro mil, que tenían el nombre de su Padre escrito en la frente"* (14: 1).

Junto a esta enorme multitud triunfante que rodea el trono, están reunidos todos los ángeles, los veinticuatro Ancianos y los cuatro Vivientes, quienes adoran a Dios uniéndose a la alabanza universal.

Juan contempla estas visiones desde el cielo, adonde fue llamado. Uno de los veinticuatro Ancianos que están junto al trono le explica que la enorme multitud vestida con ropaje blanco está formada por todos los que se han enfrentado a la gran persecución y han aceptado la salvación que trae Jesucristo y así se han purificado, porque *"han lavado sus luengas ropas, y las han blanqueado con la sangre del Cordero"* (7: 14).

De nuevo se menciona aquí la gran tribulación, que designa todas las persecuciones de la historia, pero sobre todo la última, que precederá el Día del Señor.

Esta multitud incontable es la nueva humanidad que vivirá junto a su Dios:

"Y el que está sentado en el trono morará entre ellos. No tendrán más hambre ni sed. Y el sol no caerá más sobre ellos, ni otro ningún calor; porque el Cordero que está en medio del trono los apacentará, y los guiará a las fuentes vivas de las aguas. Y Dios limpiará toda lágrima de los ojos de ellos." (7: 17)

Es válido concluir, entonces, que:

- El sexto sello presenta lo esencial del gran Día final: la conmoción de la naturaleza, la gran tribulación y el juicio que concluye con la separación de los seres humanos en dos grupos: por un lado, aquellos que optaron por cortar todo vínculo con Dios, y, por otro, la inmensa multitud de los que forman la nueva humanidad y que aceptaron la vida eterna para entrar en el reino de Dios.
- En el libro de los siete sellos encontramos una síntesis de toda la historia humana, que culmina con el Día del Señor y la manifestación de su reinado.

4.5 LA APERTURA DEL SÉPTIMO SELLO

"Y cuando él hubo abierto el séptimo sello, fué hecho silencio en el cielo casi por media hora.

Y ví los siete ángeles que estaban en pié delante de Dios, y fuéronles dadas siete trompetas.

> *Y otro ángel vino, y se paró delante del altar, teniendo un incensario de oro; y fuéronle dados muchos inciensos para que los ofreciese con las oraciones de todos los santos sobre el altar de oro, el cual estaba delante del trono.*
>
> *Y el humo de los inciensos, con las oraciones de los santos, subió de la mano del ángel delante de Dios.*
>
> *Y el ángel tomó el incensario, y hinchiólo [lo llenó] del fuego del altar, y lo arrojó á la tierra, y fueron hechas voces, y truenos, y relámpagos, y un temblor de tierra."* (8: 1-5)

Cuando el Cordero rompe el séptimo sello, todos los seres creados, reunidos junto al trono de Dios, permanecen en silencio durante media hora. Este silencio produce una gran expectativa en torno a lo que vendrá a continuación, como lo dice también el profeta: *"Calla delante de la presencia del Señor Jehova, porque el dia de Jehova está cercáno"* (Sof 1: 7). Después de esto, los siete ángeles que continuamente están ante Dios reciben siete trompetas, con las que anunciarán el juicio que se ejercerá sobre los habitantes de la tierra, juicio que se mostrará en el ciclo que viene a continuación.

El anuncio del juicio inminente está también en la imagen del ángel que porta el incensario de oro y que, junto al humo de los perfumes, lleva las oraciones de los fieles hasta la presencia de Dios. Esta imagen es similar a la del quinto sello que muestra a los mártires bajo el altar clamando por la justicia, indicando que las oraciones de los fieles apresuran el juicio de Dios.

El gesto del ángel que arroja el incensario lleno del fuego del altar sobre la tierra, indica también el juicio que se acerca, anunciado por la conmoción de la naturaleza: *y fueron hechas voces, y truenos, y relámpagos, y un temblor de tierra.*

~

La apertura del séptimo sello da inicio a un nuevo conjunto de visiones: el ciclo de las siete trompetas.

Se vio cómo el libro de los siete sellos es una visión de toda la historia humana, que culmina en el sexto sello con el juicio de Dios y la llegada de su reino.

El ciclo de las siete trompetas también es un enfoque histórico, pero dirigido a un punto determinado de la historia humana: a la etapa en la que los habitantes de la tierra intentan construir una gran civilización, pero con la clara determinación de prescindir de Dios, confiando solo en las fuerzas humanas para establecerla. Los sucesivos toques de las trompetas son una advertencia que indica que persistir en este errado propósito solo los llevará al fracaso.

Sin embargo, el juicio que se anuncia en este séptimo sello no es el definitivo o final, sino el juicio permanente que advierte y llama a los habitantes de la tierra a abandonar sus malas obras y a reconocer a Dios y su plan dirigido a que la humanidad y toda la creación lleguen a su plenitud.

CAPÍTULO 5
LAS SIETE TROMPETAS, SEGUNDA VISIÓN DE LA HISTORIA

5.1 INTRODUCCIÓN

En el ciclo de los siete sellos, Juan presenta una síntesis completa de la historia humana, con sus cuatro periodos históricos, y culminando con el juicio final y Día del Señor, el cual es desarrollado en el sexto sello. En la visión de las siete trompetas que abordamos en este capítulo, Juan presenta una segunda visión de la historia: los habitantes de la tierra construyen la civilización sin Dios y aun abiertamente en contra suya, por lo que el mundo marcha directamente al fracaso y a la destrucción. Las plagas desatadas por las seis primeras trompetas son fuertes advertencias a fin de que los seres humanos cambien radicalmente de actitud y no continúen destruyendo la tierra.

Aunque recuerdan las plagas de Egipto, describen muy bien lo que sucede en la civilización actual; al parecer ésta es una profecía que se cumple en nuestros días, en cuanto la civilización moderna marcha a pasos acelerados hacia la destrucción de la naturaleza y de la misma humanidad que habita el planeta; y a los mayores responsables parece no importarles lo que están provocando con sus obras.

Sin embargo, los testigos de Dios proclaman su palabra aun en estas condiciones, y finalmente triunfarán para establecer el reinado de Dios en el mundo.

5.2 LAS CUATRO PRIMERAS TROMPETAS

"Y los siete ángeles que tenían las siete trompetas, se aprestaron para tocar trompeta.

Y el primer ángel tocó la trompeta, y fué hecho granizo, y fuego, mezclados con sangre, y fueron arrojados sobre la tierra; y la tercera parte de los árboles fué quemada, y toda la yerba verde fué quemada.

Y el segundo ángel tocó la trompeta, y como un grande monte ardiente con fuego fué lanzado en la mar, y la tercera parte de la mar fué vuelta en sangre.

Y murió la tercera parte de las criaturas que estaban en la mar, las cuales tenían vida, y la tercera parte de los navíos fué destruida.

Y el tercer ángel tocó la trompeta, y cayó del cielo una grande estrella ardiendo como una lámpara encendida, y cayó sobre la tercera parte de los ríos, y sobre las fuentes de las aguas.

Y el nombre de la estrella se dice Ajenjo; y la tercera parte de las aguas fué vuelta en ajenjo; y muchos hombres murieron por las aguas, porque fueron hechas amargas.

Y el cuarto ángel tocó la trompeta, y fué herida la tercera parte del sol, y la tercera parte de la luna, y la tercera parte de las estrellas: de tal manera que se oscureció la tercera parte de ellos, y no alumbraba la tercera parte del día, y semejantemente de la noche.

Y miré, y oí un ángel volar por medio del cielo, diciendo á alta voz: ¡Ay, ay, ay de los que moran en la tierra! por razon de las otras voces de las trompetas de los tres ángeles que habian de tocar." (8: 6-13)

La apertura del séptimo sello prepara el ciclo de las siete trompetas. Suenan las trompetas que traen las plagas al mundo, anunciadas ya por el fuego del altar del incienso que cae sobre la tierra, que expresa el clamor de los justos. Porque el castigo, que se manifiesta en forma de desastres naturales, viene a causa de los seres humanos, vale decir, está causado por aquellos que rechazan a Dios en sus vidas y en la construcción de la civilización; por eso, entender esto solo como un castigo divino sería eximir a los habitantes de la tierra de toda responsabilidad en la destrucción que sufre el planeta; los toques de estas trompetas muestran los grandes daños que los seres humanos han causado y causan a la naturaleza y a la misma humanidad.

Cuando suena la primera trompeta, temporales descomunales y tormentas eléctricas (*y fué hecho granizo y fuego, mezclados con sangre, y fueron arrojados sobre la tierra*) estremecen el planeta destruyendo la tercera parte de los árboles y toda la hierba verde; es decir, provocan un daño enorme, pero todavía parcial, que se manifiesta también como el efecto de grandes calores y sequías. En todo esto está la mano de los seres humanos, ya que la destrucción de la naturaleza es producto del cambio climático y del creciente calentamiento global, que también es provocado por las emisiones gigantescas de gases contaminantes que alteran la vida en todo el planeta, por la tala de los bosques nativos y por la explotación sin límites de los recursos naturales.

La segunda trompeta anuncia el castigo, también parcial, que se expresa en la contaminación del mar, que alcanza niveles alarmantes dañando los seres vivos, las especies marinas y la vida de los mismos seres humanos que dependen de los mares para trabajar y subsistir, como lo indica Juan: *la tercera parte de la mar fué vuelta en sangre (...) y la tercera parte de los navios fué destruida*. La contaminación industrial y las miles de toneladas de desechos que son arrojados a los océanos, alterando así la vida del planeta, son simbolizados por *un grande monte ardiente* arrojado sobre el mar.

La tercera trompeta suena y continúa mostrando el daño a la naturaleza, en forma de la destrucción de gran parte de los ríos, arroyos, lagos y napas de agua, contaminados también por los desechos industriales y por la utilización irresponsable de los recursos hídricos que priva de agua dulce a las poblaciones, impidiendo también su uso para la producción agrícola; simbólicamente es como el daño causado por un astro que cae a la tierra, y *cayó del cielo una grande estrella ardiendo como una lámpara encendida*; por eso las aguas dulces se vuelven amargas y provocan la muerte de mucha gente; el sufrimiento y daño provocado por esto se simboliza con el ajenjo o la amargura.

Pero también podríamos encontrar aquí las causas profundas que a través de varios siglos han llevado a la humanidad al punto en que ahora se encuentra, en un abierto proceso de destrucción del planeta, de sus habitantes y de la naturaleza. En un sentido simbólico, una estrella que cae del cielo muestra siempre en la Biblia la caída de un jefe del pueblo de Dios (o a ese mismo pueblo cuando se ha apartado de Dios y de sus leyes), y que por eso ha llegado a tener una conducta reprobable que como consecuencia trae el sufrimiento y la muerte, simbolizados por el ajenjo: *"Por tanto así dijo Jehova de los ejércitos contra aquellos profetas: He aquí que yo les hago comer ajenjo, y les haré beber aguas de hiel; porque de los profetas de Jerusalem salió la hipocresía sobre toda la tierra"* (Jr 23: 15). Y el profeta Jeremías también anuncia el mismo castigo cuando es el pueblo el que se aparta de su Dios: *"He aquí que yo les daré á comer, á este pueblo, ajenjos, y les daré á beber aguas de hiel"* (Jr 9: 15). Vale decir, cuando el pueblo de Dios abandona su misión y se contamina con el mundo, sus obras ayudan a que el mal se manifieste con su secuela de sufrimiento, dolor y muerte. Como Juan lo dice: *el nombre de la estrella se dice Ajenjo; y la tercera parte de las aguas fué vuelta en ajenjo; y muchos hombres murieron por las aguas, porque fueron hechas amargas.* El profeta Amós habla de la misma manera cuando reprocha los abusos que los jefes cometen en contra de su pueblo: *"¿por qué habeis vosotros tornado el juicio en veneno, y el fruto de justicia en ajenjo?"* (Am 6: 12). Cuando parte del pueblo de Dios abandona su misión para contaminarse con las prácticas del mundo, también la consecuencia es la muerte, el sufrimiento y la amargura, *el ajenjo.*

El tema de la estrella que cae del cielo se desarrolla con toda su magnitud cuando suena la quinta trompeta (9: 1-12). En la visión de la tercera trompeta, Juan ve la estrella cayendo del cielo; en la visión de la quinta trompeta la muestra cuando ya había caído a la tierra.

La contaminación del aire, que recuerda la plaga de las tinieblas en Egipto, se anuncia con el sonido de la cuarta trompeta; el sol, la luna y las estrellas pierden la tercera parte de su claridad a causa de la contaminación de la atmósfera debido al tratamiento irresponsable de la producción industrial que tiene como único norte el enriquecimiento de unos pocos mediante la explotación inmisericorde de los recursos naturales, sin mostrar respeto ni por la naturaleza ni por los seres humanos; el calentamiento global producido por obra humana y causante del cambio climático que amenaza la vida en el planeta está señalado por esta cuarta trompeta, aunque todavía es un daño parcial.

Entonces, lo que se anuncia simbólicamente con las cuatro primeras trompetas es en realidad la consecuencia del mal trato dado a la naturaleza (a la tierra, al mar, a las aguas y al aire), que ya no es el jardín que fue encomendado al cuidado de los seres humanos (Cf. Gn 2: 8-16), sino un recurso económico que se explota hasta la destrucción. La tierra, que es el hogar de los seres humanos y de toda la vida vegetal y animal, se está volviendo finalmente enemiga de todas las especies que la pueblan.

Por eso, después de mostrar con los sonidos de las cuatro trompetas los daños que afectan la naturaleza, un águila en vuelo anuncia tres enormes desastres que caerán sobre los habitantes de la tierra; serán tres "ayes" que vendrán con las tres trompetas que sonarán a continuación.

Al finalizar este ciclo, cuando suena la séptima trompeta, los veinticuatro Ancianos adoran a Dios diciendo que se ha manifestado su justicia para recompensar a los justos y *"para que destruyas a los que destruyen la tierra"* (11: 18).

5.3 LA QUINTA TROMPETA

"*Y el quinto ángel tocó la trompeta, y ví una estrella caida del cielo en la tierra; y á aquel fué dada la llave del pozo del abismo.*

Y abrió el pozo del abismo, y subió un humo del pozo como el humo de una grande hornaza [gran horno]; y el sol, y el aire fué oscurecido por razon del humo del pozo.

Y del humo del pozo salieron langostas sobre la tierra; y les fué dada potestad, como tienen potestad los escorpiones de la tierra.

Y fuéles mandado que no hiciensen daño á la yerba de la tierra, ni á ninguna cosa verde, ni á ningun árbol, sino solamente á los hombres que no tienen la señal de Dios en sus frentes.

Y les fué dado que no los matasen, sino que los atormentasen cinco meses; y su tormento era como tormento de escorpion cuando hiere al hombre.

Y en aquellos dias buscarán los hombres la muerte, y no la hallarán; y desearan morir, y la muerte huirá de ellos.

Y el parecer de las langostas era semejante á caballos aparejados para la guerra; y sobre sus cabezas tenian como coronas semejantes al oro; y sus caras eran como caras de hombres.

Y tenian cabellos como cabellos de mugeres; y sus dientes eran como dientes de leones.

Y tenian corazas como corazas de hierro; y el estruendo de sus alas, como el ruido de los carros, que con muchos caballos corren á la batalla.

Y tenian colas semejantes á las colas de los escorpiones, y tenian en sus colas aguijones; y su potestad era de hacer daño á los hombres cinco meses.

Y tenian sobre si un rey, que es el ángel del abismo, el cual tenia por nombre en Hebráico Abaddon, y en Griego Apollyon.

El un ay es pasado; y, he aqui, vienen aun dos veces ay despues de estas cosas." (9: 1-12)

Al sonar la quinta trompeta, aparece una nueva y misteriosa entidad señalada como *una estrella caída del cielo en la tierra*, causante de enormes males que dañan a gran parte de la humanidad. Se le ha dado el poder de abrir *el pozo del abismo*, el mundo de abajo, el infierno, es decir, el poder de manifestar lo más oscuro de aquellos habitantes de la tierra *que no tienen la señal de Dios en sus frentes,* que son quienes eligen precisamente la ausencia de Dios en sus vidas. Pero notemos que esta estrella caída, aunque solo tiene el poder limitado que se le ha dado, no por eso es menos terrible, ya que los sufrimientos que provoca son el primer ¡Ay! anunciado por el águila en vuelo.

¿A quién simboliza esta estrella caída del cielo en la tierra y que recibe el poder para abrir la puerta del abismo? Se le permite sacar de ahí esas terribles langostas y a su rey Abadón, el destructor; y estas langostas reciben a su vez poder para atormentar a los habitantes de la tierra durante cinco meses, pero no para matarlos. Nótese que cinco meses es un tiempo limitado, y en la simbología cinco es el número del ser humano, lo que indica que este ataque está dirigido contra las personas.

La interpretación más frecuente es que esta estrella simboliza a Satanás, al que se le ha dado el poder para hacer subir del abismo los espíritus infernales que como una plaga de langostas dañan a la humanidad. Como apoyo a esta lectura se recurre generalmente a dos textos, uno del Nuevo Testamento y otro del profeta Isaías.

Cuando los discípulos que Jesús envió de dos en dos regresaron alegres por su éxito, ya que *"aun los demonios se nos sujetan por tu nombre. Y les dijo: Yo veia á Satanás, como un rayo, que caia del cielo"* (Lc 10: 17-18). Sin embargo, no dice Jesús que veía a Satanás caer como una estrella, sino como un rayo, porque el rayo simboliza el poder de Dios que arroja a Satanás. Por esto, este texto no puede tomarse como apoyo para afirmar que la *estrella caída del cielo en la tierra* sea una alusión a Satanás.

El otro es un texto del profeta Isaías, el que, según opinión de algunos, se refiere al espíritu maligno como una estrella caída, lo que, como se verá, es una interpretación errónea. En realidad, si se examina bien dicho texto, vemos que el profeta Isaías se burla en él de un poderoso rey de Babilonia que acaba de ser derrotado y muerto, a quien los reyes de la tierra que murieron antes que él, desde sus tumbas, le dicen:

"Todos ellos darán voces, y te dirán: ¿Tú tambien enfermaste como nosotros? ¿fuiste como nosotros?

Descendió al sepulcro tu soberbia, y el sonido de tus vihuelas: gusanos serán tu cama, y gusanos te cubrirán.

¡Como caiste del cielo, ó! ¡Luzero, hijo de la mañana! ¡cortado fuiste por tierra, el que debilitabas las naciones!

Tú que decias en tu corazon: Subiré al cielo: en lo alto junto á las estrellas de Dios ensalzaré mi trono; y en el monte del testimonio me asentaré, en los lados de aquilon." (Is 14 10-13)

Tal como se aprecia, el profeta Isaías no habla aquí del espíritu del mal, sino que utiliza fragmentos de antiguos poemas, lo que se hace evidente por la mención del *monte del testimonio, en los lados de aquilon* (en el extremo Norte). Son poemas que se refieren a guerras de reyes y dioses de la mitología asiria, y que Isaías utiliza en su sátira contra ese rey de Babilonia. La expresión que usa el profeta Isaías (en hebreo) es astro rutilante o brillante, hijo de la aurora, porque esos antiguos reyes utilizaban ese título, lo que en español es *lucero de la mañana*. Pero, como dijimos, este texto ha sido mal interpretado al entender que en él se habla de Satanás y no de ese poderoso rey que yace en su tumba, a pesar de que se le dice *gusanos serán tu cama, y gusanos te cubrirán*.

Es así que en el siglo V d.C, san Jerónimo tradujo la Biblia desde sus idiomas originales al latín vulgar o popular; su edición es por eso llamada la Vulgata. Al traducir desde el hebreo el texto que comentamos, en lugar de colocar la expresión en latín equivalente a *astro rutilante,* prefiere poner el nombre de un dios menor de la religión romana llamado Lucifer (que significa *el que lleva la luz,* que en griego era llamado Eósforo, con el mismo significado), porque en su tiempo los dioses de la religión romana eran considerados como demonios por influencia del cristianismo, que en ese siglo ya era la religión oficial del imperio. El autor de la Vulgata usa el nombre Lucifer porque interpreta que el profeta Isaías se refiere en el texto citado a Satanás como el *astro rutilante* y no a un derrotado rey de Babilonia. Las múltiples copias de la Vulgata que se hicieron a partir del siglo V d. C, más la autoridad de san Jerónimo, mantuvieron esta traducción, por lo que la palabra lucifer ha sido aceptada por la tradición como otra designación del espíritu del mal, a tal punto que de este nombre se han derivado en español palabras como luciferino, luciferiano y luciferianismo, todas en relación con lo demoníaco; es decir, la palabra lucifer está especializada como otro nombre del espíritu del mal. Pero, aunque éste sea uno de sus nombres,

Satanás no es la estrella de la mañana ni ninguna otra estrella del firmamento.

La confusión se produce también porque en la tradición cristiana Satanás es un ángel caído, ya que por su rebeldía se apartó de Dios (Ez 28: 13-15); pero en ningún lugar de la Biblia se dice que el espíritu del mal sea una estrella ni menos aún una estrella caída. En conclusión, Satanás no es la estrella caída a la tierra, a la que se le entrega la llave del pozo del abismo.

5.3.1 LAS ESTRELLAS SIMBOLIZAN AL PUEBLO DE DIOS

En contra de la errónea y extendida opinión de que Satanás es *la estrella caída* en tierra, notemos: primero, que el Apocalipsis fue escrito al final del primer siglo, mucho antes de que se atribuyera el nombre Lucifer al espíritu maligno (lo cual fue en el siglo V d. C.), por lo que necesariamente *la estrella caída del cielo en la tierra* no puede aludir a Satanás porque sería extemporáneo; y segundo, que en el Antiguo y Nuevo Testamento nunca se designa como *estrella* a Satanás o a los espíritus malignos, siendo en todos los casos las estrellas símbolos del pueblo de Dios, y más aún, que la estrella de la mañana es una designación de Jesucristo, tal como se verá en lo que sigue.

Una antigua profecía anuncia al futuro Mesías como la estrella de Jacob: *"Verle he, mas no ahora: mirarle he, mas no de cerca: saldrá ESTRELLA de Jacob, y levantarse ha cetro de Israel, y herirá los cantones de Moab, y destruirá todos los hijos de Seth"* (Nm 24: 17). Del mismo modo, cuando nace el Salvador prometido, una estrella lo anuncia: *"¿Dónde está el rey de los*

Judios, que ha nacido? Porque su estrella hemos visto en el oriente, y venimos á adorarle" (Mt 2: 2).

Observemos que el símbolo de la estrella es en todos los textos donde aparece un signo de poder y de gloria referidos a Dios y a su pueblo. Así, en el mismo Apocalipsis la expresión estrella de la mañana se aplica a Jesucristo: *"Yo soy la raiz y el linage de David, la estrella resplandeciente, y de la mañana"* (22: 16), y en el mensaje a la iglesia de Tiatira Jesucristo promete que compartirá su poder y gloria con los vencedores: *"Y al que hubiere vencido, y hubiere guardado mis obras hasta el fin, yo le daré potestad sobre las naciones (...) y darle he la estrella de la mañana"* (2: 26-28). En otro lugar queda claro que la luz de Jesucristo, que es la estrella de la mañana, es mucho más brillante que la de los profetas: *"Tenemos tambien la palabra profética mas firme: á la cual haceis bien de estar atentos como á una candela que alumbra en un lugar oscuro, hasta que el dia esclarezca, y el lucero de la mañana salga en vuestros corazones"* (2 P 1: 19).

De acuerdo a lo señalado, con las expresiones *lucero de la mañana* y otras como *estrella de la mañana, estrella matutina, estrella brillante de la mañana,* se designa a Jesucristo para indicar que él es el que anuncia el nuevo día y el mundo nuevo que viene. Sin embargo, sería un grueso error nombrar también a Jesucristo con el apelativo de Lucifer, ya que esta palabra está especializada como otro nombre de Satanás, como se explicó más arriba.

También Juan emplea el símbolo de las estrellas referido a lo sagrado, como en la visión de la Mujer que aparece en el cielo: *"Una gran señal apareció en el cielo: una muger, vestida del sol, y la luna debajo de sus piés, y sobre su cabeza una corona de doce estrellas"* (12: 1). La Mujer simboliza al pueblo de Dios del cual nace el Mesías y está coronada con doce estrellas que representan a los doce patriarcas del pueblo de Israel, tal como también leemos en el libro del Génesis, en el episodio del sueño de José: *"He aquí que he tenido otro sueño: Y he aquí que el sol y la luna, y once estrellas se inclinaban á mí."* (Gn 37: 9) El mismo significado simbólico lo encontramos en las profecías de Daniel cuando dice que los jefes del pueblo de Dios, sus pastores y guías, manifestarán su gloria como estrellas en el cielo: *"Y los entendidos resplandecerán, como el resplandor del firmamento; y los que enseñan á justicia la multitud, como las estrellas á perpetua eternidad."* (Dn 12: 3). Del mismo modo, en el Apocalipsis es el mismo Jesucristo quien explica a Juan el misterio de las siete estrellas que lleva en su mano derecha: *"Las siete estrellas son los ángeles de las siete iglesias, y los siete candelabros que viste, son las siete iglesias"* (1: 20). Es decir, las estrellas son los pastores o guías de las iglesias, a los que llama ángeles por ser mensajeros o intermediarios frente al pueblo, y a ellos les dirige los mensajes.

Del mismo modo, cuando el profeta Daniel describe en su profecía al enemigo escatológico final, que llegará a vencer a gran parte de los fieles, dice de este tirano: *"Y engrandeciase hasta el ejército del cielo, y parte del ejército y de las estrellas echó por tierra, y las holló. Y hasta el emperador del ejército se engrandeció; y por él fué quitado el continuo sacrificio, y el lugar de su santuario fué echado por tierra"* (Dn 8: 10-11). Venció entonces a una parte del pueblo de Dios (parte del ejército del cielo) y a parte de sus pastores o guías (las estrellas). Lo mismo leemos en el capítulo 12 del Apocalipsis: el Dragón o Satanás logra vencer a una parte del pueblo de Dios, ya que *"su cola traía con violencia la tercera parte de las estrellas del cielo, y las arrojó á la tierra"* (12: 4). Las estrellas que precipita a la tierra no son los ángeles rebeldes, ya que éstos a continuación luchan junto al Dragón contra el Arcángel Miguel y sus ángeles. Vencidos, los ángeles rebeldes son precipitados a la tierra junto con el Dragón: *"Y fue hecha una grande batalla en el cielo: Michael y sus ángeles batallaban contra el dragon; (...) y fué lanzado fuera aquel gran dragon, que es la serpiente antigua (...) fué arrojado en tierra, y sus ángeles fueron arrojados con él"* (12: 7-9). Entonces, *la tercera parte de las estrellas del cielo* que el Dragón precipita a la tierra representan a los pastores y parte del pueblo de Dios que Satanás logra apartar de su misión.

5.3.2 LA ESTRELLA CAÍDA SIMBOLIZA A UN APÓSTATA

Concluimos así que esta *estrella caída del cielo en la tierra* a la que nos estamos refiriendo al analizar el texto de la quinta trompeta, no representa a Satanás, sino que simboliza con más propiedad a un pastor o guía del pueblo de Dios, que abandona su misión para hacer las obras de Satanás: *"Y el quinto ángel tocó la trompeta, y vi una estrella caida del cielo en la tierra, y á aquel fue dada la llave del pozo del abismo"* (9: 1). Primero Juan ve la estrella en el momento de caer del cielo (cuando suena la tercera trompeta); ahora la ve cuando ya había caído, es decir, cuando ya había abandonado la iglesia y cortado su relación con Dios. Al abandonar a Dios, el ser humano queda sumido en la inseguridad, pierde el control sobre sí mismo y deja salir de sí todas las fuerzas caóticas; creyendo haber ganado su libertad, se hace esclavo de todo lo irracional y se destruye a sí mismo. Esto es lo que muestra el sonido de la quinta trompeta y que se simboliza como un feroz ataque de una plaga de langostas.

El tema de que algunos abandonan el pueblo de Dios y que renuncian también a la fe en Jesucristo está registrado desde los inicios del cristianismo. En las cartas del apóstol

Juan los que abandonan la congregación son llamados anti-cristos, falsos profetas y seductores, porque no solo abandonan la fe, sino que hacen las obras contrarias a la enseñanza de Jesús negando que él sea el hijo de Dios: *"y como vosotros habeis oido que el anticristo ha de venir, así tambien al presente han comenzado á ser muchos anticristos, por lo cual sabemos que ya es la postrimera hora. Ellos salieron de entre nosotros, mas no eran de nosotros"* (1 Jn 18-19). Y más adelante dice: *"Porque muchos falsos profetas son salidos en el mundo. En esto se conoce el Espíritu de Dios: Todo espíritu que confiesa que Jesu Cristo es venido en carne, es de Dios; Y todo espíritu que no confiesa que Jesu Cristo es venido en carne, no es de Dios; y este tal espíritu es espíritu del anticristo"* (1 Jn 4: 1-3). Y en su segunda carta, el apóstol Juan insiste llamándolos seductores porque engañan a muchos: *"Porque muchos engañadores son entrados en el mundo, los cuales no confiesan Jesu Cristo ser venido en carne. Este tal engañador es, y anticristo"* (2 Jn 1: 7).

También la segunda carta del apóstol Pedro denuncia a los falsos doctores, que se apartan de la fe y causan un grave daño entre el pueblo de Dios haciendo que con sus engaños muchos vivan en la corrupción perdiendo lo que habían ganado: *"Prometiéndoles libertad, siendo ellos mismos siervos de la corrupcion. Porque el que es de alguno vencido, es sujeto á la servidumbre del que le venció (...) Por lo que mejor les hubiera sido no haber conocido el camino de la justicia, que despues de haberlo conocido, tornarse atrás del santo mandamiento que les fué dado"* (2 P 2: 19-21).

Esta tendencia que se inició, como dijimos, tempranamente y que es denunciada y combatida ya por los mismos apóstoles, se ha ido desarrollando fuertemente en Occidente desde los siglos XV y XVI con la aparición del modernismo y el abandono paulatino de la fe cristiana que se expresó primero en el llamado deísmo (aceptación de un Dios creador pero que no interviene en su creación ni en la historia humana), después en el agnosticismo (imposibilidad de conocer racionalmente a Dios o de negarlo) y finalmente en el ateísmo (negación de la existencia de Dios); pero sobre todo, con la masificación de lo que se ha llamado el ateísmo práctico (aceptación formal de Dios, pero viviendo en la práctica como si Dios no existiera, es decir, separando la fe y la vida).

Este abandono masivo de la fe cristiana, que está conduciendo a una apostasía cada vez más generalizada, prepara la manifestación de un falso pastor religioso que llamará abiertamente a servir a los poderes del mundo (más adelante identificaremos a este personaje como el Anticristo). Así lo describe el autor del Apocalipsis en la visión de la segunda Bestia o Falso Profeta, que se pone al servicio de la Bestia primera y la fortalece en el mundo con su poder de seducción (13: 11-17). Por lo dicho, el abandono de la fe cristiana es la *estrella caída* que vio Juan cuando sonó la quinta trompeta, porque apartarse de la comunión con su Dios trae como consecuencia que se manifieste lo más oscuro desde las profundidades del corazón humano, simbólicamente, *del pozo del abismo.*

Entonces, esta *estrella caída del cielo* simboliza a todo ser humano que al apartarse de Dios opta por servir al mal, aunque también pueda simbolizar en especial a un gran dirigente de la iglesia, a un apóstata que abandonando la fe se coloca abiertamente al servicio de los poderes de este mundo. Aunque esta *estrella caída* abre el pozo del abismo y suscita el mal, su poder es limitado, ya que *á aquel fué dada* la llave del pozo del abismo. Es decir, Dios permite que los seres humanos haciendo uso de su libertad puedan optar por el mal, pero solo hasta el punto por él permitido. Sin embargo, apartarse de Dios trae como consecuencia el miedo y la destrucción simbolizados en la humareda que oscurece el sol y el aire, destrucción que toma la forma de la temida plaga de langostas, como una de las plagas de Egipto.

Notemos que esta plaga que tradicionalmente arruina los árboles y cultivos, tiene aquí un poder también limitado porque no puede dañar nada verde, sino solo a los habitantes de la tierra *"que no tienen la señal de Dios en sus frentes"* (9: 4). Y aún hay otra restricción, ya que el daño permitido contra ellos no es para matarlos, sino para causarles sufrimiento por cinco meses.

Estas fuerzas inferiores una vez desatadas van destruyendo la vida personal de los seres humanos, llevándolos a una angustia permanente y provocándoles un enorme sufrimiento interior, moral o psicológico, y que es igual al tormento *"de escorpión cuando hiere al hombre"* (9: 5). El escorpión es un animal que vive a ras de tierra, en el límite del submundo, y que ataca sorpresivamente. En la astrología rige los órganos genitales, y en sus aspectos negativos simboliza los desórdenes de la sexualidad; en este caso, el escorpión se asocia al mal igual que la serpiente, con la que se asimila.

Para indicar la violencia de este ataque al interior de los humanos, las langostas tienen el aspecto de caballos de guerra y el ruido de sus alas resuena como el estrépito de los carros de combate; también *"tenían colas semejantes á las colas de los escorpiones, y tenían en sus colas aguijones; y su potestad era de hacer daño a los hombres cinco meses"* (9: 10). Llevan coronas como de oro sobre sus cabezas como símbolo de poder; sus dientes son como los del león, simbolizando la violencia; tienen rostros de ser humano y cabellos de mujer, indicando que el daño lo causan las personas unas a otras, como lo indican también las colas semejantes a las de los escorpiones, ya que, según las creencias tradicionales, estos animales con sus aguijones se hieren a sí mismos.

En síntesis, lo que Juan expresa con el simbolismo de la quinta trompeta es que cuando el ser humano renuncia a Dios, pierde las relaciones de armonía consigo mismo, expresado esto en el desorden interior que lo lleva al aniquilamiento. Porque al rechazar a Dios, el ser humano no obtiene una supuesta libertad, sino que cambia de señor, puesto que su amo es el ángel del abismo, Abaddón, el destructor: *"Y tenian sobre sí un rey, que es el ángel del abismo, el cual tenia por nombre en Hebraico Abaddon y en Griego Apollyon"* (9: 11). Abaddón es lo mismo que Sheol o lugar de los muertos, o lugar de perdición, la tumba: *"¿Será contada en el sepulcro tu misericordia? ¿tu verdad en la perdición?"* (Sal 88: 11). Es decir, la decisión de abandonar a Dios lleva al ser humano a la autodestrucción y a provocar el sufrimiento a los demás.

5.4 LA SEXTA TROMPETA

"Y el sexto ángel tocó la trompeta, y oí una voz de los cuatro cuernos del altar de oro, el cual está delante de Dios,

Que decia al sexto ángel que tenia la trompeta: Desata los cuatro ángeles que están atados en el grande rio Euphrates.

Y fueron desatados los cuatro ángeles que estaban aprestados para la hora, y dia, y mes, y año, á fin de matar la tercera parte de los hombres.

Y el número del ejercito de los de á caballo era doscientos millones. Y oí el número de ellos.

Y así ví los caballos en la vision; y los que estaban sentados sobre ellos tenian corazas de fuego, de jacinto, y de azufre. Y las cabezas de los caballos eran como cabezas de leones; y de la boca de ellos salia fuego, y humo, y azufre.

Y de estas tres plagas fué muerta la tercera parte de los hombres, del fuego, y del humo, y del azufre, que salían de la boca de ellos.

Porque su poder está en su boca, y en sus colas. Porque sus colas eran semejantes á serpientes, y tenian cabezas, y con ellas dañan.

Y los otros hombres que no fueron muertos con estas plagas, aun no se arrepintieron de las obras de sus manos, para que no adorasen á los demonios, y á las imágenes de oro, y de plata, y de metal, y de piedra, y de madera: las cuales no pueden ver, ni oir, ni andar.

Ni tampoco se arrepintieron de sus homicidios, ni de sus hechicerias, ni de su fornicacion, ni de sus hurtos." (9: 13-21)

Cuando suena la sexta trompeta, se oye una voz que sale de entre los cuatro cuernos del altar de oro que está junto al trono de Dios; es el altar dorado o del incienso que se ofrece a Dios con las oraciones de su pueblo. Los cuernos, por otra parte, simbolizan la fuerza y el poder, por lo que los acontecimientos que se esperan se refieren a las terribles guerras que en último término buscan exterminar a la humanidad.

El río Éufrates era la frontera más conflictiva del imperio romano a fines del siglo primero. Al Este del río vivían los partos, un pueblo que amenazaba continuamente con cruzar la frontera llevando la guerra y la destrucción al mundo civilizado. Juan utiliza a los temidos partos como un símbolo del caos que viene del mundo inferior, del abismo, ya que las guerras son una terrible expresión del mal sobre la tierra. Los cuatro ángeles atados o detenidos junto al Éufrates esperando *la hora, y dia, y mes, y año, a fin de matar la tercera parte de los hombres* significa que todos los acontecimientos están en manos de Dios, quien hace que se cumplan a su tiempo, o no se produzcan, porque *Dios tiene potestad sobre estas plagas* (16: 9). La imagen de soltar a los cuatro ángeles para que un enorme ejército inicie la invasión atravesando el río Eufrates, es otra manera de decir que se permite que se abra la puerta del abismo para dejar salir las fuerzas del mal. Juan oye que el número de los jinetes invasores es de doscientos millones (igual a la población total del mundo en ese momento), indicando así que aquí él no habla de un acontecimiento propio de su contexto histórico, sino que ésta es una imagen que expresa la magnitud de las guerras que han acontecido y de las que se esperan (como las dos guerras mundiales y las innumerables guerras locales), que tienen poder para destruir a gran parte de la humanidad.

Los caballos y los jinetes de esta visión muestran que la sexta trompeta anuncia las guerras como flagelo de la humanidad; las cabezas de león de los caballos y sus fauces que expelen fuego, humo y azufre, siendo estos elementos símbolos de destrucción y de castigo como en las ciudades del Mar Muerto: *"Y Jehova llovió sobre Sodoma y sobre Gomorrha azufre y fuego de Jehova desde los cielos"* (Gn 19: 24), o en el Salmo que señala: *"Lloverá sobre los malos lazos, fuego y azufre; y viento de torbellinos será la parte de su vaso"* (Sal 11: 6); las corazas de los jinetes, por sus colores, recuerdan estos tres elementos que son el fuego, el humo y el azufre, y la muerte de la tercera parte de los humanos lo deja en evidencia. Los caballos tienen colas semejantes a serpientes, que al igual que los escorpiones de la visión anterior, representan el mal que procede del inframundo, de las fuerzas caóticas y desordenadas del abismo, pero, mejor dicho, del desorden interior de los seres humanos que se manifiesta en la guerra fratricida que destruye a los demás. Por eso, las guerras masivas y enormemente destructivas que azotan continuamente a la humanidad corresponden al segundo ¡Ay! anunciado por el águila en vuelo.

Al apartarse de Dios, los seres humanos quedan a merced de fuerzas caóticas que los llevan a actuar contra sí mismos, contra los demás y contra la creación. Pero a pesar de la advertencia de estas plagas, como en Egipto, los que no fueron exterminados no quisieron reconocer al Dios todopoderoso y, por el contrario, *no se arrepintieron de las obras de sus manos, para que no adorasen á los demonios, y á las imágenes de oro, y de plata, y de metal, y de piedra, y de madera,* y así, como consecuencia, continuaron practicando sus malas obras, sin apartarse de sus *homicidios, ni de sus hechicerias, ni de su fornicación, ni de sus hurtos.* El listado de obras perversas está ampliado más adelante (21: 8 y 22: 15), como obras propias de los que se apartan de Dios y que los excluyen de la vida eterna.

5.4.1 EL PUEBLO DE DIOS Y SU TESTIMONIO

Al parecer, en el mundo presentado en las visiones anunciadas por los toques de las seis primeras trompetas no hay lugar para Dios ni para su pueblo. Sin embargo, antes de que el ángel toque la séptima trompeta, Juan describe tres visiones que muestran que Dios es el dueño del tiempo y de la historia. Sus testigos luchan y chocan contra las estructuras de este mundo, y, aunque aparentemente estén excluidos del curso de la historia, finalmente vencerán y el reino de Dios se manifestará.

Las tres visiones son: un ángel anuncia la consumación del misterio de Dios; Juan es consagrado como profeta de todas las naciones; y los dos testigos y su misión en el mundo.

5.4.1.1 LA CONSUMACIÓN DEL MISTERIO DE DIOS

"Y ví otro ángel fuerte descender del cielo, vestido de una nube, y el arco del cielo estaba sobre su cabeza, y su rostro era como el sol, y sus piés como columnas de fuego.

Y tenia en su mano un librito abierto; y puso su pié derecho sobre la mar, y el izquierdo sobre la tierra;

Y clamó con grande voz, como cuando un leon brama: y cuando hubo clamado, siete truenos hablaron sus voces,

Y cuando los siete truenos hubieron hablado sus voces, yo las iba á escribir; y oí una voz del cielo, que me decía: Sella las cosas que los siete truenos han hablado, y no las escribas.

Y el ángel que yo ví estar en pié sobre la mar, y sobre la tierra, levantó su mano al cielo,

Y juró por el que vive para siempre jamás, que ha creado el cielo, y las cosas que en él están, y la tierra, y las cosas que en ella están, y la mar, y las cosas que en ella están, que el tiempo no será mas:

Pero que en los dias de la voz del séptimo ángel, cuando él comenzare á tocar la trompeta, el misterio de Dios será consumado, como él lo evangelizó á sus siervos los profetas." (10: 1-7)

Juan ve bajar del cielo a otro ángel. Es el ángel de Jesucristo, que muestra simbólicamente el acto de traer el evangelio a la humanidad. Es un ángel poderoso por la importancia del mensaje del que es portador; Juan lo describe con rasgos semejantes a la visión de Jesucristo del capítulo 1 del Apocalipsis, rodeado de la gloria de Dios: baja en una nube, tiene el arco iris, su rostro es como el sol y sus piernas como columnas de fuego. Trae un libro pequeño y abierto, que es el evangelio; es decir, entrega un mensaje que ahora está al alcance de todos: es el misterio o plan secreto de Dios anunciado ya en el Antiguo Testamento: que todos los seres humanos están llamados a conocer a Dios y a obtener la redención por Jesucristo. También trae otro mensaje que anuncia con voz potente, *como cuando un leon brama*, porque Jesucristo es el León de la tribu de Judá. Es la voz de Dios que resuena como *los siete truenos*, comunicando a Juan secretos que, sin embargo, él no deberá revelar: *Sella las cosas que los siete truenos han hablado, y no las escribas*. Esto indica que aunque Dios está a punto de consumar su misterio, parte de ese plan no se dará a conocer. Un ejemplo de esto es el momento preciso en que se manifestará el Día del Señor: *"Mas del dia ó hora, nadie lo sabe, ni aun los ángeles de los cielos, sino mi Padre solo"* (Mt 24: 36).

El ángel que bajaba del cielo y *puso su pié derecho sobre la mar, y el izquierdo sobre la tierra*, es como una columna que une los tres niveles de la creación, indicando así que el mensaje del evangelio, simbolizado como el librito abierto, tiene una validez universal y cosmológica. Por eso jura por el Dios creador de los tres mundos, *que ha creado el cielo, y las cosas que en él están, y la tierra, y las cosas en ella están, y la mar, y las cosas que en ella están, que el tiempo no será mas*. El plan de

Dios se cumplirá prontamente porque el tiempo de la historia humana ha terminado.

El mensaje del ángel es que el misterio de Dios se cumplirá de forma inmediata, en cuanto suene la séptima trompeta. El misterio de Dios es la revelación de que la salvación realizada por medio de Jesucristo no sólo tiene validez para el pueblo israelita, sino para los no judíos y para todo el universo creado; esto ya estaba anunciado en el Antiguo Testamento, *como él lo evangelizó a sus siervos los profetas*:

> *"Y acontecerá en lo postrero de los tiempos, que será confirmado el monte de la casa de Jehova por cabeza de los montes, y será ensalzado sobre los collados; y correrán á él todas las naciones. Y vendrán muchos pueblos, y dirán: Venid, y subamos al monte de Jehova, á la casa del Dios de Jacob, y enseñaros ha en sus caminos, y caminarémos por sus sendas."* (Is 2: 2-3)

5.4.1.2 EL TESTIMONIO DE JUAN COMO PROFETA DE LAS NACIONES

> *"Y oi la voz del cielo que hablaba conmigo otra vez, y que decia: Andá, y toma el librito abierto de la mano del ángel, que está sobre la mar, y sobre la tierra.*
>
> *Y fuí al ángel, diciéndole que me diese el librico; y él me dijo: Tómalo y devóralo, y él te hará amargar tu vientre; empero en tu boca será dulce como la miel.*
>
> *Y tomé el librico de la mano del ángel, y lo devoré; y era dulce en mi boca como la miel; y despues que lo hube comido, fué amargo mi vientre.*

Y él me dijo: Necesario es que otra vez profetices á muchos pueblos, y naciones, y lenguas, y reyes." (10: 8-11)

En esta visión, Juan reafirma su vocación de profeta, que ya le había sido asignada en el capítulo 1 del Apocalipsis por el mismo Jesucristo (1: 17-19). Ahora se precisa su misión. No sólo se dirigirá a las siete iglesias, sino que deberá entregarlo a todas las naciones. La visión es semejante a la que tuvo Ezequiel cuando fue consagrado por Dios como profeta para llevar el mensaje al pueblo israelita. La vocación de Ezequiel, que recibe la palabra de Dios, se muestra en forma gráfica y concreta: él debe comer un libro en forma de rollo (*envoltorio*); vale decir, impregnar todo su ser con el mensaje de Dios, que en su boca es dulce como la miel, y transmitir el mensaje al pueblo israelita:

"*Y díjome: Hijo del hombre, come lo que hallares: come éste envoltorio; y vé, y habla á la casa de Israel.*

Y abrí mi boca, y hízome comer aquel envoltorio.

Y díjome: Hijo del hombre, haz á tu vientre que coma, y hinche tus entrañas de este envoltorio que yo te doy. Y lo comí, y fué en mi boca dulce como la miel." (Ez 3: 1-3)

El autor del Apocalipsis, al igual que Ezequiel, debe comer el librito que él toma de la mano del ángel. Sin embargo, la visión de Juan se diferencia en dos aspectos. El mensaje deberá entregarlo *á muchos pueblos, y naciones, y lenguas, y reyes,* de acuerdo con el misterio de Dios cuyo designio es que su salvación llegue a muchos, de tal manera que todo el universo sea reunido en Jesucristo. En su caso, como la tarea es hermosa, conocer el mensaje *fué dulce en mi boca como la miel;* pero como está consciente de las enormes dificultades que esto implica, Juan dice que el librito *fué amargo en mi vientre*.

Juan representa a todos los profetas y testigos de Dios actuando en el mundo, a todos los que viven por *"la palabra de Dios, y el testimonio de Jesu Cristo"* (1: 9). Poseen el mensaje del evangelio lleno de palabras de vida para la humanidad, pero deben actuar en un mundo dominado por el mal; por eso sufrirán el rechazo, la persecución y la muerte, aunque finalmente vendrá el triunfo definitivo para ellos.

En la visión siguiente, Juan amplía este mismo concepto, recurriendo ahora a la imagen de los dos testigos que profetizan en medio del mundo, y que cuando completan su misión son vencidos transitoriamente por la Bestia que surge del abismo, pero que finalmente son coronados con el triunfo. La visión de los dos testigos, que viene a continuación, es una síntesis de la predicación del evangelio en la historia y su triunfo definitivo en el Día del Señor, ya que finalmente los seres humanos terminan reconociendo el poder de Dios.

5.4.1.3 LOS DOS TESTIGOS

"Y Fuéme dada una caña semejante á una vara, y el ángel se me presentó, diciendo: Levántate, y mide el templo de Dios, y el altar, y á los que adoran en él.

Empero echa fuera el patio que está fuera del templo, y no lo midas; porque es dado á los Gentiles; y pisarán la santa ciudad cuarenta y dos meses.

Y yo daré poder á mis dos testigos, y ellos profetizarán por espacio de mil y doscientos y sesenta dias, vestidos de sacos.

Estas son las dos olivas, y los dos candelabros que están delante del Dios de la tierra.

Y si alguno les quisiere empecer [dañar], sale fuego de la boca de ellos, y devora á sus enemigos; y si alguno les quisiere hacer daño, así es necesario que él sea muerto.

Estos tienen potestad de cerrar el cielo, que no llueva en los dias de su profecía; y tienen poder sobre las aguas para convertirlas en sangre, y para herir la tierra con toda plaga, todas las veces que quisieren.

Y cuando ellos hubieron acabado su testimonio, la bestia que sube del abismo hará guerra contra ellos, y los vencerá, y los matará.

Y sus cuerpos muertos serán echados en la plaza de la grande ciudad, que espiritualmente es llamada Sodoma, y Egypto; donde tambien nuestro Señor fué crucificado.

Y los de los linages, y de los pueblos, y de las lenguas, y de las naciones verán los cuerpos muertos de ellos por tres dias y medio, y no permitirán que sus cuerpos muertos sean puestos en sepulcros.

Y los moradores de la tierra se regocijarán sobre ellos, y se alegrarán, y se enviarán dones los unos á los otros; porque estos dos profetas han atormentado á los que moran sobre la tierra.

Y despues de tres dias y medio el Espíritu de vida, enviado de Dios, entró en ellos, y se enhestaron sobre sus piés [se pusieron de pie], y vino grande temor sobre los que los vieron.

Y oyeron una gran voz del cielo que les decia: Subid acá. Y subieron al cielo en una nube; y sus enemigos los vieron.

Y en aquella hora fué hecho un gran temblor de tierra; y la décima parte de la ciudad cayó, y fueron muertos en el temblor de tierra los nombres de siete mil hombres; y los demas fueron espantados, y dieron gloria al Dios del cielo.

El segundo ay es pasado, y, he aqui, el tercero ay vendrá prestamente." (11: 1-14)

La tercera visión es una alegoría de lo que sucederá a los discípulos durante el tiempo de espera de la segunda venida de Jesucristo, testigos que luchan en un mundo lleno de hostilidades. A Juan se le ordena medir *el templo de Dios, y el altar, y los que adoran en él;* y se le da una medida, *una caña, semejante a una vara.* Medir significa, en sentido bíblico, poner una ciudad o un templo bajo la protección de Dios. Así el profeta Ezequiel, después de que Jerusalén había sido destruida por los asirios junto con su templo, ve una nueva ciudad y un nuevo templo, que el ángel mide, para indicar su futura restauración: *"y he aquí un varon cuyo aspecto era, como aspecto de metal, y tenía un cordel de lino en su mano, y una caña de medir; el cual estaba á la puerta"* (Ez 40: 3). Lo mismo en la visión del profeta Zacarías, a quien un ángel dice que va *"A medir á Jerusalem, para ver cuanta es su anchura, y cuanta es su longitud (...) Sin muros será habitada Jerusalem á causa de la multitud de los hombres, y de las bestias, que estaran en medio de ella. Yo seré á ella, dijo Jehova, muro de fuego en derredor, y seré por gloria en medio de ella"* (Zac 2: 1-5). Del mismo modo, la Nueva Jerusalén, al fin de los tiempos, es medida por un ángel en señal de que ha llegado a su plenitud (21: 15-17).

Aquellos a los que Juan debe medir son los que proclaman la palabra de Dios y tienen el testimonio de Jesucristo; son los que están en su templo, los que sirven en su altar y lo adoran: son los ciento cuarenta y cuatro mil sellados (Cf. 7: 4), que *"son los que siguen al Cordero adonde quiera que vaya"* (14: 1-5). Afuera, en el patio exterior, quedan los que se contaminan con el mundo: *empero, echa fuera el patio que está fuera del templo, y no lo midas; porque es dado a los Gentiles; y pisarán la santa ciudad cuarenta y dos meses,* como simbólicamente se indica el tiempo de angustia y de tribulaciones, que es el mismo tiempo que profetizan los dos testigos, que actuaron durante *mil y doscientos y sesenta días*, tiempo que terminará con el Día del Señor. Esto significa que a pesar de que el pueblo de Dios está en el mundo, aceptando muchas veces las condiciones que éste le ofrece, optando muchos de ellos por vivir en el pecado y la infidelidad, siempre hay profetas y testigos que, a pesar de todo, se mantienen fieles a su Señor y que luchan en un mundo hostil.

Estos que se mantienen fieles a Dios, se simbolizan en esta visión como *los dos testigos*, testigos como Jesucristo, que al igual que él, se caracterizan por poner toda su confianza en Dios, ya que llevan una vida dura y pobre, van *vestidos de sacos* o tela burda. De ellos se dice que *son las dos olivas,* que al igual que Zorobabel y Josué, que reconstruyeron la ciudad de Jerusalén y el templo después del destierro, con su palabra y su testimonio deben preparar el reino y preservar el pueblo de Dios. También son *los dos candelabros,* encargados de proclamar a todos el camino con la luz de la fe; los dos candeleros son como las iglesias de Filadelfia y Esmirna, que son las dos para las cuales no hubo reproche en los mensajes enviados a las siete iglesias.

Ellos tienen el poder de Dios, que se manifiesta simbólicamente porque pueden hacer descender fuego del cielo o desatar plagas sobre la tierra, como Moisés y Elías; su tarea abarca todo el tiempo histórico de pruebas y tribulaciones, simbólicamente mil doscientos sesenta días; pero cuando el final esté cerca y su misión concluida, *la bestia que sube del abismo hará guerra contra ellos, y los vencerá, y los matará.*

La Bestia que surge del abismo, que hace la guerra y vence a los dos testigos, es una anticipación del misterioso poder que Juan describe más adelante (13: 1-10) como la Bestia primera, que sube del mar. Ésta es la culminación del misterio del mal, que también llega a expresarse en el poder llevado a su extremo, que posee el dominio total sobre las personas, y que pretende suplantar a Dios como dueño de la vida y de la muerte. Es tal su poder de destrucción sobre la tierra que Juan afirma que *sube del abismo* o del mar, que significa lo mismo, es decir, del mundo inferior, del mundo de la muerte, de los demonios, de toda influencia negativa. Este poder perseguidor, la Bestia que surge del abismo, vencerá a los testigos de Dios; es decir, el pueblo fiel de las postrimerías será destruido. Al igual que Jesucristo, derrotado y muerto en Jerusalén, escarnecido bajo la burla de sus enemigos, sus testigos serán muertos en la Gran Ciudad, a la vista de todo el mundo, para alegría de sus enemigos, ya que ante ellos su maldad quedaba al descubierto. Sin embargo, el triunfo del poder satánico será breve; simbólicamente durará *tres días y medio,* y el pueblo de Dios renacerá después de esta derrota aparente para vencer con su palabra y testimonio el poder de la Bestia.

Los dos testigos, a través de la historia, y al igual que Jesucristo, proclaman la buena nueva con gran poder y protegidos por Dios, pero después de terminada su tarea son muertos también por el poder del mal, que pensará haberlos derrotado en forma total; sin embargo, renacerán victoriosos. Es la victoria completa y final, ya que muchos se convierten al ver que el pueblo de Dios que se creía aniquilado, revive para vencer definitivamente los poderes del mundo: *y los demas fueron espantados, y dieron gloria al Dios del cielo.*

La expresión *el segundo ay es pasado, y, he aquí, el tercero ay vendrá prestamente*, aparece después de la visión de los dos testigos, pero no se refiere a esta visión, sino a las enormes guerras anunciadas por el sonido de la sexta trompeta. Sin embargo, su ubicación en este lugar como corolario final está para indicar que las tres visiones: la del ángel que anuncia la consumación del misterio, la de la confirmación de la misión de Juan y la del testimonio de los dos testigos tienen directa relación y están incluidas en la narrativa de las seis primeras trompetas. Es decir, estas tres visiones no están interpuestas ni mal ubicadas en este lugar, sino que muestran que en un mundo que abandona a Dios y que es azotado por las plagas, los testigos de Dios están presentes luchando contra el mal del mundo para finalmente triunfar. El segundo ¡Ay! puesto en este lugar también muestra la gran unidad literaria del Apocalipsis.

El tercer ¡Ay! se cumplirá con el castigo de Babilonia la Grande, la ciudad entregada a la idolatría del dinero y al orgullo desmedido (capítulo 18 del Apocalipsis).

5.5 LA SÉPTIMA TROMPETA

"Y el séptimo ángel tocó la trompeta; y fueron hechas grandes voces en el cielo que decían: Los reinos de este mundo han venido á ser los reinos de nuestro Señor, y de su Cristo, y reinará por los siglos de los siglos.

Y los veinte y cuatro ancianos que estaban sentados delante de Dios en sus sillas, se postraron sobre sus rostros, y adoraron á Dios,

Diciendo: Te damos gracias, ¡oh Señor Dios Todopoderoso! que eres, y que eras, y que has de venir; porque has tomado tu grande poderío, y has reinado.

Y las naciones se han airado, y tu ira es ya venida, y el tiempo de los muertos para que sean juzgados, y para que des el galardon á tus siervos los profetas, y á los santos, y á los que temen tu nombre,

> *á los pequeños, y á los grandes, y para que destruyas á los que destruyen la tierra.*
>
> *Y el templo de Dios fué abierto en el cielo, y el arca de su testamento fué vista en su templo, y fueron hechos relámpagos, y voces, y truenos, y un terremoto, y grande granizo."* (11: 15-19)

Cuando el ángel toca la séptima trompeta, Juan escucha poderosas voces del cielo que proclaman la llegada del Día del Señor y de su reinado, porque los reinos del mundo ya están en las manos de Dios y de su Mesías. Esto lo expresan los veinticuatro Ancianos que permanecen junto al trono, que elevan su oración y lo invocan como el *que eres, y que eras, que has de venir.* En su oración, los Ancianos sintetizan el Día del Señor en su doble carácter de Día de premio y recompensa para los justos y de destrucción para los que no reconocen al Dios todopoderoso, ya que *las naciones se han airado,* es decir, los habitantes de la tierra se han rebelado contra Dios. Por eso la séptima trompeta proclama que ha llegado el tiempo del juicio de Dios para recompensar a los justos y para destruir *a los que destruyen la tierra.*

Con los sonidos de las seis primeras trompetas ha quedado de manifiesto que los habitantes de la tierra, es decir, aquellos que no llevan el sello de Dios, quieren destruir la tierra. Con esta expresión también se destaca el nivel cosmológico de la lucha entre Dios y las potencias del mal. Éstas no sólo dañan a los seres humanos, sino que dañan el planeta y todo el universo.

Y el templo de Dios fué abierto en el cielo, y el arca de su testamento fué vista en su templo. En el Apocalipsis, Juan ve la verdadera Arca, la que fue mostrada a Moisés en el monte como modelo, depositada en el templo verdadero del cielo, que se abre indicando que la salvación que viene de Dios está disponible ahora para toda la humanidad.

El sonido de la séptima trompeta proclama el fin del tiempo y de la historia, y anuncia que se inicia el Día del Señor.

A continuación Juan muestra un nuevo ciclo de visiones que indican que el drama de la humanidad no solo se resuelve en el transcurso de la historia, sino que tiene alcance cosmológico, abarcando el universo entero. Es lo que presentará Juan en las grandiosas señales que a continuación describe.

PARTE III
EL DÍA DEL SEÑOR

"*Y las naciones se han airado, y tu ira es ya venida, y el tiempo de los muertos para que sean juzgados, y para que des el galardon á tus siervos los profetas, y á los santos, y á los que temen tu nombre, á los pequeños, y á los grandes, y para que destruyas á los que destruyen la tierra.*" (11: 18)

CAPÍTULO 6
LAS SIETE GRANDES SEÑALES

6.1 INTRODUCCIÓN

En las visiones que se comentan a continuación, Juan explica y profundiza su punto de vista en relación con el desarrollo de la historia humana: ésta es el resultado del enfrentamiento entre el bien y el mal. Por un lado, los siervos de Dios o ejército de los cielos, los marcados con el sello de Dios, que son aquellos que proclaman la palabra de Dios y mantienen el testimonio de Jesucristo. Por otro, los habitantes de la tierra que sirven a la Bestia y al Falso Profeta, manifestaciones de Satanás en el mundo. La historia humana es el enfrentamiento entre estas fuerzas antagónicas, lucha que tiene un alcance cosmológico, y que culminará en el Día del Señor.

～

LA SÉPTIMA TROMPETA da comienzo a las visiones del Día del Señor introduciendo un nuevo ciclo de siete visiones que muestran la dimensión universal de la lucha contra el mal; aparecen los antagonistas de este combate: por una parte, Jesucristo el Mesías de Dios, unido a sus discípulos; por otra, Satanás y sus secuaces que son la Bestia que sube del mar, símbolo de los poderes del mundo que pretenden hacerse absolutos, y el Falso Profeta, personificación de la religión corrupta que sirve a esos poderes.

Jesucristo es el Mesías, el Hijo del hombre que, como fuera anunciado, viene sobre la nube para destruir a sus enemigos y para instaurar el reinado de Dios.

Son siete señales grandiosas que Juan contempla en el cielo, en el mar (como otro nombre del abismo) y sobre la tierra; es decir, las señales aparecen en los tres niveles cósmicos, ya que el drama de la salvación de la humanidad implica a toda la creación.

En el ciclo de las siete señales se revelará que las decisiones finales sobre el destino de la humanidad y del mundo no solo están entregadas a la voluntad de los seres humanos, sino que también a fuerzas espirituales negativas que se oponen al plan de Dios.

6.2 PRIMERA SEÑAL: LA MUJER REVESTIDA DEL SOL

> *"Y una gran señal apareció en el cielo: una muger vestida del sol, y la luna debajo de sus piés, y sobre su cabeza una corona de doce estrellas.*
>
> *Y estando preñada, clamaba con dolores de parto, y sufría tormento por parir."* (12: 1-2)

En el cielo, esto es, en la enorme bóveda visible que

rodea la tierra, aparece esta extraordinaria visión. Es una Mujer envuelta en la luz del sol, es decir, recibiendo la protección de Dios y su fuerza; ella está de pie sobre la luna, que es símbolo de la noche, es decir, en actitud de aplastar el mal, como lo señala el Génesis refiriéndose a la serpiente del primer pecado: *"Y enemistad pondré entre tí y la muger, y entre tu simiente y su simiente; ella te herirá en la cabeza, y tu le herirás en el calcañar"* (Gn 3: 15). La Mujer de esta señal representa a la humanidad que finalmente vencerá el mal; como está coronada con doce estrellas, también simboliza en forma directa al pueblo hebreo, por las doce tribus de Israel, como en el sueño de José que veía a sus hermanos inclinándose ante él (Cf. Gn 37: 9-10); también representa al nuevo pueblo de Dios del Nuevo Testamento, que son aquellos que guardan la palabras de Dios y tienen el testimonio de Jesucristo.

Los profetas habían empleado como imagen del pueblo de Dios la de una mujer encinta cuyos dolores de parto anunciaban la renovación del pueblo de Israel, simbolizado en el renacimiento glorioso de Jerusalén y la llegada de un nuevo mundo. El profeta Isaías muestra a esta mujer como a una joven que dará a luz a un hijo que traerá el reino de Dios entre los seres humanos: *"Por tanto el mismo Señor os dará señal. HE AQUÍ QUE LA VÍRGEN CONCEBIRÁ, Y PARIRÁ HIJO, Y LLAMARÁ SU NOMBRE EMMA-NUEL"* (Is 7: 14). El evangelista Mateo ve cumplida esta profecía en el nacimiento de Jesús, hijo de María: *"Todo esto aconteció para que se cumpliese lo que habia hablado el Señor por el profeta, que dijo: He aquí, una vírgen concebirá, y parirá un hijo, y llamarán su nombre Emmanuel, que interpretado quiere decir: Dios con nosotros"* (Mt 1: 22-23). Él es el Mesías anunciado, el Hijo del hombre: *"Mas venido el cumplimiento del tiempo, Dios envió á su Hijo, hecho [nacido] de muger"* (Gl 4: 4). En el Apocalipsis la visión de la Mujer significa que la profecía se ha cumplido, que del pueblo de Dios ha nacido el Mesías prometido y que ha llegado el Día de la renovación del mundo. Esta grandiosa señal simboliza al pueblo de Dios del Antiguo y del Nuevo Testamento que trae al Mesías para salvar a toda la humanidad, y aún con alcances cosmológicos, ya que es una visión que aparece en el cielo.

6.3 SEGUNDA SEÑAL: EL DRAGÓN ROJO CON SIETE CABEZAS Y DIEZ CUERNOS

"Y fué vista otra señal en el cielo; y he aqui un grande dragon bermejo, que tenia siete cabezas y diez cuernos; y sobre sus cabezas siete diademas.

Y su cola traia [arrastraba] con violencia la tercera parte de las estrellas del cielo, y las arrojó á la tierra. Y el dragon se paró delante de la muger que estaba de parto, á fin de devorar á su hijo, luego que ella le hubiese parido.

Y ella parió un hijo varon, el cual habia de regir todas las naciones con vara de hierro; y su hijo fué arrebatado para Dios, y para su trono.

Y la muger huyó al desierto, donde tiene un lugar aparejado de Dios, para que allí la mantengan mil y doscientos y sesenta dias.

Y fué hecha una grande batalla en el cielo: Michael y sus ángeles batallaban contra el dragon; y el dragon batallaba, y sus ángeles.

Empero no prevalecieron estos, ni su lugar fué mas hallado en el cielo.

Y fué lanzado fuera aquel gran dragon, que es la serpiente antigua, que es llamada diablo, y Satanás, el cual engaña á todo el mundo: fué arrojado en tierra, y sus ángeles fueron arrojados con él.

Y oí una gran voz en el cielo, que decia: Ahora ha venido la salvacion, y la virtud, y el reino de nuestro Dios, y el poder de su Cristo; porque el acusador de nuestros hermanos es ya derribado, el cual los acusaba delante de nuestro Dios dia y noche.

Y ellos le han vencido por causa de la sangre del Cordero, y por la palabra de su testimonio; y no han amado sus vidas hasta la muerte.

Por lo cual alegráos, cielos, y los que morais en ellos. ¡Ay de los moradores de la tierra, y de la mar! Porque el diablo ha descendido á vosotros, teniendo grande ira, sabiendo que tiene poco tiempo.

Y despues que el dragon hubo visto que él habia sido arrojado á la tierra, persiguió á la muger, que habia parido al hijo varon.

Y fueron dadas á la muger dos alas de grande águila, para que de la presencia de la serpiente volase al desierto á su lugar, donde es mantenida por un tiempo, y tiempos, y la mitad de un tiempo.

Y la serpiente lanzó de su boca en pos de la muger agua como un rio; á fin de hacer que fuese arrebatada del rio.

Y la tierra ayudó á la muger; y la tierra abrió su boca, y sorbió el rio, que habia lanzado el dragon de su boca.

Y el dragon fué airado contra la muger, y se fué á hacer guerra contra los otros de la simiente de ella, los cuales guardan los mandamientos de Dios, y tienen el testimonio de Jesu Cristo.

Y yo me paré sobre la arena de la mar." (12: 3-18)

Juan contempla otra señal en el cielo: *y he aquí un grande dragon bermejo, que tenia siete cabezas y diez cuernos; y sobre sus cabezas siete diademas.* El dragón de la mitología de las culturas antiguas, que es la serpiente que habita las aguas caóticas que anteceden al acto de la creación del mundo, es la imagen a la que el autor del Apocalipsis recurre para describir a Satanás, el enemigo de Dios y de la humanidad. Es grande, es decir, poderoso; su color rojo indica destrucción y violencia. Tiene siete cabezas, porque se manifiesta en el mundo en múltiples centros de poder o reinos, llevando en cada cabeza una diadema, que es un adorno semicircular semejante a una corona, símbolo de poder. Tiene también diez cuernos, que deberían estar en una de sus cabezas, indicando así que todos los poderes del mundo lo sustentan, ya que el número diez indica la totalidad; a su vez, los cuernos, igual que la corona, son símbolo de poder. Sus manifestaciones, entonces, están relacionadas con el poder, la fuerza y el dominio.

Juan ve también que el Dragón recorre el cielo precipitando a la tierra a *la tercera parte de las estrellas del cielo*; esta imagen simbólicamente representa la lucha permanente de Satanás contra el pueblo de Dios, y su triunfo parcial: *y su cola traía con violencia la tercera parte de las estrellas del cielo y las arrojó a la tierra*. Siendo la lucha de Satanás permanente, logrará finalmente que se produzca la apostasía de gran parte de los fieles.

La descripción del Dragón rojo es semejante en algunos aspectos a la visión del cuarto animal que sale del mar, de la profecía de Daniel, y que simboliza al cuarto reino que dominará la tierra: *"y era muy diferente de todas las bestias que habían sido ántes de ella, y tenía diez cuernos"* (Dn 7: 7). El Apocalipsis agrega un rasgo importante: el Dragón tiene *siete cabezas*, indicando sus múltiples manifestaciones en el mundo.

Sin embargo, este enemigo ya fue derrotado por Jesucristo mediante su testimonio entre la gente y por su muerte y resurrección. Su triunfo sobre Satanás lo muestra

Juan con varias imágenes, que representan de diferentes maneras el fracaso y destrucción del espíritu del mal:

- Satanás se detiene junto a la Mujer que está a punto de dar a luz al Mesías prometido, que ha de apacentar a todas las naciones con vara de hierro (Sal 2: 8-9). Pero el niño es llevado al cielo. Significa que Satanás fracasa en su intento por destruirlo mediante su muerte en la cruz. Al contrario, el Mesías, por su triunfo sobre la muerte entra al mundo superior donde ocupa su lugar junto a Dios y su trono.

- Fracasa también en su intento de destruir al pueblo de Dios, representado en la Mujer que da a luz al Mesías; ésta *huyó al desierto, donde tiene un lugar aparejado de Dios, para que allí la mantengan mil y doscientos y sesenta días,* contando con la protección de Dios ya que fueron dadas *á la muger dos alas de grande águila.* El pueblo de Dios está llamado a vivir simbólicamente en el desierto, sufriendo pruebas y persecuciones durante el tiempo que resta hasta la segunda venida del Mesías, sin contaminarse con las seducciones del poder. Se inicia entonces un tiempo de pruebas y sufrimientos que es igual a todo el tiempo histórico a partir de la resurrección de Jesucristo, pero que sin embargo está simbolizado como un período breve, de tres años y medio o *un tiempo, y tiempos, y la mitad de un tiempo,* igual a *mil y doscientos y sesenta días,* es decir, un tiempo limitado; este tiempo culminará con el triunfo del pueblo de Dios.

- Esta misma derrota de Satanás la presenta Juan simbólicamente como una gran batalla que tiene lugar en el cielo entre el arcángel Miguel y sus ángeles leales, que se enfrentan a Satanás y sus ángeles rebeldes. El nombre del arcángel significa ¿Quién como Dios?, y aquí este arcángel y sus ángeles simbolizan a Jesucristo y a sus testigos en el mundo. Satanás y sus ángeles son derrotados y expulsados del mundo superior. Según las creencias judías, Satanás, que significa el acusador, permanecía cerca del trono de Dios acusando permanentemente a los seres humanos (Cf. Job: 1: 1 y ss). El profeta Zacarías en una de sus visiones ve a este enemigo del género humano cumpliendo este rol: *"Y mostróme á Josue el gran sacerdote, el cual estaba delante del ángel de Jehova; y Satán estaba á su mano derecha para serle adversario"* (Zac 3: 1). Y no es solo el acusador de los seres humanos, sino el causante del mal en el mundo. Satanás y sus seguidores son expulsados del mundo espiritual, *ni su lugar fué mas hallado en el cielo.*
- Juan reitera que Satanás fue vencido por Jesucristo y por el testimonio de su pueblo, ya que, después de esto, escucha una voz poderosa que desde el cielo proclama que: *Ahora ha venido la salvación, y la virtud, y el reino de nuestro Dios, y el poder de su Cristo,* ya que la lucha por expulsar el espíritu del mal empieza con la acción de Jesús en el mundo al revelarse como el hijo de Dios y como el ser humano perfecto, que hace la voluntad de su Padre. Por eso, en el evangelio

Jesús dice: *"Ahora es el juicio de este mundo: ahora el príncipe de este mundo será echado fuera. Y yo, si fuere levantado de la tierra, á todos atraeré á mí mismo"* (Jn 12: 31-32), También en otra ocasión, cuando los setenta y dos discípulos que había enviado vuelven alegres por su éxito misionero: *"Señor, aun los demonios se nos sujetan por tu nombre. Y les dijo: Yo veia á Satanás, como un rayo, que caia del cielo"* (Lc 10: 17-18). Cae a la tierra como un símbolo de que el enfrentamiento con el espíritu del mal continuará a cargo de los discípulos de Jesús, que al final de la historia habrán vencido a este poderoso enemigo, superando todo sufrimiento y tribulación. Por eso la voz del cielo continúa clamando: y *ellos le han vencido por causa de la sangre del Cordero, y por la palabra de su testimonio; y no han amado sus vidas hasta la muerte.*

- Echado del cielo y arrojado a la tierra, la *grande ira* de Satanás *sabiendo que tiene poco tiempo* se manifiesta persiguiendo abiertamente a todo aquel que tenga relación con el Mesías. Primero, a *la muger, que había parido al hijo varón*, que debe huir al desierto como símbolo de una existencia llena de peligros y apartada del mundo. Allí permanecerá por tres años y medio, que es la manera como se menciona un tiempo de persecuciones. Sin embargo sobrevivirá porque se le concede un gran poder que se simboliza en *las dos alas de grande águila*, que indican una protección especial de Dios sobre su pueblo (Cf. Ex 19: 4 y Dt 32: 11). Las persecuciones se simbolizan diciendo que *la serpiente lanzó de su boca en pos de la muger agua como un rio; a fin de hacer que fuese arrebatada del rio.* En este caso el agua simboliza la muerte, y arrojada por el dragón son las aguas del caos primitivo y confuso. Sin embargo, el pueblo de Dios sobrevivirá a pesar de las persecuciones y los intentos reiterados para destruirlo.

- Juan emplea enseguida otra imagen para mostrar lo mismo, con más precisión: el Dragón ataca a los discípulos de Jesús: *Y se fué a hacer guerra contra los otros de la simiente de ella, los cuales guardan los mandamientos de Dios, y tienen el testimonio de Jesu Cristo.* Estos testigos son hijos de la Mujer, llamados a proclamar la palabra de Dios en un tiempo de persecuciones, que llegará a su culminación con la gran tribulación anunciada por los profetas; pero finalmente los testigos de Jesucristo obtendrán el triunfo.

Después de sintetizar en las imágenes descritas la guerra de Satanás contra el pueblo de Dios, y la derrota final del espíritu del mal, el autor del Apocalipsis desarrolla esta misma lucha presentándola en las señales que se describen más adelante, en forma extensa, y mostrando los métodos de opresión y de seducción con los que Satanás atrae a los seres humanos para incitarlos a organizar su vida sin Dios y así llevarlos a la destrucción.

COMO LO HEMOS SEÑALADO ANTES, el mar es otra denominación del inframundo o pozo del abismo. Pero también el mar simboliza a las multitudes o masa caótica de seres humanos, expuesta a todas las influencias. Más adelante, cuando Juan muestra el juicio de la Gran Ramera, un ángel explica su simbolismo diciendo que *"las aguas que has visto, donde la ramera se sienta, son pueblos, y multitudes, y naciones, y lenguas"* (17: 15). Es decir, el mar o las aguas en este caso son símbolo de aquel sector de la humanidad que se deja arrastrar por las influencias malignas y que prefiere vivir sin Dios. Por eso, del mar surge el poder absoluto que se levanta contra Dios, como se hará evidente en las señales que vienen a continuación.

6.4 TERCERA SEÑAL: LA BESTIA DEL MAR

En la tercera señal, la Bestia que sube del mar, y en la cuarta señal, la Bestia que sube de la tierra, Juan describe el reino final, de opresión y muerte, que dominará sobre toda la tierra, aunque por breve tiempo; luego vendrá su juicio y destrucción, lo que se cumplirá en el ciclo de las siete copas (capítulos 15 y 16 del Apocalipsis).

"Y ví una bestia subir de la mar, que tenia siete cabezas, y diez cuernos; y sobre sus cuernos diez diademas; y sobre las cabezas de ella un nombre de blasfemia.

Y la bestia que ví, era semejante á un leopardo, y sus piés como piés de oso, y su boca como boca de leon. Y el dragon le dió su poder, y su trono, y grande potestad.

Y ví la una de sus cabezas como herida de muerte, y la llaga de su muerte fué curada; y hubo admiracion en toda la tierra detrás de la bestia.

Y adoraron al dragon que habia dado la potestad á la bestia; y

> adoraron á la bestia, diciendo: ¿*Quién es semejante á la bestia, y quién podrá batallar contra ella?*
>
> *Y le fué dada boca que hablaba grandes cosas, y blasfemias; y le fué dado de hacer la guerra cuarenta y dos meses.*
>
> *Y abrió su boca en blasfemias contra Dios, para blasfemar su nombre, y su tabernáculo, y á los que moran en el cielo.*
>
> *Y le fué dado hacer guerra contra los santos, y vencerlos. También le fué dado poder sobre toda tribu, y pueblo, y lengua, y nacion:*
>
> *Y todos los que moran en la tierra la adorarán, cuyos nombres no están escritos en el libro de la vida del Cordero, el cual fué inmolado desde el principio del mundo.*
>
> *Si alguno tiene oreja, oiga.*
>
> *El que lleva en cautividad, en cautividad irá: el que á cuchillo matare, es necesario que á cuchillo sea muerto. Aquí está la paciencia, y fé de los santos."* (13: 1-10)

Juan contempla otra señal también extraordinaria, pero que no aparece en la bóveda celeste. Es *una Bestia que sube del mar.* Como ya se ha señalado, el mar es otro nombre para referirse al abismo, que es el inframundo, equiparado al infierno o Hades. Ésta, por lo tanto, es la misma *Bestia que sube del abismo* ya mencionada anteriormente, que hará la guerra, vencerá y matará a los dos testigos, que simbolizan a todos los discípulos de Jesucristo (Cf. 11: 7). Por eso se dice que sube del mar, es decir, del abismo, y no que sale del mar.

Su antecedente está en el cuarto animal de la visión del profeta Daniel, quien señala que *"Despues de esto yo miraba en las visiones de la noche; y he aquí la cuarta bestia espantable, y temerosa, y en grande manera fuerte: la cual tenia unos dientes grandes de hierro. Tragaba y desmenuzaba, y las sobras hollaba con sus piés; y era muy diferente de todas las bestias que habian sido ántes de ella, y tenia diez cuernos"* (Dn 7: 7).

Pero la Bestia que sube del mar, a diferencia del cuarto animal de la visión de Daniel, *tenia siete cabezas, y diez cuernos, y sobre sus cuernos diez diademas; y sobre las cabezas de ella un nombre de blasfemia.* Su rasgo principal, como se aprecia, son sus siete cabezas, que como se verá más adelante, representan la sucesión de siete reinos de la historia del mundo. La Bestia es semejante al Dragón (Cf. 12: 3), ya que ha sido suscitada por él mismo para representarlo en la tierra; las siete cabezas son sus múltiples manifestaciones a través de la historia, siempre como un poder idolátrico, ya que en sus cabezas tiene escritos nombres de blasfemias, que son ofensas a Dios. Sus diez cuernos (que deben estar en una de sus cabezas) representan diez reyes o reinos; también indican que posee la plenitud del poder en la tierra, ya que este número simboliza la totalidad porque encierra en sí todos los números. Las coronas simbolizan el poder lo mismo que los cuernos, ya que la corona, por su forma, es una representación de los cuernos, y las palabras corona y cuerno tienen el mismo origen etimológico.

Luego el autor del Apocalipsis indica con más precisión aún, que con la imagen de la Bestia que sube del mar se refiere a un poder idolátrico final, un poder que adoran *los moradores de la tierra,* es decir, los que no están señalados con el sello de Dios. y que pretende suplantar a Dios. Esta Bestia es semejante al cuarto animal que sale del mar en la visión de Daniel (Cf. Dn 7: 3-7), aunque reúne en sí misma características de los otros tres animales que aparecieron antes. Dice Juan: *Y la bestia que vi, era semejante á un leopardo, y sus piés como piés de oso, y su boca como boca de un leon.* Por lo cual esta Bestia que sube del mar representa la culminación del poder mundial absoluto, caracterizado como un reino de opresión y muerte que se erige sobre la humanidad y contra el mismo Dios. A ella *el dragón le dió su poder, y su trono, y grande potestad.*

Satanás es *el príncipe de este mundo* (Jn 16: 11) que entrega el poder y las riquezas a sus servidores. Así se lo caracteriza en la tradición bíblica. En el episodio de las tentaciones de Jesús al comenzar su misión, el espíritu del mal trata de convencerlo de que el dominio sobre los otros y la posesión de riquezas son los mejores medios para cumplir sus propósitos:

> "*Y le llevó el diablo á un alto monte, y le mostró todos los reinos de la tierra habitada en un momento de tiempo. Y le dijo el diablo: A tí te daré esta potestad toda, y la gloria de ellos; porque á mí es entregada, y á quien quiero la doy. Tú, pues, si adorares delante de mí, serán todos tuyos.*" (Lc 4: 5-7)

Satanás fracasa con Jesús, pero ha tenido éxito con una enorme cadena de servidores a lo largo de la historia, a quienes entrega el reino de este mundo a condición de que lo adoren, es decir, de que empleen sus métodos basados en la mentira, la opresión y la muerte. Su acción (el desarrollo del misterio de la iniquidad, o misterio de la injusticia) culminará con la constitución de un poder idolátrico final de carácter mundial y aparentemente invencible, simbolizado como la Bestia que sube del mar. Por eso *el dragon le dió su poder, y su trono, y grande potestad.*

Juan continúa describiendo el reino de la Bestia que sube del mar diciendo enseguida: *Y ví la una de sus cabezas como herida de muerte, y la llaga de su muerte fué curada.* Es decir, este futuro reino que alcanzará el dominio total sobre el mundo corresponde a uno que antes fue derrotado por las armas, pero que de un modo inesperado logra recuperarse imponiéndose sobre los demás, obteniendo por esto la admiración de muchos. No podemos saber a qué reino corresponde porque se anuncian aquí acontecimientos que sucederán al final de los tiempos; sólo se dice que un imperio o reino (el último y más poderoso de un grupo de siete, por las siete cabezas) que fue derrotado en la guerra y que desapareció, logró reorganizarse y finalmente se impuso sobre los demás convirtiéndose en un poder mundial absoluto. Por esto hubo admiración en *toda la tierra detrás de la bestia.* Aunque todos entienden que este poder es malévolo y que su dominio se basa en la injusticia, lo aceptan y lo siguen; esto se expresa diciendo que todos *adoraron al dragon,* vale decir, aceptan y justifican los métodos malvados de este poder supremo que domina todo el mundo. Aún más, adoran también a la Bestia y la reconocen como el único poder existente, un poder de idolatría que pretende estar por encima de todo, hasta del mismo Dios: *Y adoraron al dragon que habia dado la potestad á la bestia; y adoraron á la bestia, diciendo: ¿Quién es semejante á la bestia, y quién podrá batallar contra ella?.*

La descripción de este poder absoluto continúa, y se lo identifica más plenamente con el cuarto reino que anuncia Daniel, del que dice que *"Y hablará palabras contra el Altísimo, y los santos del Altísimo quebrantará, y pensará de mudar los tiempos, y la ley; y serán entregados en su mano hasta el tiempo, y tiempos, y el medio de un tiempo"* (Dn 7: 25). De la misma manera, a la Bestia que sube del mar *le fué dada una boca que hablaba grandes cosas, y blasfemias; y le fué dado de hacer la guerra cuarenta y dos meses. Y abrió su boca en blasfemias contra Dios, para blasfemar nombre, y su tabernáculo, y á los que moran en el cielo. Y le fué dado hacer guerra contra los santos y vencerlos.*

La Bestia del mar, como en la visión de los dos testigos, vence al pueblo de Dios, es decir *á los que moran en el cielo*, porque éstos son el templo o santuario de Dios por estar unidos a él. La Bestia del mar vence, pero por un breve tiempo, simbólicamente cuarenta y dos meses, es decir, el tiempo permitido por Dios. Lo mismo sobre la autoridad que se le permite, que está limitada por el tiempo breve en que se ejerce: *Tambien le fué dado poder sobre toda tribu, y pueblo, y lengua, y nacion.*

Este gobierno mundial, absoluto y opresor, que será la expresión plena de los métodos satánicos, obtendrá la sujeción total de los habitantes de la tierra, que lo reconocerán como dueño absoluto de sus vidas, ocupando así el lugar que le corresponde a Dios. Sin embargo, Juan indica que los que se entregarán al poder de la Bestia y del Dragón serán aquellos que desde siempre optaron por vivir sin Dios, aceptando los métodos de Satanás y rechazando la salvación por medio de Jesucristo, es decir, rechazando la vida eterna a la que Dios los llama. Estos son *los moradores de la tierra*, opuestos a los seguidores del Cordero. Estos últimos están marcados con el sello de Dios.

Juan pone a continuación un desafío para sus lectores cuando dice que *si alguno tiene oreja, oiga,* es decir, el que sea capaz de entender, que entienda esto. Durante el dominio de la poderosa Bestia que sube del mar tendrá lugar la gran tribulación, la persecución a los justos, que simbólicamente durará mil trescientos sesenta días, que es lo mismo que tres años y medio, o también un tiempo, tiempos más la mitad de un tiempo, o cuarenta y dos meses, lo que es un tiempo limitado, pero que no se debe entender de modo literal.

Será un tiempo de pruebas permitido por Dios. Por eso, *Aquí está la paciencia y la fé de los santos*. Con estas palabras Juan anuncia duras e ineludibles persecuciones, pero consuela al pueblo de Dios y lo llama a mantener la fe y la perseverancia porque después de esta prueba suprema vendrá el triunfo definitivo y el duro castigo de la Bestia que sube del mar y del Falso Profeta.

CONCLUYENDO, en esta visión Juan tiene como marco conceptual el mismo sistema mítico que explica la historia como la sucesión de cuatro reinos mundiales (como aparecen en las dos profecías de Daniel y en los cuatro jinetes del Apocalipsis), de los cuales el reino de la Bestia que sube del mar es el cuarto, reino de muerte y destrucción. Esta Bestia tiene siete cabezas, de las cuales una tiene una herida mortal que fue sanada. Más adelante, para presentar el mismo curso de la historia mundial, el autor del Apocalipsis utiliza un nuevo sistema, esta vez de siete imperios o sistemas de gobierno sucesivos que corresponden a las siete cabezas de la Bestia (Cf. 17: 9-14). Este sistema es complementario al sistema de los cuatro imperios o reinos universales ya descritos en este Comentario. Una de estas siete formas de gobierno, aunque fue destruida de modo violento, volverá a aparecer y será el octavo imperio mundial.

EL MISTERIO DE LA INIQUIDAD Y SU TRIUNFO TEMPORAL
SOBRE EL PUEBLO DE DIOS

EN EL APOCALIPSIS, el misterio de la iniquidad, es decir, el desarrollo misterioso del mal en la historia del mundo, se expresa sobre todo como el poder usado como dominación y opresión de los seres humanos. Éste se manifiesta en reinos cada vez más fuertes hasta culminar en uno que directamente buscará destruir la humanidad y la tierra misma, pero que finalmente será aniquilado por la Palabra de Dios y la manifestación de Jesucristo.

El tema del poder que se erige contra Dios y contra los seres humanos mediante la opresión y la injusticia es recurrente en la Biblia. Ya en el libro del Génesis se menciona el primer imperio de la historia, que se establece mediante guerras de conquista y que se levanta contra Dios:

> "Y Chus engendró á Nimrod. Este comenzó á ser poderoso en la tierra.
>
> Este fué poderoso cazador delante de Jehova: por lo cual se dice: Como Nimrod poderoso cazador delante de Jehova.
>
> Y fué la cabecera de su reino Babel, y Arach, y Achad, y Chalanne, en la tierra de Sennaar.
>
> De aquesta tierra salió Assur, el cual edificó á Ninive, y á Rechoboth-ir, y á Chale,
>
> Y á Resen entre Ninive y Chale, la cual es la ciudad grande."
> (Gn 10: 8-12)

Es evidente que aquí *cazador* significa *guerrero*, por lo que en la tradición bíblica Nemrod es el primero en establecer un gran imperio en su mundo conocido.

La Biblia se muestra contraria a este tipo de gobiernos

porque los poderosos primero logran establecer un imperio mediante la violencia y la opresión, y luego, seguros de que su poder es absoluto e indestructible, quieren hacerse iguales a Dios, y pretenden ocupar su lugar. Por eso el castigo al orgullo desmedido de los seres humanos lo encontramos ya en el relato de la torre de Babel. En el texto se asegura que la voluntad de levantar una *"ciudad, y una torre, que tenga la cabeza en el cielo"* (Gn 11: 4), es un abierto desafío a Dios mismo, por lo que Dios interviene confundiendo las lenguas de los constructores haciendo fracasar esta empresa (Cf. Gn 11: 1-9), mediante la cual los gobernantes pretendían erigirse como seres absolutos semejantes a Dios.

La historia de Israel está marcada ya en sus comienzos por su relación con el imperio egipcio, que se rebela abiertamente contra Dios impidiendo al pueblo de Israel salir del país. Sólo la poderosa intervención de Dios, a través de las diez plagas o castigos de Egipto, logra que el pueblo hebreo dirigido por Moisés pueda iniciar su camino hacia la tierra prometida.

En un período posterior, cuando aparecen los profetas en Israel, su juicio condenatorio sobre las ciudades enriquecidas con el comercio como Sidón y Tiro, es semejante al que pronuncian contra Nínive, anunciando que el desmedido orgullo que ostentan estas ciudades causará su estrepitosa caída.

Destacándose por sobre todas estas ciudades tenemos a Babilonia que es el símbolo supremo del reino que por su poderío militar y económico se levanta contra Dios sometiendo al pueblo hebreo a un largo cautiverio. Por eso los profetas anuncian la destrucción y desaparición definitiva de esta ciudad que ha pasado a ser símbolo de los poderes opresores.

El profeta Daniel anuncia un reino opresor semejante para las postrimerías del mundo. En la visión de la estatua, este reino está representado por los pies de hierro y arcilla del monumento. En la visión de los cuatro animales que salen del mar, está simbolizado por un animal extraordinario que todo lo devora y todo lo destruye.

En otra visión del profeta Daniel, un rey poderoso, identificado como el conquistador Antíoco Epifanes, es un modelo anticipado del gobernante de ese reino futuro, ya que se atreve a instalar *"la abominación espantosa"*, que es un ídolo pagano, en el templo de Dios en Jerusalén (Dn 11: 31). Daniel usa esta expresión para referirse a la estatua de Zeus Olímpico que este conquistador instaló sobre el altar de los holocaustos del templo de Jerusalén al apoderarse de la ciudad el año 179 a. C.

Los romanos, por su parte, en el año 70 d. C. conquistaron Jerusalén, y junto con erigir en el templo una imagen pagana, suprimieron también la práctica del sacrificio perpetuo. El evangelio, en palabras de Jesús, alude a este acontecimiento, que por analogía sirve también para profetizar lo que sucederá al final de los tiempos, cuando con la instalación de un poder de idolatría semejante se inicie la gran tribulación:

> *"Por tanto cuando viereis la abominacion de asolamiento, que fué dicha por Daniel el profeta, que estará en el lugar santo, el que lee, entienda.*
>
> *Entonces los que estuvieren en Judea, huyan á los montes;*
>
> *Y el que sobre la techumbre, no descienda á tomar algo de su casa;*
>
> *Y el que en el campo, no vuelva atrás á tomar sus ropas."* (Mt 24: 15-18)

Es a este poder mundial, que se eleva por sobre todos como si fuera Dios, al que se refiere también el apóstol Pablo en la epístola segunda a los tesalonicenses, poder personificado en un ser humano que deberá manifestarse después de que el pueblo de Dios haya sido vencido y casi destruido a causa de la apostasía o abandono masivo de la fe: *"No os engañe nadie en manera alguna; porque no vendrá aquel dia, sin que venga ántes la apostasía, y se manifieste el hombre de pecado, el hijo de perdición; El que se opone, y se levanta sobre todo lo que se llama Dios, ó es adorado; tanto que, como Dios, se asiente en el templo de Dios, haciéndose parecer Dios"* (2 Ts 2: 3-4). Como se aprecia, es el poder político, económico, tecnológico, científico, bajo la dirección de un poderoso gobernante mundial, que se impone sobre toda fe religiosa, cualquiera que ésta sea, y el *que se opone, y se levanta sobre todo lo que se llama Dios, ó es adorado.*

En el Apocalipsis, la visión de este reino de iniquidad (la Bestia que sube del mar) es posible porque Juan tiene en su estructura cognitiva la visión del profeta Daniel sobre los cuatro reinos o imperios del mundo, simbolizados también como cuatro enormes bestias que salen del mar, siendo la cuarta y última Bestia la más terrible y fuerte.

Los diez cuernos de la cuarta Bestia de la profecía de Daniel simbolizan su gran poder. Este poder está personificado en el más poderoso de ellos, que tiene ojos y boca de un ser humano: *"y he aqui que en este cuerno habia ojos, como ojos de hombre, y una boca que hablaba grandezas"* (Dn 7: 8). Daniel pide al ángel la explicación del significado del cuarto reino, que vencerá a los santos o fieles de Dios, pero que será destruido en un tiempo breve, porque su reinado tiene un tiempo establecido:

"Dijo así: La cuarta bestia será un cuarto rey en la tierra, el cual será mas grande que todos los otros reinos; y á toda la tierra tragará, y trillarla ha, y desmenuzarla ha.

Y los diez cuernos, que de aquel reino se levantarán, diez reyes, y tras ellos se levantará otro (...)

Y hablará palabras contra el Altísimo, y los santos del Altísimo quebrantará, y pensará de mudar los tiempos, y la ley; y serán entregados en su mano hasta tiempo, y tiempos, y el medio de un tiempo.

Y asentarse ha el juez, y traspasarán su señorío, para destruir, y para echar á perder hasta el fin;

Y que el reino, y el señorío (...) sea dado al santo pueblo del Altísimo..." (Dn 7: 23-27)

Daniel habla de cuatro reinos o sistemas de gobierno que han predominado en el mundo en forma sucesiva. Habla de sistemas políticos, económicos y militares que cada vez se hacen más autónomos en cuanto a su relación con Dios, y que culminan en el cuarto reino, que en forma abierta y directa se opone a Dios y lo intenta suplantar convirtiéndose en un poder de idolatría, que exige que los seres humanos se le sometan totalmente si quieren sobrevivir. Por eso dice que esta cuarta Bestia *á toda la tierra tragará, y trillarla ha, y desmenuzarla ha.*

Por su parte, Juan reúne estas imágenes en su visión de la Bestia que sube del mar. Es el mismo cuarto animal de la visión del profeta Daniel, pero que aquí, además, reúne las características de los otros animales de la visión de Daniel, para indicar que la forma de gobierno que así se simboliza es la expresión suprema del poder y sus prácticas, acumuladas y decantadas durante milenios.

Juan describe simbólicamente este gobierno supremo, la

culminación de los poderes opresivos del mundo, que utilizará al extremo todos los recursos a su alcance, incluidos los políticos, tecnológicos, económicos e ideológicos. Su éxito en el mundo será enorme, *"y hubo admiración en toda la tierra detrás de la Bestia"* (13: 3); ésta ha recibido el poder del mismo Satanás, ya que *"el Dragón le dió su poder, y su trono, y grande potestad"* (13: 2). Con este poder desafía a Dios y derrota a los justos, recibiendo la adoración que se debe a Dios, colocándose en su lugar: *"y todos los que moran en la tierra la adorarán, cuyos nombres no están escritos en el libro de la vida del Cordero"* (13: 8). Sin embargo, su triunfo será sólo temporal. Durará un breve tiempo simbólico que es de cuarenta y dos meses o tres años y medio o mil trescientos sesenta días. Luego será vencido por la palabra del evangelio y por la manifestación de Jesucristo.

Este poder supremo logrará su propósito de dominio universal porque, además, recibe el abierto apoyo de la Bestia segunda que sale de la tierra, que se describe también en el Apocalipsis y es llamada también el Falso Profeta (Cf. 13: 11-18) (esta segunda Bestia se analizará más adelante en la sección 6.5). Esta Bestia segunda es símbolo de una religión corrupta que se establece como un poder de seducción y opresión sobre la gente, a la que convence mediante prodigios y obliga a someterse al poder de la Bestia primera y a adorarla como si fuera Dios. Obliga también a los que se someten a este poder a llevar su marca o su número, el 666, *"porque el número es del hombre"* (13: 18), lo cual significa que este poder supremo estará personificado en un gobernante, en un ser humano que tendrá el dominio total sobre el mundo.

Más adelante en el Apocalipsis, en la visión del juicio de la Gran Ramera, Juan escucha de un ángel poderoso la explicación del significado de las cabezas y los cuernos de la Bestia que sube del mar, explicación que a la vez encierra un enigma de difícil solución, que comentaremos a continuación. El ángel dice: *"Yo te diré el misterio de la muger, y de la bestia que la lleva, la cual tiene siete cabezas y diez cuernos"* (17: 7).

Hasta aquí hemos visto que para interpretar la historia del mundo el autor del Apocalipsis emplea el mito tradicional de los cuatro reinos o edades de oro, de plata, de bronce y de hierro (que toma del profeta Daniel), que desarrolla en la visión de los cuatro jinetes y en la descripción de la Bestia primera que sube del mar.

Sin embargo, en su interpretación de la historia universal, Juan hace uso también de un sistema mítico de siete elementos, es decir, de siete reinos sucesivos. Ahora bien, este sistema no se contrapone al de las cuatro edades o reinos del mundo que ya se ha comentado; además, está implícito en la mención de las siete cabezas de la Bestia que sube del mar; estas siete cabezas de la Bestia simbolizan poderosos reinos del mundo.

El sistema de siete reinos es el que se dispone a revelar el ángel cuando dice a Juan: *"Yo te diré el misterio de la muger, y de la Bestia que la lleva, la cual tiene siete cabezas y diez cuernos"* (17: 7).

Comienza el ángel explicando la sucesión de los siete reinos o imperios del mundo para enseguida explicar el misterio de la Bestia de los últimos tiempos diciendo que *"Y los diez cuernos que has visto, son diez reyes, que aun no han recibido reino; empero recibirán potestad como reyes por una hora con la bestia. Estos tienen un mismo designio, y darán su poder y autoridad a la bestia. Estos batallarán contra el Cordero, y el Cordero los vencerá; porque es el Señor de los señores, y el Rey de los reyes; y los que están con él, son llamados, y elegidos, y fieles"* (17: 12-14).

Este último reino, que es el de la Bestia que sube del mar, es el de un ser humano que se impone sobre un mundo fragmentado en múltiples poderes, políticos, económicos, militares. Son los diez cuernos o reyes que están al servicio de la Bestia, ya que diez es un número simbólico que representa la totalidad.

Los diez cuernos son los reyes de la tierra que son convocados por la Bestia que sube del mar, que pretende elevarse a la altura del mismo Dios, pero que son vencidos por Jesucristo. Él se revela también aquí en su doble naturaleza de Mesías, acompañado por el testimonio de sus discípulos, y de Rey y Señor que viene a juzgar. Por eso el Cordero lleva uno de los títulos atribuidos a Dios: *"Dios de dioses, y Señor de señores"* (Dt 10: 17), porque solo a él le corresponde el poder.

La derrota de la Bestia que sube del mar, de siete cabezas y diez cuernos, se muestra también más adelante mediante la imagen de Jesucristo como la Palabra de Dios que baja del cielo, que seguido por sus testigos, derrota a sus enemigos convocados para el enfrentamiento final. Sobre su muslo y manto lleva el mismo título dado a Dios: Señor de señores y Rey de reyes:

> *"Y ví la bestia, y los reyes de la tierra, y sus ejércitos congregados para hacer guerra contra el que estaba sentado sobre el caballo, y contra su ejército.*
>
> *Y la bestia fué presa, y con ella el falso profeta, que habia hecho las señales en su presencia, con las cuales habia engañado á los que recibieron la marca de la bestia, y á los que adoraron su imágen.*
>
> *Estos dos fueron lanzados vivos dentro de un lago de fuego ardiendo con azufre.*

Y los demas fueron muertos con la espada que salia de la boca del que estaba sentado sobre el caballo, y todas las aves fueron hartas de las carnes de ellos." (19: 19-22)

Contra la violencia y la injusticia del poder político absoluto que se erige en el mundo, el pueblo de Dios lucha y vence mediante la palabra del evangelio y su testimonio de vida, preparando así el mundo nuevo que vendrá.

6.5 CUARTA SEÑAL: LA BESTIA DE LA TIERRA

"Despues ví otra bestia que subia de la tierra, y tenia dos cuernos semejantes á los de un cordero, mas hablaba como un dragon.

Y ejerce toda la potencia de la primera bestia en presencia de ella; y hace á la tierra, y á los moradores de ella adorar la primera bestia, cuya herida de muerte fué curada.

Y hace grandes señales, de tal manera que aun hace descender fuego del cielo á la tierra delante de los hombres.

Y engaña á los moradores de la tierra por medio de las señales que le han sido dadas para hacer en presencia de la bestia, diciendo á los moradores de la tierra, que hagan la imágen de la bestia, que tiene la herida de la espada, y vivió.

Y le fué dado que diese aliento á la imágen de la bestia, á fin de que la imágen de la bestia hablase, y tambien hiciese que cualesquiera que no adoraren la imágen de la bestia, fuesen matados.

Y hace á todos los pequeños y grandes, ricos y pobres, libres y siervos, tomar una señal en su mano derecha, ó en sus frentes;

Y que ninguno pueda comprar ó vender, sino el que tiene la señal, ó el nombre de la bestia, ó el número de su nombre.

Aquí hay sabiduría. El que tiene entendimiento, cuente el

número de la bestia; porque el número es del hombre, y el número de ella es Seiscientos sesenta y seis." (13: 11-18)

Juan empieza caracterizando a la Bestia que sube de la tierra mediante dos rasgos contradictorios: dice que *tenía dos cuernos semejantes a los de un cordero, mas hablaba como un dragon.* El cordero es un símbolo propio del cristianismo, ya que Jesús es el verdadero Cordero del sacrificio. La segunda Bestia lleva los cuernos de cordero indicando así que ha surgido de la iglesia cristiana, pero como un grupo corrupto, que ya no escucha a su Maestro, sino a Satanás. Por eso esta Bestia habla como un dragón. Se presenta así como un falso poder religioso que usa la religión para influir en la gente y ponerla al servicio del poder mundano.

La Bestia que sube del mar, a pesar de tener todos los poderes acumulados en el transcurso de la historia, necesita sin embargo, de la ayuda del poder religioso corrupto para llegar al dominio total de los habitantes de la tierra. La Bestia de la tierra se convierte así en representante de la primera Bestia y en su intermediaria ante la gente. Hace una imagen o estatua de la primera Bestia para acercarla más a las personas, pero mostrando a la vez la dureza de sus castigos, ya que *le fué dado que diese aliento á la imágen de la [primera] bestia, a fin de que la imágen de la bestia hablase, y tambien hiciese que cualesquiera que no adorasen la imágen de la bestia, fueren matados.* Así logra que la adoren como si fuera Dios. Seduce a los habitantes de la tierra mediante prodigios, siendo el primero mostrar a todos que la Bestia primera volvió a la vida a pesar de haber sido herida mortalmente; pero también agrega otros de carácter propiamente religiosos, como hacer *descender fuego del cielo a la tierra* a la vista de todos, seguramente como castigo infligido a los que no adoren a la primera Bestia, es decir, castigando con dureza y amedrentando a los que no se someten totalmente al poder político absoluto.

Según esto, la Bestia segunda, que sube de la tierra, simboliza a una organización formada por un grupo que abandona la iglesia cristiana para unirse quizás a variadas corrientes religiosas, filosóficas y esotéricas, que constituyen una especie de iglesia universal que tiene como propósito apoyar y fortalecer el poder político que domina todo el mundo.

Es así que esta falsa religión usa dos métodos para cumplir su objetivo: uno, mediante la persuasión, ya que con señales y prodigios mueve la voluntad de la gente para que se someta al poder dominante, adorándolo como los pueblos sometidos a Babilonia debían adorar la estatua erigida por el rey Nabucodonosor (Dn 7: 5-15); el otro es mediante la represión y la violencia aplicada a aquellos que se niegan a adorar al poder de idolatría.

La adhesión que el Falso Profeta exige a favor de la Bestia primera es la que se debe a Dios, comprometiendo a la persona en su totalidad, en su pensamiento y acción. Por eso todos sus seguidores están obligados a llevar una marca en la frente o en la mano derecha, indicando con esto que los así marcados son propiedad de la Bestia primera. Esta marca es el nombre de la Bestia (o el número de su nombre, el 666) porque el nombre es signo de identidad; así ellos reciben un nombre nuevo que los transforma y los hace semejantes a la Bestia en su pensamiento y acción. Por eso se integrarán plenamente a su reino de injusticia y de opresión, pero también correrán su misma suerte cuando venga el castigo definitivo: *La Bestia fue apresada junto con el falso profeta que había hecho señales milagrosas en su presencia (...)*

fueron arrojados vivos al lago de fuego que arde con azufre. Y los demás fueron destrozados con la espada que salía de la boca del que monta el caballo" (19: 20-21).

Como contraste, los seguidores del Cordero están señalados con el nombre de Dios en sus frentes. Ellos no aceptan la marca de la Bestia y por eso son excluidos del reino de este mundo, metafóricamente, se dispone *que ninguno pueda comprar o vender.* Sin embargo a pesar de las durezas de las persecuciones, están protegidos porque ya pertenecen a Dios: *"No hagais daño á la tierra, ni á la mar, ni á los árboles, hasta que señalemos á los siervos de nuestro Dios en sus frentes"* (7: 3). Están unidos a Jesucristo y participan en la construcción del reino de Dios, haciéndose semejantes a él porque están señalados con su nombre: *"He aquí, el Cordero estaba en pié sobre el monte de Sión, y con él ciento y cuarenta y cuatro mil, que tenían el nombre de su Padre escrito en sus frentes"* (14: 1). Y como portadores del nombre de Dios participarán en su triunfo definitivo en la Nueva Jerusalén: *"Verán su rostro, y su nombre estará en sus frentes"* (22: 4).

Juan pone finalmente un desafío a la inteligencia de los lectores, a los que invita a descifrar el nombre de este poderoso jefe de las postrimerías que intenta destruir al pueblo de Dios: Entrega dos datos: su número es el 666, y éste es el número del nombre de un ser humano. Intentando encontrar el nombre de este jefe poderoso y absoluto de los últimos tiempos, la solución se ha buscado por la vía de establecer la correspondencia entre números y letras, ya que esto es posible en lenguas antiguas como el griego y el hebreo. Aplicando este método, varios intérpretes del Apocalipsis concluyen que el número 666 corresponde al nombre de un jefe militar o político de importancia mundial; en este sentido se ha propuesto una gran cantidad de personajes históricos, generalmente tiranos o dictadores. Pero, lo más probable es que el número corresponda al nombre de Nerón César, el perseguidor por antonomasia, como tipo o modelo del futuro gobernante absoluto, simbolizado como la primera Bestia, la que sube del mar.

MIRANDO este punto desde otra perspectiva, si tomamos en cuenta que el acervo cultural y cognitivo de Juan está en la Biblia, como contexto amplio y siempre presente que proporciona la estructura a sus visiones, notaremos que en el primer libro de Reyes y en el segundo de Crónicas, se menciona este número de manera especial, por lo que no sería extraño que el enigma que se plantea pudiera aclararse examinando esos textos: *"El peso del oro que Salomon tenía de renta cada año, era seiscientos y sesenta y seis talentos de oro: Sin lo de los mercaderes y de la contratacion de las especierías; y de todos los reyes de Arabia, y de los príncipes de la tierra."* (1 R 10: 14-15). Y también en el libro de las Crónicas, donde se repite lo mismo casi textualmente: *"Y el peso de oro que venia á Salomon cada un año era seiscientos y sesenta y seis talentos de oro, Sin lo que traian los mercaderes y negociantes. Y tambien todos los reyes de Arabia, y los príncipes de la tierra, traian oro y plata á Salomon"* (2 Cr 9: 13-14).

La verdad es que con estos textos a la vista, no se entiende por qué este famoso rey tendría que haber recibido una cantidad fija de talentos de oro cada año (666 talentos), quizás procedente de las minas de este metal que se dice poseía en países lejanos. Pero, ¿por qué seiscientos sesenta y seis talentos anuales?, ¿por qué se deja sin contar el oro que recaudaba por los otros medios que se explicitan? Se puede responder que el cronista eligió una cantidad al azar para indicar el enorme poderío económico de Salomón (esta cantidad es igual a veintidós mil kilos de oro) y su desmedido apego por las riquezas que lo llevó a alejarse de Dios, ya que más adelante narra que el rey llegó a tener setecientas esposas y trescientas concubinas, que propagó los cultos religiosos de sus mujeres extranjeras cayendo el mismo en la idolatría, que puso un duro yugo sobre su pueblo para poder mantener su grandeza y poderío, y que por esto fue dividido su reino cuando tomó el poder Roboam, su heredero, que intentó continuar un gobierno como el de Salomón: *"Mi padre agravó vuestro yugo, mas yo añadire á vuestro yugo; mi padre os hirió con azotes, mas yo os heriré con escorpiones"* (I R 12: 14); como consecuencia de esto se formaron dos reinos irreconciliables, Israel en el Norte y Judá en el Sur.

Quizás lo que el autor del Apocalipsis nos dice es que el monarca de los tiempos últimos del mundo (la Bestia primera que sube del mar) será como finalmente llegó a ser Salomón, es decir, será el más poderoso y el más rico, pero con su corazón lejos del Dios verdadero y oprimiendo duramente a sus súbditos. Entonces el número seiscientos sesenta y seis estaría para indicar que el poderoso rey de las postrimerías, que detentará el poder a escala mundial, será un rey a la manera de Salomón, como lo fue este rey en sus últimos años de reinado, porque, ¿de dónde más podría obtener Juan su lenguaje, las imágenes y sus símbolos sino de la misma Biblia, que es su marco cultural propio? Pero aunque así fuera, queda sin resolverse aquí el enigma planteado: el nombre de este poderoso rey del final de la historia.

LA BESTIA que sube de la tierra, que tiene dos cuernos, que habla como dragón y que sirve al poder del mundo, es llamada Falso Profeta más adelante (17: 12), porque aunque dice hablar en nombre de Dios, en realidad es Satanás el que habla por su boca para afirmar y fortalecer el reino de este mundo.

También esta segunda Bestia se puede identificar claramente con el Anticristo, que el apóstol Juan describe en sus dos primeras cartas. Él se refiere con este nombre a un grupo que abandona la iglesia negando la fe en Jesucristo. A este mismo espíritu o tendencia, que finalmente se manifestará en un ser humano, líder e impostor religioso, se refiere también en las mismas cartas con los nombres de Falso Profeta y Seductor, ambos, por lo tanto, como sinónimos de Anticristo.

Este punto lo desarrollaremos a continuación.

EL ANTICRISTO DESCRITO EN LAS CARTAS DEL APÓSTOL JUAN ES SEMEJANTE AL FALSO PROFETA DEL APOCALIPSIS O LA BESTIA SEGUNDA QUE SUBE DE LA TIERRA

EL PODEROSO LÍDER del régimen final idolátrico ha sido identificado tradicionalmente como el anticristo anunciado para el fin de los tiempos. Su dominio total sobre el mundo y su autoproclamada divinidad, más el número 666 que se le atribuye, parece que bastan para aceptar esta asimilación. Es decir, la Bestia de siete cabezas y diez cuernos, líder político supremo de este gobierno mundial, tirano y dictador, sería el anunciado anticristo que vendrá sobre el mundo.

Sin embargo, si nos detenemos en los únicos textos de la Biblia que hablan en forma explícita del anticristo, su identificación con aquel poderoso líder político de las postrimerías del mundo al menos se hace dudosa.

Lo primero que se debe notar es que en los evangelios no se menciona al anticristo; tampoco lo hace Juan en el Apocalipsis ni se lo nombra en las cartas del apóstol Pablo.

Sólo en la primera y segunda carta del apóstol Juan se menciona al anticristo, y con un significado bien distinto, como se podrá apreciar.

En estas cartas el apóstol Juan se hace cargo de un rumor que al parecer se había extendido entre los fieles de las iglesias cristianas de fines del siglo primero. Ellos estaban inquietos porque antes de la segunda venida del Señor surgiría un enemigo suyo, un anticristo. Los cristianos estaban convencidos de que el regreso de Cristo era inminente, así que la inquietud aumentaba, por lo que el apóstol quiere dejarles en claro quién es el anticristo y cuáles son sus características, evitando con esto confusiones y equívocos. Esto lo hace en cuatro textos de las dos cartas señaladas:

> *"Hijitos, ya es la postrera hora; y como vosotros habeis oido que el anticristo ha de venir, así tambien al presente han comenzado á ser muchos anticristos, por lo cual sabemos que ya es la postrimera hora.*
>
> *Ellos salieron de entre nosotros, mas no eran de nosotros; porque si fueran de nosotros, hubieran cierto permanecido con nosotros; empero esto es para que se manifestase que todos no son de nosotros."* (1 Jn 2: 18-19)

"¿Quién es mentiroso, sino el que niega que Jesus es el Cristo? Este es el anticristo, que niega al Padre, y al Hijo.

Cualquiera que niega al Hijo, este tal tampoco tiene al Padre. (Empero) cualquiera que confiesa al Hijo, tiene tambien al Padre." (1 Jn 2: 22-23)

"Amados, no creais á todo espíritu; sino probad los espíritus si son de Dios. Porque muchos falsos profetas son salidos en el mundo.

En esto se conoce el Espíritu de Dios: Todo espíritu que confiesa que Jesu Cristo es venido en carne, es de Dios;

Y todo espíritu que no confiesa que Jesu Cristo es venido en carne, no es de Dios; y este tal espíritu es espíritu del anticristo, del cual vosotros habeis oido que ha de venir, y que ahora ya está en el mundo." (1 Jn 4: 1-3)

"Porque muchos engañadores son entrados en el mundo, los cuales no confiesan Jesu Cristo ser venido en carne. Este tal engañador es, y anticristo." (2 Jn 1: 7)

En estos textos, el apóstol Juan empieza por confirmar a sus lectores que *ya es la postrera hora* del mundo, porque el anunciado enemigo de Cristo ya se ha hecho presente entre ellos. Sin embargo, el anticristo que esperan no es uno solo, sino que *han comenzado á ser muchos anticristos*, haciéndoles notar que éstos son personas que pertenecieron a la iglesia cristiana y conocieron a Cristo o creyeron conocerlo, pero verdaderamente nunca lo aceptaron como el Mesías prometido, Hijo de Dios e Hijo del hombre. Por eso llegan a ser sus enemigos, que *salieron de entre nosotros, mas no eran de nosotros*. Entonces, con la palabra *anticristo*, el autor de las cartas se está refiriendo a aquellos que, habiendo formado parte de la iglesia cristiana, la abandonan para constituirse como enemigos de Cristo.

Continúa diciendo que el anticristo es un mentiroso al negar que Jesús, el ser humano histórico, sea el Mesías o Cristo, el Hijo de Dios. De esta manera, el anticristo niega también a Dios porque *cualquiera que niega al Hijo, este tal tampoco tiene al Padre.*

Los llama después a distinguir a aquellos que hablan inspirados por Dios, de los que lo hacen inspirados por influencias malignas, como es el caso de *los falsos profetas.* El criterio del apóstol Juan para establecer la distinción es claro: *todo espíritu que confiesa que Jesu Cristo es venido en carne, es de Dios.* Es decir, quien acepta que Jesucristo es el Hijo de Dios hecho ser humano, está inspirado por Dios. Esto es lo que niega el anticristo, que Jesucristo sea verdadero Dios y un verdadero ser humano. Nótese que los falsos profetas son lo mismo que el anticristo.

En el último de estos cuatro textos, el apóstol Juan reitera la característica fundamental del anticristo, que es negar *que Jesu Cristo es venido en carne,* agregando un elemento más: como sinónimo de anticristo y falso profeta coloca también el de seductor o engañador: *Porque muchos engañadores son entrados en el mundo (...) Este tal engañador es, y anticristo.*

En síntesis, el anticristo tiene su origen al interior de la iglesia cristiana, apartándose de ella porque niega la verdad fundamental de la enseñanza apostólica: que Jesucristo sea un ser humano y sea Dios. Y al negar la verdad sobre Jesucristo, niega también a Dios. Como personajes iguales al *anticristo,* o como sinónimos de este nombre, el apóstol Juan menciona a los *falsos profetas y los engañadores* o seductores, es decir, aquellos que con sus falsas enseñanzas engañan a la gente.

Aunque cuando se escribieron estas cartas ya habían aparecido muchos anticristos, todo indica que seguirán apareciendo otros antes del segundo advenimiento de Jesucristo. Y aún más, esto no se opone a que al final de los tiempos aparezca una fuerte tendencia seudo religiosa que se identifique totalmente con este espíritu del Falso Profeta, del engaño y de la seducción, y que se manifieste en un ser humano individual; vale decir, que se manifieste el anticristo propiamente tal.

En el evangelio de Mateo, el mismo Jesús advierte acerca de la presencia permanente de los falsos profetas, y agrega dos características por las que pueden ser reconocidos, ya que simulan la mansedumbre de las ovejas, pero sus obras son abiertamente malas: *"Guardáos de los falsos profetas, que vienen á vosotros con vestidos de ovejas; mas interiormente son lobos robadores. Por sus frutos los conocereis. ¿Cógense uvas de los espinos, ó higos de las cambroneras?"* (Mt 7: 15-16). Hablando expresamente del fin de la historia, se anuncia que: *"Y muchos entonces serán escandalizados; y se entregarán unos á otros; y unos á otros se aborrecerán. Y muchos falsos profetas se levantarán, y engañarán á muchos"* (Mt 24: 10-11). Del mismo modo, en otros textos los falsos profetas son lo mismo que el anticristo porque ellos niegan la verdad sobre Jesucristo: *"Empero hubo tambien falsos profetas entre el pueblo, así como habrá entre vosotros falsos enseñadores, que introducirán encubiertamente heregías de perdicion, y negarán al Señor que los rescató, trayendo sobre sí mismos acelerada perdicion"* (2 P 2: 1).

Como se habrá podido apreciar, la lectura detenida de estos textos establece claramente que el anticristo es un personaje de naturaleza muy distinta a la de aquel líder del poder político opresor simbolizado como la cuarta Bestia de la visión de Daniel, como la Bestia que sale del mar del Apocalipsis o como el Impío de la segunda carta a los tesalonicenses. Por el contrario, el anticristo se puede identificar con más propiedad con el *poder seductor* (religión falsificada) que engaña al mundo favoreciendo la venida y la instalación del poder político idolátrico.

Es en la segunda carta a los cristianos de Tesalónica donde el apóstol Pablo afirma que después de la apostasía general aparecerá en el mundo el Impío o el Adversario. Como ya hemos visto, éste es la personificación del poder político absoluto que se alza en abierta rebelión contra Dios, hasta intentar ocupar su lugar, y cuyo modelo o tipo es Antíoco Epifanes (Cf. Dn 11: 36). Dice el apóstol Pablo que *"No os engañe nadie en manera alguna; porque no vendrá aquel dia, sin que venga ántes la apostasía, y se manifieste el hombre de pecado, el hijo de la perdición; el que se opone, y se levanta sobre todo lo que se llama Dios, ó es adorado; tanto que, como Dios, se asiente en el templo de Dios, haciéndose parecer Dios"* (2 Ts 2: 3-4). Continúa diciendo que este Impío será un instrumento directo de la acción de Satanás, y que será asistido, además, por un poder seductor y de engaño, es decir, por *los falsos profetas*, que seducirán a la gente llevándola a la perdición:

"A aquel cuya venida será segun la operacion de Satanás, con toda potencia, y señales, y milagros mentirosos,

Y con todo engaño de iniquidad obrando en los que perecen: por cuanto no recibieron el amor de la verdad para ser salvos.

Por tanto, pues, enviará Dios en ellos eficacia de engaño, para que crean á la mentira:

Para que sean condenados todos los que no creyeron á la verdad, ántes se complacieron en la iniquidad." (2 Ts 2: 9-12)

Aquí el Apóstol habla de estos dos poderes: el del Impío, secuaz de Satanás y personificación del poder político idolátrico, y el del seductor, propiamente el anticristo, encarnación del engaño y la mentira al servicio del Impío.

Como ya vimos, es en el Capítulo 13 del Apocalipsis donde se describe con muchos detalles estos dos poderes diferentes pero complementarios, simbolizados por la Bestia primera que sube del mar (el poder político de idolatría) y por la segunda Bestia, que sube de la tierra (el Falso Profeta o anticristo).

6.6 QUINTA SEÑAL: EL CORDERO EN EL MONTE SIÓN

"Y miré, y, he aquí, el Cordero estaba en pié sobre el monte de Sion, y con él ciento y cuarenta y cuatro mil, que tenian el nombre de su Padre escrito en sus frentes.

Y oí una voz del cielo como ruido de muchas aguas, y como sonido de un gran trueno; y oí una voz de tañedores de arpas que tañian con sus arpas;

Y cantaban como una cancion nueva delante del trono, y delante de los cuatro animales, y de los ancianos; y ninguno podia aprender la cancion, sino aquellos ciento y cuarenta y cuatro mil, los cuales fueron comprados de entre los de la tierra.

Estos son los que con mugeres no fueron contaminados; porque son vírgenes. Estos siguen al Cordero por donde quiera que fuere. Estos fueron comprados de entre los hombres por primicias para Dios, y para el Cordero.

Y en su boca no ha sido hallado engaño; porque ellos son sin mácula delante del trono de Dios." (14: 1-5)

La quinta señal que contempla Juan es la visión de Jesucristo, simbolizado por un Cordero, rodeado de sus testigos, que simbólicamente también, son ciento cuarenta y cuatro mil, es decir, un número muy grande. Están sobre el monte Sión, lugar de una fortaleza ubicada sobre esta colina de Jerusalén, que fue conquistada por el rey David obteniendo así el dominio pleno sobre esa ciudad.

Jesucristo es el nuevo David que establecerá el reino definitivo; Sión representa la Jerusalén celestial, la novia del Cordero, es decir, la Jerusalén fiel a Dios, en contraposición a la Jerusalén infiel, que es la ciudad *"donde tambien Nuestro Señor fue crucificado"* (11: 8). El Cordero está de pie, en una actitud activa, y unidos a él están sus discípulos. Ellos están plenamente identificados con el Cordero, tienen el sello o la marca de Dios: por eso *tenian el nombre de su Padre escrito en sus frentes,* ya que el nombre representa la naturaleza y la persona misma de Dios. En el cielo se canta *una cancion nueva,* que solo pueden aprender los seguidores del Cordero, que son los que mantienen el testimonio de Jesús, los que lo dejaron todo para seguirlo y que por eso pueden compartir su vida.

Éstos nunca se dejaron seducir para servir al poder idolátrico, por eso *son vírgenes;* son sus testigos en el mundo, o la primera cosecha, que anuncia la cosecha de toda la humanidad salvada, tomados como *primicias para Dios, y para el Cordero.*

Esta señal muestra que Jesucristo, a pesar de las crisis y debilidades del pueblo de Dios, siempre tiene fieles testigos en el mundo; ellos son quienes, durante la historia, se enfrentan a los poderes enemigos: la Bestia que sube del mar, cuyos seguidores están marcados con su nombre o su número, que es el 666, y el Falso Profeta o Anticristo, que es la Bestia que sube de la tierra.

6.6.1 EL CÁNTICO DE LOS DISCÍPULOS DEL CORDERO

La visión del Cordero en el monte Sión rodeado de sus testigos es una imagen de la lucha entendida como el testimonio permanente del pueblo de Dios frente a los secuaces del Dragón; su testimonio les trae la persecución y la muerte, por lo que el mismo Juan les pide paciencia y perseverancia, porque el triunfo vendrá. Simbólicamente, el testimonio de los justos (el cántico de los testigos) se expresa en los mensajes dirigidos a toda la humanidad, proclamados por tres ángeles.

"Y ví otro ángel volar por en medio del cielo, que tenia el Evangelio eterno, para que evangelizase á los que moran en la tierra, y á toda nacion, y tribu, y lengua, y pueblo,

Diciendo á alta voz: Temed á Dios, y dadle gloria; porque la hora de su juicio es venida; y adorad al que ha hecho el cielo, y la tierra, y la mar, y las fuentes de las aguas.

Y otro ángel le siguió, diciendo: Ya es caida, ya es caida Babylonia, aquella gran ciudad, porque ella ha dado á beber á todas las naciones del vino de la ira de su fornicacion.

Y el tercer ángel los siguió, diciendo en alta voz: Si alguno adora á la bestia, y á su imágen, y toma la señal en su frente o en su mano,

Este tal beberá del vino de la ira de Dios, el cual está echado puro en el caliz de su ira; y será atormentado con fuego y azufre delante de los santos ángeles, y delante del Cordero.

Y el humo del tormento de ellos sube para siempre jamás. Y los que adoran á la bestia, y á su imágen, no tienen reposo dia y noche, y ni quienquiera que tomare la señal de su nombre.

Aquí está la paciencia de los santos: aquí están los que guardan los mandamientos de Dios, y la fé de Jesús.

Y oí una voz del cielo, que me decia: Escribe: Bienaventurados son los muertos, que de aqui adelante mueren en el Señor: Si, dice el Espíritu, que descansan de sus trabajos, y sus obras los siguen."
(14: 6-13)

El primer ángel proclama el mensaje fundamental del evangelio eterno, dirigido a toda la humanidad: que los seres humanos teman, adoren y den gloria al Dios único, al creador del universo, que ahora se dispone a juzgar al mundo.

El segundo ángel anuncia el castigo de Babilonia la Grande, la ciudad corrupta e idólatra, establecida en el mundo a base del poder del dinero. Este juicio y castigo se describe en el capítulo 18 del Apocalipsis.

A su vez el tercer ángel anuncia el juicio y castigo del reino de la Bestia, que se cumple en el ciclo de las siete copas de la Ira de Dios: *Si alguno adora a la bestia, y a su imágen, y toma la señal en su frente o en su mano, este tal beberá del vino de la ira de Dios, el cual está echado puro en el caliz de su ira.*

Así se establece que la civilización enemiga de Dios no es solo la estructura económica o política del mundo, sino que incluye la decisión personal de cada ser humano, que al rechazar a Dios y optar por la idolatría, adorando lo intrascendente y perecedero, termina perdiéndose como persona: *Y el humo del tormento de ellos sube para siempre jamás. Y los que adoran á la bestia, y á su imágen, no tienen reposo dia y noche, y ni quienquiera que tomare la señal de su nombre.*

Este es el mensaje o cántico que proclaman los ciento

cuarenta y cuatro mil testigos del Cordero, que son *los que guardan los mandamientos de Dios, y la fe de Jesús* (otro modo de decir que sus discípulos son los que tienen la palabra de Dios y mantienen el testimonio de Jesús). Ellos mantienen el testimonio de Jesús durante la historia, por lo que sufrirán persecución y muerte; se caracterizan por su paciencia y perseverancia, confortados por su fidelidad: *Bienaventurados son los muertos, que de aqui adelante mueren en el Señor: Sí, dice el Espíritu, que descansen de sus trabajos, y sus obras los siguen.*

6.7 SEXTA SEÑAL: VISIÓN DEL JUICIO COMO COSECHA DE LA MIES Y VENDIMIA DE LA VIÑA DE LA TIERRA

"Y miré, y he aquí una nube blanca, y sobre la nube uno asentado semejante al Hijo del hombre, que tenia en su cabeza una corona de oro, y en su mano una hoz aguzada.

Y otro ángel salió del templo, clamando con alta voz al que estaba sentado sobre la nube: Mete tu hoz, y siega; porque la hora de segar te es venida, porque la mies de la tierra esta madura.

Y el que estaba sentado sobre la nube echó su hoz sobre la tierra, y la tierra fué segada.

Y salió otro ángel del templo que está en el cielo, teniendo también una hoz aguzada.

Y otro ángel salió del altar, el cual tenia poder sobre el fuego, y clamó con gran voz al que tenia la hoz aguzada, diciendo: Mete tu hoz aguzada, y vendimia los racimos de la vid de la tierra; porque sus uvas están cumplidamente maduras.

Y el ángel metió su hoz aguzada en la tierra, y vendimió la vid de la tierra, y echó la vendimia en el grande lagar de la ira de Dios.

Y el lagar fué pisado fuera de la ciudad, y del lagar salió sangre hasta los frenos de los caballos por mil y seiscientos estadios." (14: 14-20)

Una vez que Juan muestra lo esencial de este enfrentamiento y a sus antagonistas, que son el Dragón y sus secuaces (la Bestia que sube del mar, la de siete cabezas y diez cuernos y el Falso Profeta, que es la Bestia segunda, la que sube de la tierra) enfrentados a Jesucristo y sus discípulos, reitera que esta lucha culminará con el triunfo de Dios. Por eso Juan muestra ahora dos visiones del juicio o del Día del Señor.

En la primera visión ve al Hijo del hombre que viene sobre la nube a juzgar a la humanidad, con gran poder y gloria, como lo anunció el profeta Daniel (Dn 7: 13) y el mismo Apocalipsis (1: 7). En esta visión, además de la corona de oro, símbolo de su poder, el Hijo del hombre tiene en su mano una hoz afilada para cosechar la mies de la tierra. En el transcurso de la historia cosechó las primicias, los primeros frutos, que fueron sus discípulos y testigos, que se enfrentaron a la Bestia y sus seguidores. Ahora, al culminar los tiempos, cosecha al resto de los justos, cuando ha concluido la historia, porque *la mies de la tierra está madura*.

En la segunda visión, Juan ve otro ángel que sale del Santuario del cielo y que representa al mismo Jesucristo: éste vendimia la vid de la tierra, es decir, juzga a los que aceptaron la marca o el número de la Bestia: es la uva pisada en el lagar del furor de Dios, fuera de la ciudad.

Con estas dos visiones se representa el juicio, que separa a los elegidos, que son *la mies de la tierra,* de los que rechazaron a Dios, simbolizados por la uva pisada en el lagar: *y del lagar salió sangre hasta los frenos de los caballos.*

6.8 SÉPTIMA SEÑAL: LOS SIETE ÁNGELES CON LAS SIETE ÚLTIMAS PLAGAS

"Y ví otra señal en el cielo, grande y admirable, que era siete ángeles que tenían las siete plagas postreras; porque en ellas es consumada la ira de Dios." (15: 1)

La séptima gran señal anuncia un nuevo ciclo de siete visiones que muestran el juicio y destrucción del reino de la Bestia que sube del mar, juicio simbolizado por las siete copas de la ira de Dios derramadas sobre la tierra. Con el castigo de este reino idolátrico final se inicia el Día del Señor anunciado por los profetas.

CAPÍTULO 7
LAS SIETE VISIONES DEL JUICIO

7.1 INTRODUCCIÓN

Después de mostrar en las visiones precedentes el combate entre los discípulos del Cordero y los seguidores de la Bestia del mar, se inicia el juicio de Dios o Día del Señor, que trae la victoria definitiva sobre el mal. Ha llegado el tiempo de premiar a los profetas y testigos suyos, y de destruir a los que destruyen la tierra (11: 18).

Juan muestra siete visiones del juicio, las cuales analizaremos a continuación. Las visiones comienzan con el juicio y castigo del reino de la Bestia que sube del mar, continuando con el juicio y castigo de la Gran Ramera, para seguir con el juicio y castigo de Babilonia la Grande. Juan continúa con el juicio y castigo de la Bestia que sube del mar (esta vez es juzgada la Bestia misma, no su reino), con el juicio del Falso Profeta y con el juicio y castigo de Satanás o el Dragón. Después vendrá el juicio de los seres humanos, y finalmente el juicio de la muerte y el infierno.

7.2 JUICIO SOBRE EL REINO DE LA BESTIA: LAS SIETE COPAS DE LA IRA DE DIOS

Como sucede siempre con los ciclos o septenarios, el séptimo elemento anuncia una nueva sección. Aquí, la Séptima Señal abre el ciclo de las siete copas que derraman las plagas sobre el último reino opresor que se levanta contra Dios y persigue a su pueblo. A pesar de todos los avisos y advertencias que se mostraron en el ciclo de las siete trompetas, los seres humanos se empecinan en construir una civilización que finalmente puede destruir la tierra. Las copas de la ira de Dios se derraman sobre el reino de la Bestia que sube del mar, la de siete cabezas y diez cuernos, cuyo sistema de gobierno se describe en el capítulo 13 del Apocalipsis. Estas plagas, las últimas y definitivas, llevan a este reino al fracaso y la destrucción. Más adelante, este mismo fracaso se muestra en forma rápida y sintética en la batalla de Armagedón con la captura y juicio de la Bestia y del Falso Profeta, y la destrucción de sus seguidores.

7.2.1 CANTO TRIUNFAL POR LA DESTRUCCIÓN DEL REINO DE LA BESTIA

"Y ví como una mar de vidrio mezclada con fuego; y los que habian alcanzado la victoria de la bestia, y de su imágen, y de su marca, y del número de su nombre, estar en pié sobre la mar de vidrio, teniendo las arpas de Dios.

Y cantan la cancion de Moyses siervo de Dios, y la cancion del Cordero, diciendo: Grandes y maravillosas son tus obras, Señor Dios Todopoderoso; tus caminos son justos y verdaderos, Rey de las naciones.

¿Quién no te temerá, oh Señor, y no glorificará tu nombre?
Porque tú solo eres santo; porque todas las naciones vendrán, y
adorarán delante de tí; porque tus juicios son manifestados.

Y despues de estas cosas, miré, y, he aqui, el templo del
tabernáculo del testimonio fué abierto en el cielo;

Y salieron del templo los siete ángeles, que tenian las siete
plagas, vestidos de un lino limpio y albo, y ceñidos al derredor de
los pechos con cintos de oro,

Y uno de los cuatro animales dió á los siete ángeles siete
redomas [copas] de oro, llenas de la ira de Dios, que vive para
siempre jamás.

Y fué el templo henchido de humo por la magestad de Dios, y
por su potencia; y ninguno podia entrar en el templo, hasta que
fueren consumadas las siete plagas de los siete ángeles." (15: 2-8)

El canto de los fieles anticipa el triunfo sobre el reino
de la Bestia que sube del mar, porque la victoria es segura.
Juan ve a los discípulos de Jesucristo *que habian alcanzado la*
victoria de la bestia, de su imágen, y de su marca, y del número de
su nombre. Están sobre el firmamento, un mar de *vidrio*
mezclado con fuego, en el cielo, es decir, unidos a Dios,
cantando el cántico de Moisés y de Jesús (que los discípulos
lo canten significa que hacen suyo el mensaje). Este canto
expresa lo esencial del mensaje del Antiguo Testamento,
que Moisés declara en la Ley, y que es el mismo de la nueva
Alianza, que Jesús manifiesta en su testimonio; también es
el mismo evangelio eterno de la visión anterior: proclama
que todos los seres humanos deben reconocer al Dios
único como creador, y deben adorarlo, temerlo (respeto
absoluto al Creador) y glorificarlo: *Grandes y maravillosas son*
tus obras, Señor Dios Todopoderoso (...) Rey de las naciones (...)
todas las naciones vendrán, y adorarán delante de ti; porque tus

juicios son manifestados. Los que cantan este himno (los que dan testimonio de esto) son los que triunfaron sobre aquellos que habían proclamado que los seres humanos son autónomos, que se bastan a sí mismos y que pueden suplantar a Dios y ponerse en su lugar, tal como lo pretende la Bestia que sube del mar ayudada por el Falso Profeta. En esta visión, las siete copas que contienen las sietes plagas (semejantes a las plagas de Egipto enviadas por Dios para liberar al pueblo israelita de sus opresores) caerán sobre los seguidores de la Bestia y sobre su trono o sistema de gobierno, mostrando el fracaso total del mundo injusto por ellos construido.

7.2.2 LAS CUATRO PRIMERAS COPAS

"*Y oí una grande voz del templo que decía á los siete ángeles: Id, y derramad las siete redomas de la ira de Dios en la tierra.*

Y el primer ángel fué, y derramó su redoma en la tierra, y fué hecha una plaga mala y dañosa sobre los hombres que tenian la marca de la bestia, y sobre los que adoraban su imágen.

Y el segundo ángel derramó su redoma en la mar, y fué vuelta en sangre, como de un muerto, y toda alma viviente fué muerta en la mar.

Y el tercer ángel derramó su redoma sobre los rios, y sobre las fuentes de las aguas, y fueron vueltas en sangre.

Y oí al ángel de las aguas, que decía: Tú eres justo, oh Señor, que eres, y que eras, y que serás, porque has juzgado asi:

Porque ellos derramaron la sangre de santos, y de profetas, y tú les has también dado á beber sangre; porque son dignos.

Y oí á otro del altar que decia: Ciertamente, Señor Dios Todopoderoso, tus juicios son verdaderos y justos.

Y el cuarto ángel derramó su redoma sobre el sol, y le fué dado que afligiese los hombres con calor por fuego.

Y los hombres se inflamaron con el grande calor, y blasfemaron el nombre de Dios, que tiene potestad sobre estas plagas, y no se arrepintieron para darle gloria." (16: 1-9)

Los cuatro primeros ángeles derraman sus copas sobre la naturaleza, vale decir, sobre la tierra, las aguas del mar, las aguas de los ríos y manantiales, y sobre el sol.

El primer ángel derrama su redoma o copa sobre la tierra provocando *una plaga mala y dañosa,* o úlceras o llagas perniciosas a los habitantes de la tierra que al aceptar adorar a la Bestia y a su imagen, cortan así toda relación con Dios. Estas úlceras o plaga dañosa que afecta a las personas, son provocadas por el estado de soledad y de angustia de los seguidores de la Bestia, por su desequilibrio interno y la falta de armonía con ellos mismos. También indican que los seguidores de la Bestia son responsables por los desastres naturales que pueden destruir la tierra entera, y que se simbolizan en las copas derramadas a continuación.

El segundo *ángel derramó su redoma en la mar, y fué vuelta en sangre, como de muerto, y toda alma viviente fué muerta en la mar.* La contaminación extrema de las aguas de todos los mares por los residuos químicos, por la basura arrojada en sus aguas y por toda clase de contaminantes, destruirán finalmente esa poderosa fuente de vida que son los océanos, provocando un desequilibrio enorme sobre el planeta y sobre los seres vivos que lo habitan.

El tercer ángel derramó su redoma sobre los ríos y sobre las fuentes de aguas, y fueron vueltas en sangre. Estas palabras, que hace algunas décadas serían incomprensibles por parecer que jamás podrían suceder en el mundo, hoy se hacen evidentes ante nuestros ojos con toda su cruda realidad y a pesar de las múltiples voces de advertencia (eso significan las siete trompetas del ciclo anterior: advertencias que llaman a los seres humanos a reconocer a Dios y cambiar de actitud para no destruir la tierra). Por el contrario, la contaminación y degradación de la naturaleza aumenta de manera rápida y dramática, sin que los principales responsables parezcan inmutarse. El deshielo de las nieves eternas, la contaminación de los ríos y de todas las fuentes de agua ponen también a la humanidad en el camino de la extinción. Esto muestra en forma clara que el reino de la Bestia que sube del mar, que es la civilización organizada contra Dios, cuando llegue a establecerse pondrá definitivamente en peligro la existencia de la especie humana sobre la tierra, como consecuencia de una ruptura total con el ambiente natural, transformando la naturaleza en enemiga de los seres humanos. Porque la falta de respeto hacia la naturaleza es una forma de ataque a su Creador.

El cuarto ángel derramó su redoma sobre el sol; y le fue dado que afligiese los hombres por calor por fuego, y los hombres se inflamaron con el grande calor. El abuso descontrolado de la naturaleza genera el desorden climático del tiempo presente, experimentando el mundo temperaturas que van en aumento por el efecto invernadero y produciéndose sequías cada vez más frecuentes y lamentables, que, según lo experimentado hasta ahora, seguirán en aumento quizás hasta que la tierra se vuelva inhabitable. Sin embargo, a pesar de que el mundo natural llegará a un grado de destrucción que desde ahora ya se hace evidente, los responsables de esta situación no reconocen su fracaso y parece no importarles este enorme daño que sufre la gente y la naturaleza. Los responsables de estos desastres persisten en su misma actitud, afirmando su autonomía y rechazando a Dios en el quehacer de sus vidas e instituciones: *Y blasfemaron el nombre de Dios, que tiene potestad sobre estas plagas, y no se arrepintieron para darle gloria.*

7.2.3 LA QUINTA COPA

"Y el quinto ángel derramó su redoma sobre la silla de la bestia; y su reino fué hecho tenebroso, y se comieron sus lenguas de dolor.

Y blasfemaron del Dios del cielo por causa de sus dolores, y por sus plagas; y no se arrepintieron de sus obras." (16: 10-11)

Junto con la destrucción de la naturaleza por la falta de respeto hacia las obras de la creación, se muestra también el fracaso de esta civilización expresado en el descontrol y desorden de lo que parecía ser una fuerte organización política y económica de carácter universal, donde todo estaría supuestamente controlado. Por eso dice Juan que el ángel derramó su copa sobre el trono de la Bestia, es decir, sobre su sistema de gobierno, y por eso *su reino fue hecho tenebroso*, quedó en tinieblas o en una gran confusión que por supuesto también afecta a sus seguidores, que *se comieron sus lenguas de dolor*. Sin embargo, tal como sucedió con las plagas de Egipto, los seres humanos endurecieron su corazón y no rectificaron sus obras, persistiendo en sus mismas prácticas. Por lo mismo, no se volvieron al Dios verdadero para darle la gloria debida, reconociéndolo como el único Señor del mundo. Por el contrario, culpan a Dios por lo que les sucede, *por sus dolores, y por sus plagas,* negándose a reconocer que en la unión profunda con Dios se encuentra el verdadero sentido de la vida humana.

7.2.4 LA SEXTA COPA

"Y el sexto ángel derramó su redoma sobre el gran rio de Euphrates, y el agua de él se secó, para que se aparejase camino á los reyes de la parte de donde sale el sol.

Y vi salir de la boca del dragon, y de la boca de la bestia, y de la boca del falso profeta tres espíritus inmundos á manera de ranas.

Porque estos son espíritus de demonios, que hacen prodigios, para ir á los reyes de la tierra, y de todo el mundo, para congregarlos para la batalla de aquel grande dia del Dios Todopoderoso.

He aqui, yo vengo como ladrón. Bienaventurado el que vela, y guarda sus vestiduras, para que no ande desnudo, y vean su vergüenza.

Y los congregó en un lugar que se llama en Hebráico Armagedon." (16: 12-16)

La sexta copa derramada tiene tres secciones. En la primera simbólicamente se seca el río Éufrates, la frontera Este del imperio romano, permitiendo así la invasión de los temidos Partos, enemigos proverbiales de la civilización romana en el siglo primero. Juan emplea esta imagen para referirse al caos que se producirá en el futuro imperio universal de la Bestia que sube del mar a causa de las guerras, de proporciones nunca vistas, que traerán el desorden y la confusión. Pero también la confusión está en la gente que se ha dejado seducir por el poder, ya que adoran a la Bestia y a su imagen, y así han dejado entrar en su interior las fuerzas caóticas inferiores, que traen el sufrimiento y la muerte. Este caos y confusión muestran que este gobierno universal del futuro es el mismo cuarto reino anunciado por el profeta Daniel, representado por una gran estatua con pies de barro, es decir, con grandes debilidades que preparan su destrucción definitiva, lo que dará paso al reinado eterno de Dios.

En la segunda sección del texto bíblico que corresponde a la sexta copa, Juan introduce un nuevo punto de vista sobre el Día del Señor, que deja anunciado para desarrollarlo más adelante. Se trata de un simbólico enfrentamiento final, de carácter militar, entre los ejércitos de Dios y las fuerzas armadas de las naciones de todo el mundo. El Dragón, la Bestia y el Falso Profeta convocan a los reyes de las naciones (los poderes del mundo) para luchar contra Dios, llamándolos a reunirse en un lugar llamado Armagedón para dar la batalla final decisiva.

Los convocan mediante *tres espíritus inmundos a manera de ranas*, es decir, mediante doctrinas o ideas engañosas que, simbólicamente, vienen del inframundo y de las aguas del caos. Estos *espíritus de demonios* presentan a los habitantes de la tierra señales seductoras ¿Qué señales pueden ser éstas con las que seducen a la gente de todo el mundo hasta llevarlas a enfrentarse a Dios? Puede ser que les muestren engañosamente que para desarrollar la ciencia, la tecnología y el conocimiento, para lograr los éxitos económicos y todo lo que los seres humanos realizan, no se requiere la existencia de un Ser Superior, y que por lo tanto, la hipótesis de Dios no es necesaria. Es decir, con estas señales demuestran que los seres humanos se bastan a sí mismos, por lo que deben cortar toda relación con Dios, ya que el mismo ser humano por sus obras se hace como Dios. Pero la experiencia histórica les demuestra que el ser humano, cuando busca convertirse en un ser absoluto, solo logra finalmente destruirse a sí mismo, a los demás y a la naturaleza.

La imagen de un enfrentamiento como éste es recurrente en los profetas del Antiguo Testamento y especialmente en Ezequiel, que describe largamente esta batalla final y simbólica, dirigida por Og, rey de Magog, contra el pueblo santo de Dios (Ez capítulos 38 y 39).

En la tercera sección de esta visión, Juan recuerda al lector de su libro que el Día del Señor acontece primero en la vida personal de todo ser humano, y que no es un acontecimiento que sólo se producirá al final de los tiempos, sino que está sucediendo permanentemente en la historia y en cada persona, por lo que dice, *He aquí, yo vengo como ladrón. Bienaventurado el que vela, y guarda sus vestiduras, para que no ande desnudo, y vean sus vergüenzas.*

EL AUTOR del Apocalipsis muestra así que la historia humana es un enfrentamiento permanente entre aquellos que buscan a Dios para que su voluntad se realice en la creación, y aquellos que se oponen a Dios y lo niegan, que son los seguidores del mal introducido en el mundo por la serpiente antigua o el dragón, más la ayuda de sus secuaces, es decir, el poder político idolátrico y la falsa religión que lo apoya. Sin embargo, este enfrentamiento que tiene lugar a lo largo de la historia deberá tener un desenlace y una culminación al final de los tiempos, que se simboliza como un gran choque armado, del cual salen victoriosos los ejércitos de Dios. En este mismo sentido, Juan describe más adelante esta simbólica batalla en la que contempla al Verbo de Dios seguido por los ejércitos celestiales que combaten y capturan a la Bestia y al Falso Profeta, destruyendo también con *la espada de su boca* (que es su Palabra) a todos los seguidores que éstos habían convocado para luchar contra Dios y su pueblo (19: 11-21).

7.2.5 LA SÉPTIMA COPA

"Y el séptimo ángel derramó su redoma por el aire, y salió una gran voz del templo del cielo por la parte del trono, diciendo: Hecho es.

Entonces fueron hechos relámpagos, y voces, y truenos; y fué hecho un gran temblor de tierra, un tal terremoto, tan grande cual no fué jamás despues que los hombres han estado sobre la tierra.

Y la grande ciudad fué partida en tres partes, y las ciudades de las naciones se cayeron; y la grande Babylonia vino en memoria delante de Dios, para darle el caliz del vino de la indignación de su ira.

Y toda isla huyó, y los montes no fueron hallados.

Y cayó del cielo un grande pedrisco sobre los hombres, cada piedra como del peso de un talento; y los hombres blasfemaron de Dios por razon de la plaga del pedrisco; porque su plaga fué hecha muy grande." (16: 17-21)

Los ángeles derraman sus copas sobre la naturaleza indicando que ésta ya se encuentra totalmente destruida por los que llevan la marca de la Bestia, porque más que castigo, estas plagas parecen ilustrar la destrucción del mundo por la civilización erigida en contra de Dios, o más bien, las plagas ilustran su autodestrucción. Las copas se derraman sobre los cuatro elementos: sobre la tierra, el agua (el mar y los ríos), el fuego (el sol) en las cuatro primeras copas, derramándose la séptima copa en el aire.

La séptima copa, derramada en el aire, muestra la culminación del juicio de Dios sobre esta civilización dirigida por la Bestia: *salió una gran voz del templo del cielo, por la parte del trono, diciendo: Hecho es*, es decir, la destrucción de esta civilización está decidida. Al derramar la copa en el aire se produce una descomunal tormenta con relámpagos y truenos, cayendo sobre los habitantes de la tierra enormes granizos como de un talento o diecinueve kilos de peso; asociado a esta tormenta eléctrica, que más bien parece una enorme explosión atómica que se produce en la atmósfera, viene un gran terremoto, el mayor experimentado por los seres humanos, desapareciendo como consecuencia todas las islas y las montañas. Pero la séptima copa no muestra solo la destrucción de la naturaleza, sino que describe el término de la civilización humana erigida contra Dios, que colapsa en forma definitiva: *y la grande Ciudad fué partida en tres partes, y las ciudades de las naciones se cayeron; y la grande Babylonia vino en memoria delante de Dios, para darle el cáliz del vino de la indignación de su ira.* Aquí también, como en Egipto, los seres humanos no reconocieron a Dios como el creador todopoderoso, sino que blasfemaron su nombre por lo terrible del castigo.

En las visiones de las siete copas se muestra el juicio y colapso del reino de la Bestia del mar, la de siete cabezas y diez cuernos, que culmina con la destrucción material de sus ciudades y de la naturaleza debido a un cataclismo sin precedentes, semejante a un violento ataque nuclear, producto quizás de enormes guerras autodestructivas.

7.3 JUICIO Y CASTIGO DE LA GRAN RAMERA

Para entender con claridad estas visiones del juicio de Dios, es conveniente hacer referencia a las fuentes proféticas que inspiran al autor del Apocalipsis para describir el castigo de la Gran Ramera, lo que hace en el capítulo 17 del Apocalipsis. El castigo de Babilonia, la gran civilización enemiga de Dios, lo muestra Juan a continuación, en el capítulo 18 del Apocalipsis.

Estas fuentes se encuentran en las palabras de los profetas, que reprochan duramente al pueblo de Israel cuando se aparta de su Dios para seguir a los dioses de las naciones extranjeras. Veremos que de ellos toma el lenguaje y la estructura de su relato, vale decir: la infidelidad del pueblo de Dios que lo lleva a apartarse de la Ley corrompiendo sus costumbres, designada como prostitución, y la corrupción de las poderosas ciudades extranjeras que oprimen a las naciones, a las cuales los profetas designan con el mismo apelativo de prostitutas. Como consecuencia, tanto la Jerusalén infiel como las ciudades del mundo recibirán un castigo semejante, el castigo de la prostituta, pues de manera inesperada serán despojadas, destruidas y avergonzadas cuando estén en todo su poderío. Juan, de modo análogo, anuncia un castigo semejante a aquella parte del nuevo pueblo de Dios en cuanto se aparta de su misión y se vuelve una iglesia infiel que se pone al servicio de los poderes políticos y económicos que someten al mundo. Es lo que simboliza con la imagen de la Ramera que cabalga sobre la Bestia de siete cabezas y diez cuernos, la que sube del mar.

La imagen de la prostituta es frecuente en los profetas para referirse al pueblo de Israel infiel a su Dios, personificado en Jerusalén. Desde un punto de vista, Jerusalén es la ciudad santa, la esposa de Dios, y desde otra perspectiva es la ciudad pecadora *"que matas a los profetas, y apedreas a los que son enviados á tí"* (Mt 23: 37). Según los profetas, Jerusalén es la esposa de Dios, porque él establece una alianza íntima y personal con su pueblo, al que confía su Ley, alianza comparable a la unión entre esposos:

> *"... y te dí juras, y entre en concierto [alianza] contigo, dijo el Señor Jehova, y fuiste mia (...)*
>
> *Y vestíte de bordaduras, y calcéte de tejon, y ceñíte de lino, y te vestí de seda.*
>
> *Y adornéte de ornamentos, y puse ajorcas en tus brazos, y collar á tu cuello.*
>
> *Y puse cerquillos sobre tus narices, y zarcillos en tus orejas, y diadema de hermosura en tu cabeza.*
>
> *Y fuiste adornada de oro y de plata, y tu vestido fué lino, y seda, y bordadura..."* (Ez 16: 8, 10-13)

Sin embargo, este mismo pueblo se vuelve continuamente a los dioses de las naciones vecinas, rindiéndoles culto en sus templos y altares, y adoptando sus costumbres y prácticas abominables, contrarias a la ley mosaica, tal como sacrificar sus hijos a estos ídolos. A esto los profetas llaman prostitución y adulterio:

> *"Mas confiaste en tu hermosura, y fornicaste á causa de tu nombradía, y derramaste tus fornicaciones á cuantos pasaron: suya eras (...) Demas de esto, tómaste tus hijos y tus hijas, que me habías engendrado; y los sacrificaste á ellas para consumación. ¿Es poco, esto de tus fornicaciones?"* (Ez 16: 15 y 20)

Por su parte Oseas pone como tema central de su prédica la infidelidad de Israel, simbolizada en el tormentoso matrimonio de este profeta: *"Y dijo Jehova á Oseas: Vé, tómate una muger fornicaria, y hijos de fornicaciones; porque la tierra fornicará fornicando de en pos de Jehova"* (Os 1: 2). Más adelante Dios mismo llama al pueblo, culpable también, a enjuiciar a Israel como madre infiel y adúltera: *"Pleitad con vuestra madre, pleitad; porque ella no es mi muger, ni yo su marido; y quite sus fornicaciones de su rostro, y sus adulterios de entre sus pechos"* (Os 2: 2).

La infidelidad del pueblo es, como queda dicho, la adoración de los dioses de las naciones vecinas, traicionando de ese modo la alianza con su Dios. Además de esto, los profetas amplían este concepto de infidelidad a las consecuencias que acarrea esta decisión. Por lo que prostitución significa también la corrupción moral, social y económica tanto de los dirigentes como del mismo pueblo, contaminados con las prácticas de las demás naciones; así, el mismo Oseas denuncia el dominio político y económico, la opresión del pobre, la esclavitud y las injusticias: *"Oid palabra de Jehova, hijos de Israel; porque Jehova pleitea con los moradores de la tierra; porque no hay verdad, ni misericordia, ni conocimiento de Dios en la tierra. Perjurar, y mentir, y matar, y hurtar, y adulterar prevalecieron, y sangres se tocaron contra sangres"* (Os 4: 1-2). Por su parte, el profeta Amós describe esta misma situación de opresión y violencia: *"Así dijo Jehova: Por tres pecados de Israel, y por el cuarto, no le convertiré; porque vendieron por dinero al justo, y al pobre por un par de zapatos: Que anhelan porque haya un polvo de tierra sobre la cabeza de los pobres, y tuercen la carrera de los humildes"* (Am 2: 6-7). La misma opresión contra los débiles, que es *prostitución y adul-*

terio, denuncia Isaías reprochándole a los jefes del pueblo su conducta indigna:

> *"Perece el justo, y no hay quien eche de ver; y los varones piadosos son recogidos, y no hay quien entienda que delante de la afliccion es recogido el justo.*
>
> *Vendrá la paz, descansarán sobre sus camas todos los que andan delante de él.*
>
> *Y vosotros, llegáos acá, hijos de la agorera: generacion de adúltero y de fornicaria."* (Is 57: 1-3)

El profeta Ezequiel anuncia a Jerusalén su castigo porque se ha hecho prostituta y adúltera. El castigo vendrá en forma de su destrucción por obra de las mismas naciones con las cuales se contaminó, que se reunirán para acabar con ella:

> *"Por tanto he aquí que yo junto todos tus enamorados con los cuales tomaste placer, y todos los que amaste, con todos los que aborreciste; y juntarlos he contra tí al derredor, y descubrirles he tu vergüenza, y verán toda tu vergüenza.*
>
> *Y yo te juzgaré por las leyes de las adúlteras, y de las que derraman sangre; y te daré en sangre de ira y de zelo.*
>
> *Y darte he en la mano de ellos, y destruirán tu alto, y derribarán tus altares, y hacerte han desnudar de tus ropas, y llevarán los vasos de tu gloria, y dejarte han desnuda y descubierta.*
>
> *Y harán subir contra tí la compañía, y apedrearte han á piedra, y travesarte han con sus espadas.*
>
> *Y quemarán tus casas á fuego, y harán en tí juicios..."* (Ez 16: 37-41)

El profeta Oseas, en el mismo sentido, ofrece palabras semejantes contra el pueblo de Israel que se olvida de la alianza con su Dios. Él despojará de sus ropas a la esposa culpable: *"...y quitaré mi lana y mi lino, que habia dado para cubrir su desnudez. Y ahora yo descubriré su vileza delante de los ojos de sus enamorados, y nadie la escapará de mi mano"* (Os 2: 9-10). Sin embargo, los profetas también afirman que después del merecido castigo de la Jerusalén infiel, Dios perdonará a su pueblo y establecerá con él una nueva alianza:

> *"Antes yo tendré memoria de mi concierto, que concerté contigo en los dias de tu mocedad; y yo te confirmaré un concierto sempiterno [eterno] (...)*
>
> *Y confirmaré mi concierto contigo, y sabrás que yo soy Jehova: Para que te acuerdes, y te avergüences, y que nunca mas abras la boca á causa de tu verguenza, cuando me aplacare para contigo de todo lo que hiciste..."* (Ez 16: 60-63)

Y el profeta Oseas anuncia que esta nueva alianza se extenderá también a toda la humanidad y a la creación entera, y que se establecerá en la paz, en la justicia y en el derecho:

> *"Y haré por ellos concierto en aquel tiempo con las bestias del campo, y con las aves del cielo, y con las serpientes de la tierra; y quebraré arco, y espada, y batalla de la tierra, y hacerlos he dormir seguros.*
>
> *Y desposarte he conmigo para siempre; desposarte he conmigo en justicia, y juicio, y misericordia, y miseraciones.*
>
> *Y desposarte he conmigo en fé, y conocerás á Jehova."* (Os 2: 18-20).

De la misma forma, los profetas llaman también *prostitutas* a las poderosas naciones enriquecidas mediante la conquista, la opresión de los débiles y el comercio a gran escala, de costumbres corruptas y llenas de orgullo y vanidad, con las que Israel se ha contaminado imitando su estilo de vida. La principal de ellas es Babilonia, pero también están, entre otras, Nínive y Tiro, ciudades enriquecidas mediante el comercio, viviendo en el lujo y los placeres, constituidas en una enorme fuente de atracción para el pueblo israelita y para todas los demás pueblos. Su modo de vida seduce a la gente como una prostituta que embriaga a los que vienen a ella: *"Vaso de oro fué Babylonia en la mano de Jehova, que embriagaba toda la tierra: de su vino bebieron las naciones, por tanto enloquecerán las naciones"* (Jr 51: 7). El profeta Isaías usa el mismo lenguaje para referirse a Tiro, la ciudad de los fenicios, enriquecida con el comercio marítimo, pero que en el momento en que escribe Isaías pasaba por un período de decadencia económica; la designa por esto como una ramera vieja y decadente: *"Toma arpa, y rodea la ciudad, ó! ramera olvidada: haz buena melodía, reitera la cancion, para que tornes en memoria. Y acontecerá, que al fin de los setenta años visitará Jehova á Tyro; y tornarse ha á su ganancia; y otra vez fornicará con todos los reinos de la tierra sobre la haz de la tierra"* (Is 23: 16-17).

La ciudad de Nínive también impresionaba a los israelitas por su poderío militar y por su codicia, que la llevaba a someter a numerosos pueblos para despojarlos. Por esto, para el profeta Nahum, la ciudad de Nínive es una ramera que cuando sea castigada será expuesta desnuda ante las naciones:

"¡Ay de la ciudad de sangres! toda llena de mentira y de rapiña, no se aparta de ella el robo.

Sonido de azote, y estruendo de movimiento de ruedas, y caballo atropellador, y carro asaltador se oirá en ti.

Caballero enhiesto, y resplandor de espada, y resplandor de lanza; y multitud de muertos, y multitud de cuerpos; y en sus cuerpos no habrá fin, y en sus cuerpos tropezarán.

Por la multitud de fornicaciones de la ramera de hermosa gracia, maestra de hechizos, que vende las naciones con sus fornicaciones, y los pueblos con sus hechizos.

He aquí yo á tí, dijo Jehova de los ejércitos, que yo te descubriré tus faldas en tu haz, y mostraré a las naciones tu desnudez, y á los reinos tu vergüenza." (Nah 3: 1-5)

De acuerdo con lo dicho, se observa que los profetas usan un mismo lenguaje tanto para referirse a la infidelidad del pueblo israelita y a la consiguiente corrupción de sus prácticas de vida cotidiana, como a la corrupción de las poderosas ciudades extranjeras que desarrollan una vida de lujos y excesos, hecha posible por el comercio, el pillaje y la opresión de las naciones. En ambos casos hablan de prostitución. Los profetas también anuncian que Dios castigará a la Jerusalén infiel y a las ciudades corruptas de los gentiles con un castigo semejante, que está simbolizado por la vergüenza de la desnudez, porque las mismas naciones con las que se corrompieron se volverán contra la prostituta para hacerla caer desde su alta posición, mostrando a la vista de todos sus debilidades y su ruina final.

Por analogía, en el Apocalipsis se muestra lo mismo para profetizar lo que sucederá con el pueblo de Dios al final de los tiempos; es decir, lo que sucedió al pueblo de Israel en la Antigua Alianza de Moisés, sucederá a aquella parte del pueblo de Dios que se vuelve infiel en la Nueva Alianza: *"Y los diez cuernos que viste sobre la bestia, estos aborrecerán á la ramera, y la harán desolada, y desnuda, y comerán sus carnes, y la quemarán con fuego"* (17: 16); porque así como hubo una Jerusalén infiel que no reconoció al Mesías prometido, del mismo modo, una gran parte del pueblo de Dios abandonará su misión, volviéndose una iglesia infiel que se pondrá al servicio de los poderes políticos y económicos del mundo. Esta iglesia infiel del final de los tiempos es la Ramera instalada sobre el poder mundano simbolizado como la Bestia de siete cabezas y diez cuernos, la que sube del mar.

7.3.1 EL MISTERIO DE LA GRAN RAMERA Y DE LA BESTIA DE SIETE CABEZAS Y DIEZ CUERNOS

"Y vino uno de los siete ángeles que tenían las siete redomas, y habló conmigo, diciendome: Ven acá, y te mostraré la condenacion de la gran ramera, la cual está sentada sobre muchas aguas;

Con la cual han fornicado los reyes de la tierra, y los que moran en la tierra se han embriagado con el vino de su fornicacion.

Y me llevó en el espíritu al desierto; y ví una muger sentada sobre una bestia de color de grana [rojo], llena de nombres de blasfemia, y que tenia siete cabezas y diez cuernos.

Y la muger estaba vestida de púrpura, y de grana, y dorada con oro, y adornada de piedras preciosas, y de perlas, teniendo un caliz de oro en su mano lleno de abominaciones, y de la suciedad de su fornicacion.

Y en su frente un nombre escrito: MISTERIO: BABYLONIA LA GRANDE, LA MADRE DE LAS

FORNICACIONES, Y DE LAS ABOMINACIONES DE LA TIERRA.

Y ví la muger embriagada de la sangre de los santos, y de la sangre de los mártires de Jesus; y cuando la ví, fuí maravillado con grande maravilla.

Y el ángel me dijo: ¿Por qué te maravillas? Yo te diré el misterio de la muger, y de la bestia que la lleva, la cual tiene siete cabezas y diez cuernos.

La bestia que has visto, fué, y ya no es; y ha de subir del abismo, y ha de ir á perdicion; y los moradores de la tierra (cuyos nombres no están escritos en el libro de la vida desde la fundación del mundo) se maravillarán cuando vean la bestia la cual era, y ya no es, aunque sin embargo es.

Aquí hay sentido que tiene sabiduría. Las siete cabezas, son siete montes, sobre los cuales se asienta la muger.

Y son siete reyes: los cinco son caidos, y el uno es, y el otro aun no es venido; y cuando fuere venido, es necesario que dure breve tiempo.

Y la bestia que era, y no es, es tambien el octavo rey, y es de los siete, y va á la perdicion.

Y los diez cuernos que has visto, son diez reyes, que aun no han recibido reino, empero recibirán potestad como reyes por una hora con la bestia.

Estos tienen un mismo designio, y darán su poder y autoridad á la bestia.

Estos batallarán contra el Cordero, y el Cordero los vencerá; porque es el Señor de los señores, y el Rey de los reyes; y los que estan con él, son llamados, y elegidos, y fieles.

Y él me dice: Las aguas que has visto donde la ramera se sienta, son pueblos, y multitudes, y naciones, y lenguas.

Y los diez cuernos que viste sobre la bestia, estos aborrecerán á la ramera, y la harán desolada, y desnuda, y comerán sus carnes, y la quemarán con fuego;

Porque Dios ha puesto en sus corazones, que hagan lo que á él place, y que hagan una voluntad, y que den su reino á la bestia, hasta que sean cumplidas las palabras de Dios.

Y la muger que has visto, es la grande ciudad que tiene su reino sobre los reyes de la tierra." (17)

Uno de los ángeles que portan las siete copas de la ira de Dios invita a Juan a presenciar el castigo de la Gran Ramera. Dice que esta Mujer, *la cual está sentada sobre muchas aguas* — que son *pueblos, y multitudes, y naciones, y lenguas*— y que ha corrompido a los poderosos del mundo y a los habitantes de la tierra, indicando así que por sus obras ha llegado a ser semejante a Babilonia, la ciudad que es símbolo de los poderes que se erigen contra Dios, y que, además, estaba edificada entre los grandes ríos Tigris y Éufrates (Jr 51: 13), es decir, *sentada sobre muchas aguas*.

Juan ha visto en el cielo a la Mujer, madre del Mesías; ahora, de forma inesperada el ángel lo lleva al desierto para que contemple a esta otra Mujer, en una extraordinaria visión: *Y me llevó en espíritu al desierto*. El símbolo del *desierto* tiene, como todos los símbolos, significados opuestos y complementarios. Por una parte, el desierto es el lugar que está más allá del campamento de los israelitas, lugar temible y estéril habitado por los demonios (Lv 16: 10). Pero también es lugar de purificación, de la toma de decisiones, del encuentro consigo mismo; allí permaneció el pueblo israelita durante cuarenta años, y Jesús estuvo cuarenta días en el desierto antes de iniciar su misión. A su vez, el pueblo fiel del Nuevo Testamento, simbolizado en la Mujer que da a luz al Mesías, también es llevado al desierto donde será sometido a pruebas y tendrá refugio durante un tiempo simbólico de tres años y medio (12: 5-6).

En el desierto, donde la Mujer madre del Mesías encontró refugio, es donde Juan, lleno de asombro, ve a la Gran Ramera, que tiene su sede sobre los poderes políticos y económicos del mundo: *Y me llevó en el espíritu al desierto; y vi una muger sentada sobre una bestia de color de grana , llena de nombres de blasfemia; y que tenia siete cabezas y diez cuernos.* Esta Bestia simboliza evidentemente los poderes del mundo que se erigen contra Dios, que llegarán a su culminación al final de los tiempos en el cuarto reino que anuncia el profeta Daniel, que lo describe como una Bestia de diez cuernos (Dn 7: 7-8). Esta imagen inspira al autor del Apocalipsis cuando en su visión describe al Dragón (12: 3) y a la Bestia que surge del mar, que recibe todo el poder del Dragón para dominar el mundo (13: 1-8). La aparición de la Bestia que sube del mar se anticipa en la visión de la derrota y muerte de los dos testigos (11: 7-10); (por otra parte, la destrucción del reino de esta Bestia ya se anticipó también y se narra en el ciclo de las siete copas). Esta es la misma Bestia sobre la cual se sienta esta Mujer, la Gran Ramera. Juan ve que la Bestia, además, es de color rojo o escarlata, simbolizando la violencia y la sangre derramada por este poderoso reino, y que está cubierta de *nombres de blasfemia,* porque este poder supremo se declara abiertamente contra Dios, tal como Juan lo expone en las visiones de las Bestias del mar y de la tierra (capítulo 13 del Apocalipsis).

Juan contempla a esta Mujer y ve que *estaba vestida de púrpura, y de grana, y dorada con oro, y adornada de piedras preciosas y de perlas,* asimilándose de esta manera a la Bestia sobre la que está sentada, que es de color rojo, como también se asemeja en esto a la Jerusalén infiel a quien Dios reprocha por haberse prostituido yendo en pos de dioses extranjeros y adoptado las costumbres perversas de otros pueblos, a pesar de todas las muestras de amor prodigadas al establecer su alianza con ella:

> *"... y te dí juras, y entre en concierto [alianza] contigo, dijo el Señor Jehova, y fuiste mia (...)*
>
> *Y vestíte de bordaduras, y calcéte de tejon, y ceñíte de lino, y te vestí de seda.*
>
> *Y adornéte de ornamentos, y puse ajorcas en tus brazos, y collar á tu cuello.*
>
> *Y puse cerquillos sobre tus narices, y zarcillos en tus orejas, y diadema de hermosura en tu cabeza.*
>
> *Y fuiste adornada de oro y de plata, y tu vestido fué lino, y seda, y bordadura..."* (Ez 16: 8, 10-13)

Juan continúa mirando a esta Mujer que pronto será juzgada (su juicio se describe en 17: 16-17), y ve que lleva en su mano una copa de oro repleta de abominaciones, la cual simboliza su relación con el poder idólatra. Con esta copa seduce también a los habitantes de la tierra, vale decir, a los que optaron por la ausencia de Dios en sus vidas.

La Mujer lleva sobre su frente un nombre escrito, un sello o una marca que la designa, y es un enigma que se debe descifrar: *MISTERIO: BABYLONIA LA GRANDE, LA MADRE DE LAS FORNICACIONES, Y DE LAS ABOMINACIONES DE LA TIERRA*. Pero es obvio que esta Mujer no es la ciudad de Babilonia, ya que su nombre es un *misterio*.

Juan ha visto que la Mujer que aparece en el cielo representa al pueblo de Dios, que es la madre del Mesías y madre de los discípulos de Jesús (12: 17). De modo opuesto, esta otra Mujer es enemiga del pueblo de Dios; es la madre de las rameras *embriagada de la sangre de los santos y de la sangre de los mártires de Jesús*. Esto llena de asombro a Juan, porque en lugar de la Mujer que simboliza al pueblo de Dios, encuentra en el desierto a una Ramera, es decir, una entidad idólatra. Esta Mujer misteriosa que está sentada sobre la Bestia es un poder perseguidor de los servidores de Dios, que está unida al poder político y económico del mundo, pero que, sin embargo, es una entidad distinta a esos poderes, aunque se haya asimilado a estos poderes e incluso pueda confundirse con ellos (por eso también se la llama *Babilonia*). Esta Mujer, entonces, no simboliza el poder político perseguidor; no simboliza a Roma o al imperio romano. Porque si representara al poder político o a la Roma histórica que perseguía a los cristianos, Juan no se asombraría de esta visión porque correspondería a las circunstancias de su tiempo. Pero, al contrario, al ver a la Mujer, Juan declara: *Y fuí maravillado con grande maravilla*. Juan se asombra porque en la Gran Ramera ve aquella parte del pueblo de Dios, que debiendo haber permanecido en el desierto, es decir, lejos de los poderes mundanos, se corrompe con estos mismos poderes, traicionando así la palabra del evangelio.

El pueblo de Dios se organiza con el propósito de hacer mejor su tarea, y así llega a transformarse en una institución fuerte y segura, que finalmente solo confía en sí misma y utiliza los métodos mundanos para hacerse poderosa: la acumulación de riquezas, el ejercicio del poder y las influencias sociales, todo esto en manos de sus pastores, jefes, autoridades o líderes, que finalmente solo se sirven a sí mismos abandonando a los fieles, pero haciéndolos partícipes del juicio y castigo profetizado, ya que esta iglesia institucionalizada será destruida por estos mismos poderes a los cuales sirvió. Esta iglesia, entonces, está representada o simbolizada por la Gran Ramera. Así lo profetiza Ezequiel hablando contra Jerusalén convertida por esto mismo en adúltera y prostituta, pero que por analogía se aplica al nuevo pueblo de Dios por apartarse de su misión:

"Por tanto, he aquí que yo junto todos tus enamorados con los cuales tomaste placer, y todos los que amaste, con todos los que aborreciste; y juntarlos he contra ti al derredor, y descubrirles he tu vergüenza, y verán toda tu vergüenza (...) Y harán subir contra ti la compañía, y apedrearte han á piedra, y atravesarte han con sus espadas. Y quemarán tus casas á fuego, y harán a ti juicios" (Ez 16: 37-41).

7.3.1.1 EXPLICACIÓN DEL MISTERIO DE LA BESTIA DE SIETE CABEZAS Y DIEZ CUERNOS

El ángel comienza explicando a Juan el misterio de la Bestia, que es la imagen del poder político del final de la historia, dominador del mundo, antecedido en el tiempo por Babilonia, por Roma y por todos los reinos que se erigen contra Dios. Estos reinos del mundo culminan en esa Bestia de siete cabezas y diez cuernos, el último y más terrible de todos:

"La Bestia que has visto, fué, y ya no es; y ha de subir del abismo, y ha de ir a perdicion. Y los moradores de la tierra (cuyos nombres no están escritos en el libro de la vida desde la fundación del mundo), se maravillarán cuando vean la Bestia la cual era, y ya no es, aunque sin embargo es." (17: 8)

Este poder político opresor, la Bestia, que antes *"fué, y ya no es"* (17: 8), no está en el mundo, por lo tanto, en el momento en que se escribe el Apocalipsis, a finales del primer siglo. Por eso no es el imperio romano, sino un reino que vendrá en el futuro, aunque antes ya existió: *"la bestia que has visto, fué, y ya no es, y ha de subir del abismo"* (17: 8). Aunque el imperio romano como poder político persiguió a la iglesia cristiana durante varios siglos, es solo una figura o modelo del poderoso reino opresor anunciado para las postrimerías del mundo, que *"ha de subir del abismo, y ha de ir a perdicion"* (17: 8).

El abismo es el mundo inferior, asimilable al caos, de donde subirá este reino; también es una representación de lo más oscuro del ser humano, como las fuerzas oscuras del subconsciente, que tendrán expresión en ese gran poder mundial final. También se puede conjeturar que este reino que existió en el pasado, se ha mantenido, sin embargo, oculto a los ojos del mundo hasta que se den las condiciones para reaparecer y dominarlo todo con inmenso poder. Sin embargo, reaparecerá en el mundo por poco tiempo porque *"ha de ir a perdición"* (17: 8). Este reino que reaparecerá provoca por esto la adhesión y la admiración de *"los moradores de la tierra"* (17: 8), que son todos aquellos que optan por una vida sin Dios, *"cuyos nombres no están escritos en el libro de la vida desde la fundación del mundo"* (17: 8). Son los que aceptan la marca y el número de la Bestia, es decir, los que se le someten, aceptan sus métodos y aceptan su poder absoluto.

El ángel continúa con la explicación del misterio de las siete cabezas y los diez cuernos de la Bestia, declarando que su explicación es un desafío para el entendimiento y sagacidad del lector, porque para entender esto se requiere inteligencia: *"Aquí hay sentido que tiene sabiduría"* (17: 9). Es decir, el ángel explica el misterio de la Bestia, de sus cabezas y sus cuernos, pero sus palabras son un enigma propuesto para que un lector sagaz se esfuerce por aclararlo. (Lo mismo cuando se refiere al nombre de la Bestia y su número, o con la Ramera que tiene un nombre misterioso).

Comienza diciendo que las siete cabezas de la Bestia son siete colinas donde se asienta la Ramera, en una clara referencia a Roma (aunque se sabe que Jerusalén y otras ciudades también están edificadas sobre siete colinas, aquí se trata de Roma, la capital del imperio que en el siglo primero dominaba el mundo, modelo del futuro reino opresor. Tampoco Juan está diciendo que la Ramera tenga su sede en Jerusalén, ya que esta ciudad había sido destruida por los romanos por lo menos veinte años antes de que se escribiera el Apocalipsis). Es decir, la Ramera estará instalada en el poder, un poder simbolizado por el imperio romano. Entonces la Bestia *"la cual era, pero ya no es"* (17: 8) (es decir, no existe cuando se escribe el Apocalipsis), no es la Roma del siglo primero, aunque cuando la Bestia reaparezca en el futuro será semejante a ella por su poder total.

Continúa diciendo que las cabezas de la Bestia son también siete reyes o imperios o sistemas de gobierno:

> *"Y son siete reyes: los cinco son caídos, y el uno es, y el otro aún no es venido. Y cuando fuere venido, es necesario que dure poco tiempo. Y la bestia que era, y no es, es también el octavo rey, y es de los siete, y va a la perdición."* (17: 10-11)

Es necesario señalar que no se debe confundir las siete cabezas de la Bestia con los reyes que estarán a su servicio. En efecto, los *siete reyes* que aquí menciona Juan no son reyes en el sentido de líderes políticos individuales, sino siete reinos o sistemas de gobierno sucesivos; por eso son las cabezas de la Bestia, que simbolizan estos siete imperios. En efecto, cuando se habla de reyes individuales, éstos simbólicamente son diez y están representados por los diez cuernos instalados en la que será la última cabeza de la Bestia : *"Y los diez cuernos que has visto, son diez reyes, que aún no han recibido el reino, empero recibirán potestad como reyes por una hora con la Bestia"* (17: 12).

En relación con estos siete reinos o imperios, según las palabras del ángel, *"los cinco son caídos, y el uno es"* (17: 10). De acuerdo con esto, cinco de estos reinos ya existieron en el mundo y uno existe en ese momento, en el siglo primero; este es, por supuesto, el imperio romano, que, entonces, es el sexto reino.

Sobre los cinco reinos que ya habían desaparecido cuando se escribió el Apocalipsis se podría especular mucho, pero no hay manera de saber cuáles son; podríamos aventurar que antes de Roma dominaron en gran parte del mundo conocido los griegos, los persas, los medos, los egipcios, los hititas, los babilonios, los asirios y muchos otros entre los que recuerda la historia y otros más de los que no hay memoria. Lo que se afirma aquí, sin embargo, es que el imperio romano es el sexto reino o cabeza de la Bestia, el que existía cuando se escribió el Apocalipsis, porque los *"cinco son caídos, y el uno es"* (17: 10).

En relación con el séptimo reino, el ángel explica que *"el otro aún no es venido; y cuando fuere venido, es necesario que dure breve tiempo"* (17: 10). El séptimo reino, por lo tanto, llegará después de que haya desaparecido el imperio romano, que es el sexto reino. Y el séptimo reino, cuando llegue, será de breve duración.

Después vendrá la Bestia, que es uno de los siete reinos,

pero que al reaparecer será el octavo reino, junto con los diez cuernos o reyes a su servicio. Juan anticipa que la Bestia y los diez reyes harán la guerra al Cordero, pero que serán completamente derrotados porque el Cordero es Rey de reyes y Señor de señores.

7.3.1.1.1 EL SÉPTIMO REINO

No es fácil identificar el séptimo reino de esta profecía, porque el imperio romano continuó en Oriente hasta 1453, año en que Constantinopla fue tomada por los turcos otomanos. En Occidente siguió existiendo con diversos nombres como el sacro imperio romano germánico de los Habsburgo y el sacro imperio romano de Austria (hasta 1804); además del imperio alemán gobernado por su Kaiser (César) y el imperio ruso dirigido por su Zar (César).

El séptimo reino, que viene después del imperio romano, deberá tener un dominio universal, aunque cuando llegue, su control del mundo será de corta duración ya que lo suplantará el octavo reino, el de la Bestia.

Entonces, ¿cuál puede ser este séptimo reino, poderoso y universal, que tendrá el dominio después del imperio romano, que durará poco tiempo, y que dará paso, o preparará el camino al octavo reino que es la Bestia propiamente tal, la de siete cabezas y diez cuernos?

Es conocido por todos que en la época moderna y posmoderna el poder se concentra cada vez más en los grupos que impulsan la actividad económica propia del capitalismo, que empezó a manifestarse en el siglo XV, en Occidente. Primero como capitalismo financiero, luego como capitalismo industrial y en la actualidad como capitalismo especulativo; este sistema económico avanza de modo exitoso hacia el dominio del mundo mediante la concentración del dinero y de todos los elementos de poder, y se dirige aceleradamente hacia la globalización del mundo mediante sus tres ejes principales: la democracia representativa en lo político, el consumismo en lo cultural y el libre mercado en lo económico. De tal manera que no sería aventurado afirmar que el sistema capitalista es el séptimo reino, o séptima cabeza de la Bestia, anunciado en el Apocalipsis, cuyo dominio universal lo ejercerá después del imperio romano; sin embargo, una vez establecido, *"es necesario que dure breve tiempo"* (17: 10).

Después de que el capitalismo haya completado la globalización mundial penetrando con todos los métodos a su alcance en las zonas geográficas y culturales que aún no domina, estableciendo como formas de gobierno las democracias políticas, abriendo esos enormes mercados al comercio internacional y seduciendo a la población mediante un desenfrenado consumismo, habría que preguntarse cuánto durará su poder mundial y cómo concluirá su dominio sobre el mundo; lo que se indica en la profecía es que el séptimo reino *"es necesario que dure breve tiempo"* (17: 10).

En este sentido, es posible que el juicio y castigo de Babilonia la Grande que se narra en el capítulo 18 del Apocalipsis, sea una profecía que muestre la violenta y rápida destrucción de la civilización creada por el capitalismo, destrucción que será por obra del que llegará a ser el octavo reino, que es el de la Bestia de siete cabezas y diez cuernos. El séptimo reino, ya dueño de un mundo globalizado y en el colmo de su poder, sin enemigos que amenacen su estabilidad y gozando de la admiración y del prestigio en todo el mundo, caerá, sin embargo, en breve tiempo. Su ciudad capital basa toda su economía en el comercio internacional de todos los productos del mundo, incluidas las vidas humanas; esta capital, llamada Babilonia la Grande, será destruida en forma rápida y violenta, lamentándose por su desgracia todos los poderosos de la tierra. En efecto, la descripción del castigo de Babilonia la Grande del capítulo 18 del Apocalipsis corresponde a la destrucción de un reino universal que basa toda su grandeza en las relaciones comerciales, en el enorme consumo de bienes, en el lujo y en el éxito económico; su fin se produce en forma rápida e inesperada, quizás bajo el poder de un gran ataque nuclear, lamentándose por ello los grandes de la tierra y todos los que viven de su poder económico.

En el sistema histórico mítico de siete reinos sucesivos (que finalmente son ocho porque revive uno de ellos, que llega a ser el octavo, simbolizado como la Bestia de siete cabezas y diez cuernos) el capitalismo es el penúltimo, es decir, el séptimo reino.

En el sistema mítico de cuatro reinos sucesivos del profeta Daniel, el capitalismo corresponde al tercer reino representado en la estatua del sueño de Nabucodonosor por las piernas de bronce, reino al que se le dio el poder. En la visión de la historia humana como la sucesión de cuatro reinos, representados por sendos animales del profeta Daniel, al capitalismo le corresponde igualmente el tercer reino, que se presenta en la forma de un felino depredador que tiene cuatro alas, al que también se le da el poder.

En la visión de los cuatro jinetes del Apocalipsis, inspirada en la visión de Daniel, el capitalismo corresponde al tercer caballo, de color negro, cuyo jinete lleva una balanza en la mano y que domina el mundo mediante la transformación de los bienes, servicios, ideas, naturaleza, información y personas en objetos de transacción económica.

7.3.1.1.2 EL OCTAVO REINO

El capitalismo, es decir, el séptimo reino de la profecía, aún no ha completado su dominio pleno, pero avanza rápidamente hacia la globalización mundial; sin embargo, puede ser que el reino o gobierno que lo suplantará y que posiblemente sea el que lo destruya de manera fulminante, es decir, el octavo reino, ya exista y su base sean los millones de marginados y parias de este sistema económico. Éstos, siguiendo a nuevos líderes, estarán dispuestos a aceptar una nueva ideología que supuestamente traerá la solución definitiva para todos los problemas de la humanidad. Quizás sean ellos los que finalmente adhieran sin condiciones a los que tomen en sus manos el dominio total sobre el mundo, para ejercerlo de una manera diferente a todo lo visto.

Esta nueva forma de gobierno se describe en el capítulo 13 del Apocalipsis, en las visiones de la Bestia del mar y de la Bestia de la tierra.

La destrucción de este octavo reino se muestra en el ciclo de las siete copas de la ira, en el capítulo 16 del Apocalipsis, y es analizado más arriba en el presente capítulo de este Comentario.

Este es el octavo reino de la profecía, pero como es uno de los siete, y ya había existido antes, reaparecerá, lo cual es un misterio porque no sabemos cuál de los siete reinos es el que volverá a imponerse en el mundo: *"Y la bestia que era, y no es, es también el octavo rey, y es de los siete, y va á la perdición"* (17: 11).

El ángel continúa explicando el misterio de la Bestia, diciendo que

> *"Y los diez cuernos que has visto, son diez reyes, que aun no han recibido reino, empero recibirán potestad como reyes por una hora con la bestia.*
>
> *Estos tienen un mismo designio, y darán su poder y autoridad á la bestia.*
>
> *Estos batallarán contra el Cordero, y el Cordero los vencerá; porque es el Señor de los señores, y el Rey de los reyes; y los que estan con él, son llamados, y elegidos, y fieles."* (17: 12-14)

Con estas palabras se sintetiza la lucha entre los poderes del mundo y los testigos de Jesucristo, lucha desarrollada a través de la historia, pero que culminará con el enfrentamiento final entre el reino de la Bestia de siete cabezas y diez cuernos (el octavo reino) y el Cordero junto a sus testigos; éste vencerá porque es el Mesías de Dios, Rey de reyes y Señor de señores, (*"Rey de reyes y Señor de señores"* es un título propio de Dios, como se lee en 1 Ti 6: 15).

Estas palabras del ángel son una anticipación del simbólico combate definitivo que se presenta más adelante, cuando el autor del Apocalipsis tiene la visión de Jesucristo como Palabra de Dios que baja del cielo, quien, seguido por sus discípulos, derrota a la Bestia y al Falso Profeta, y a los poderes del mundo convocados para este enfrentamiento final. Sobre su muslo y sobre su manto lleva el mismo título de *"Rey de reyes y Señor de señores"* que lo establece sobre todo poder (19: 11-21).

7.3.1.2 EL MISTERIO DE LA GRAN RAMERA: SU JUICIO Y SU CASTIGO

Pero antes de este enfrentamiento final se producirá el juicio y castigo de la Gran Ramera. Estos mismos reyes del mundo que entregan su poder a la Bestia, y que están simbolizados por los diez cuernos, son también los encargados de destruir a esta Mujer por disposición de Dios. De tal manera que el misterio de esta Mujer se aclara al ejecutarse el juicio que le sobreviene. Porque el castigo que recibirá es semejante al que anuncian los profetas a la Jerusalén infiel, que se apartó de su Dios para prostituirse con dioses extranjeros, elevándoles altares y corrompiéndose con las costumbres de esos pueblos. De manera semejante, a la Gran Ramera —aquella parte de la iglesia que abandona a Jesucristo, que se llena de poder y que sirve al mundo— se le aplicará el mismo castigo: los poderosos de la tierra, con quienes se ha unido estableciendo con ellos una alianza espuria, la abandonarán y se volverán contra ella mostrando a todos sus pecados y debilidades, para finalmente destruirla completamente: *"Y los diez cuernos que viste sobre la bestia, estos aborrecerán á la Ramera, y la harán desolada, y desnuda, y comerán sus carnes, y la quemarán con fuego"* (17: 16). Hacen esto que parece sin sentido, ya que era una alianza provechosa para ambas partes, *"porque Dios ha puesto en sus corazones, que hagan lo que a él le place, y que hagan su voluntad"* (17: 17), que es el castigo de la iglesia infiel, desnudando a vista de todos sus escándalos e inconsecuencias, sus tratos económicos y el olvido de su misión.

Ahora bien, el último versículo del capítulo 17 podría llevar a confusión porque aparentemente dice que la Gran Ramera no es la iglesia infiel, sino la ciudad enemiga de

Dios, simbólicamente Babilonia o Roma: *"Y la muger que has visto, es la grande ciudad que tiene su reino sobre los reyes de la tierra"* (17: 18).

Sin embargo, al comparar este último versículo con textos de capítulos anteriores del Apocalipsis donde también se hace referencia a la Gran Ciudad, se confirma que efectivamente se nombra así también a la iglesia infiel:

- Juan usa la misma expresión cuando narra que la Bestia que surge del abismo vencerá a los dos testigos, y sus cadáveres serán exhibidos a la vista del mundo: *"Y sus cuerpos muertos serán echados en la plaza de la gran ciudad, que espiritualmente es llamda Sodoma, y Egypto; donde tambien nuestro Señor fue crucificado"* (11: 8). Es evidente que *donde tambien nuestro Señor fue crucificado* se refiere a la Jerusalén infiel, la que no reconoció al Mesías, que es imagen o modelo de aquella parte del nuevo pueblo de Dios que sirve a los poderes del mundo. Entonces, la Gran Ciudad alude a un gran poder religioso, una iglesia institucionalizada que se aleja de Dios y se sirve a sí misma.

- En el ciclo de las siete copas de la ira, cuando el séptimo ángel derrama la suya en el aire, sobreviene un enorme cataclismo: *"Entonces fueron hechos relámpagos, y voces, y truenos; y fué hecho un gran temblor de tierra (...) y la grande ciudad fué partida en tres partes, y las ciudades de las naciones se cayeron; y la grande Babylonia vino en memoria delante de Dios, para darle el caliz de la indignación de su ira"* (16: 18-19). En este texto Juan dice que la *grande ciudad fué partida en tres partes;* no se destruye, pero se divide en tres partes. Es plausible que esta profecía muestre la división de la Gran Ciudad en tres partes que son la iglesia católica de Occidente, la iglesia ortodoxa de Oriente y las iglesias protestantes, siendo la división misma un castigo que recibe junto a las ciudades del mundo y a Babilonia la Grande: a todas les dará *"el caliz del vino de la indignación de su ira"* (16: 19).

Como se puede apreciar, cuando en el último versículo del capítulo 17 del Apocalipsis leemos que *"la muger que has visto, es la grande ciudad que tiene su reino sobre los reyes de la tierra"* (17: 18), Juan se refiere a una iglesia institucionalizada, que ejerce el poder mundano, cuyo castigo se acaba de narrar en el mismo capítulo (17: 16-17). No habla, por lo tanto, de la ciudad de Babilonia, cuyo castigo y destrucción se narra en el capítulo 18 del Apocalipsis.

En conclusión, la identificación de la Gran Ramera con aquella parte del nuevo pueblo de Dios que se ha vuelto infiel a su misión, se prueba por los argumentos ya expuestos, que, para mayor claridad, se sintetizan así:

1. Uno de los ángeles que derraman las siete copas sobre el reino de la Bestia de siete cabezas y diez cuernos, llama a Juan para mostrarle el castigo de la Gran Ramera, que es la iglesia infiel. Más adelante (Cf. 21: 9-11), también uno de estos siete ángeles que derraman las copas de la ira llama a Juan para mostrarle a la novia del Cordero, que es la iglesia santa y purificada. Aunque son textos

opuestos, están unidos porque en ambos intervienen los ángeles de las siete copas. Los textos muestran, por una parte, a la iglesia como pueblo que sirve a los poderes del mundo y que es destruida por los mismos poderosos, y en forma opuesta, a la iglesia ya purificada, que es la Jerusalén que baja del cielo.

2. Juan ve a la Gran Ramera en el desierto, sentada sobre la Bestia. El desierto es el mismo lugar simbólico donde se refugió el pueblo de Dios o la Mujer madre del Mesías, a la que había visto rodeada por la luz del sol y con la luna bajo sus pies, siendo la luna símbolo del mal. Es decir, el mismo pueblo de Dios cuya misión es aplastar el mal, ahora está instalado sobre los poderes mundanos, confundiéndose con ellos.

3. Juan se sorprende en extremo con la visión de la Ramera, ya que, simbólicamente, ve al nuevo pueblo de Dios traicionando su misión y unido a los poderes mundanos. Por eso, cuando el ángel le anuncia la explicación de este misterio, lo que le muestra es la clase de castigo que esta Mujer recibirá.

4. El castigo que recibirá la Gran Ramera es el mismo anunciado por los profetas a la Jerusalén infiel: que por su infidelidad será tratada como prostituta y será destruida.

7.4 JUICIO Y CASTIGO DE BABILONIA LA GRANDE

"Y despues de estas cosas ví otro ángel descender del cielo, teniendo grande poder; y la tierra fué alumbrada de su gloria.

Y clamó con fortaleza en alta voz, diciendo: Caida es, caida es Babylonia la grande, y es hecha habitacion de demonios, y guarda de todo espíritu inmundo, y guarda de todas aves sucias, y aborrecibles;

Porque todas las naciones han bebido del vino de la ira de su fornicacion, y los reyes de la tierra han fornicado con ella, y los mercaderes de la tierra se han enriquecido de la potencia de sus deleites.

Y oí otra voz del cielo, que decia: Salid de ella, pueblo mio, porque no seais participantes de sus pecados, y que no recibais de sus plagas.

Porque sus pecados han crecido y llegado hasta el cielo, y Dios se ha acordado de sus maldades.

Tornádle á dar así como ella os ha dado, y pagádle al doble segun sus obras: en el cáliz que ella os dió á beber, dádle á beber doblado.

Cuanto ella se ha glorificado, y ha vivido en deleites, tanto le dad de tormento y pesar; porque dice en su corazon: Yo estoy sentada reina, y no soy viuda, y no veré duelo.

Por lo cual en un dia vendrán sus plagas, muerte, y llanto, y hambre, y será quemada con fuego; porque fuerte es el Señor Dios que la juzga.

Y llorarla han, y plañirse han sobre ella los reyes de la tierra, los cuales han fornicado con ella, y han vivido en deleites, cuando ellos vieren el humo de su encendimiento,

Estando lejos por el temor de su tormento, diciendo: ¡Ay, ay, de aquella gran ciudad de Babylonia aquella fuerte ciudad; porque en una hora vino tu juicio!

Y los mercaderes de la tierra llorarán y se lamentarán sobre ella; porque ninguno compra más sus mercaderias,

La mercaderia de oro, y de plata, y de piedras preciosas, y de margaritas, y de tela de lino fino, y de púrpura, y de seda, y de grana, y de toda madera de thya [aromática], y de todo vaso de marfil, y de todo vaso de maderas las mas preciosas, y de bronce, y de hierro, y de marmol;

Y canela, y olores, y ungüentos, y incienso, y vino, y aceite, y flor de harina, y trigo, y bestias, y de ovejas, y de caballos, y de carros, y de siervos, y de almas de hombres.

Y las frutas del deseo de tu alma se apartaron de tí, y todas las cosas gruesas, y excelentes te han faltado; y de aquí adelante ya no hallarás mas estas cosas.

Los mercaderes de estas cosas que se han enriquecido por ella, se pondrán á lo lejos, por el temor de su tormento, llorando, y lamentando,

Y diciendo: ¡Ay, ay de aquella gran ciudad, que estaba vestida de lino fino, y de púrpura, y de grana, y estaba dorada con oro, y adornada de piedras preciosas y de perlas!

Porque en una hora han sido desoladas tantas riquezas. Y todo gobernador, y toda compañia que conversa en las naos [naves], y marineros, y todos los que trabajan en la mar, se estuvieron de lejos.

Y viendo el humo de su encendimiento, dieron voces, diciendo: ¿Cuál ciudad era semejante á esta grande ciudad?

Y echaron polvo sobre sus cabezas, y dieron voces, llorando, y lamentando, diciendo: ¡Ay, ay de aquella gran ciudad, en la cual todos los que tenian naos en la mar, se habian enriquecido por razon de su costosa magnificencia! Porque en una sola hora ha sido asolada.

Regocíjate sobre ella, cielo, y vosotros santos apóstoles, y profetas; porque Dios os ha vengado en ella.

Y un fuerte ángel tomó una piedra como una grande muela de molino, y echóla en la mar, diciendo: Con tanto ímpetu será echada Babylonia, aquella gran ciudad; y no será jamás hallada.

Y voz de tañedores de arpas, y de músicos, y tañedores de flautas, y de trompeteros, no será mas oida en ti; y todo artífice de cualquier oficio que fuere, no será mas hallado en tí; y voz de muela no será mas oida en tí;

Y luz de candela no alumbrará mas en tí; y voz de esposo, y de esposa no será mas oida en tí; porque tus mercaderes eran los magnates de la tierra; porque por tus hechicerias todas las naciones fueron engañadas.

Y en ella se halló la sangre de profetas, y de santos, y de todos los que han sido matados en la tierra." (18)

En el capítulo 18 del Apocalipsis se presenta el juicio de Babilonia la Grande, que simboliza la civilización construida por el poder económico, mostrando el lujo y la amplitud de la actividad comercial que realiza con todas las naciones del mundo y su castigo en la forma de una rápida y total destrucción por el fuego, seguido de las lamentaciones de los poderosos por su desaparición tan inesperada y repentina.

Por lo que el castigo de Babilonia la Grande que aquí se muestra no es la ejecución del castigo de Roma, porque la capital del Imperio no fue destruida así como se muestra en este capítulo del Apocalipsis. Tampoco se muestra aquí el castigo de la Gran Ramera, que ya fue destruida en el capítulo 17 del Apocalipsis, como ya lo vimos. Sin embargo, con el propósito de evitar confusiones en la lectura de estos dos capítulos, junto con exponer el comentario propio del capítulo 18 del Apocalipsis, reiteraremos sus diferencias con el capítulo 17 del Apocalipsis, ya comentado.

En el capítulo 18 del Apocalipsis, el ángel que anuncia el castigo de Babilonia la Grande no pertenece al ciclo de las siete copas, como sucede en cambio con el ángel que muestra el castigo de la Ramera: *"Y vino uno de los siete ángeles que tenían las siete redomas, y habló conmigo, diciéndome: Ven acá, y te mostraré la condenación de la gran ramera"* (17: 1). En forma diferente, quien anuncia el castigo de Babilonia es otro ángel, poderoso, que baja del cielo, y que porta la gloria de Dios: *"Y después de estas cosas ví otro ángel descender del cielo, teniendo gran poder; y la tierra fué alumbrada de su gloria"* (18: 1). Proclama con fuerte voz la caída definitiva de Babilonia, que fornicó con los reyes de la tierra y embriagó a las naciones con el vino de su prostitución, como la Ramera, pero agregando que *"los mercaderes de la tierra se han enriquecido de la potencia de sus deleites"* (18: 3), indicando que esta ciudad será castigada por su orgullo y por ejercer el dominio sobre el mundo mediante el poder económico, seduciendo a todos con su lujo. De esta ciudad debe huir el pueblo fiel a Dios, como otrora huyó de Egipto, o como la familia de Lot huyó del castigo de Sodoma y Gomorra; de lo contrario, será contaminado y será alcanzado también por el castigo: *"Y oí otra voz del cielo, que decía: Salid de ella, pueblo mío, porque no seais participantes de sus pecados, y que no recibais de sus plagad"* (18: 4).

La Gran Ramera es destruida por los poderosos del mundo, que se vuelven contra ella, la desnudan y la avergüenzan ante todos; éstos, sin saberlo, ejecutan la voluntad de Dios, que por medio de ellos castiga a la Ramera. En cambio, Babilonia la Grande será destruida en breve tiempo por el fuego: *"por lo cual en un día vendrán sus plagas, muerte, y llanto, y hambre, y será quemada con fuego; porque fuerte es el Señor Dios que la juzga"* (18: 8).

Al contrario de lo que sucede con la Gran Ramera, los poderosos del mundo se lamentarán por la ruina de Babilonia la Grande.

El castigo de Babilonia la Grande vendrá en un solo día, o con más precisión, en una hora, cuando menos lo espere y cuando esté en el colmo de su poder. Los reyes de la tierra, los mercaderes y todos los que se enriquecen y viven del comercio de la Gran Ciudad se lamentarán por su repentina destrucción.

El tercer ¡Ay! anunciado por el águila en vuelo en el capítulo 8 versículo 13 del Apocalipsis, se expresa en el capítulo 18 en un triple ¡Ay! pronunciado por los que se lamentan de la ruina de Babilonia: *"Y llorarla han, y plañirse han sobre ella los reyes de la tierra, los cuales han fornicado con ella, y han vivido en deleites, cuando ellos vieren el humo de su encendimiento, estando lejos por el temor de su tormento, diciendo: ¡Ay, ay, de aquella gran ciudad de Babilonia aquella fuerte ciudad; porque en una hora vino tu juicio!"* (18: 9-10). De la misma manera se lamentan los mercaderes que se habían enriquecido con esta ciudad: *"¡Ay, ay, de aquella gran ciudad, que estaba vestida de lino fino, y de púrpura, y de grana, y estaba dorada con oro, y adornada de piedras preciosas y perlas! Porque en una hora han sido desoladas tantas riquezas!"* (18: 16-17). Y los marineros y los que se encargan del transporte marítimo, lloran y se lamentan desde lejos: *"¡Ay, ay, de aquella gran ciudad, en la cual todos los que tenian naos en la mar, se habían enriquecido en razón de su costosa magnificencia. Porque en una sola hora ha sido asolada!"* (18: 19). Esto lo confirma otro ángel, que con un vigoroso gesto anuncia la caída repentina de la ciudad enemiga de Dios: *"Y un fuerte ángel tomó una piedra como una grande muela de molino, y echóla en la mar, diciendo: Con tanto ímpetu será echada Babylonia, aquella gran ciudad; y no será jamás hallada"* (18: 21).

Queda claro que los poderosos del mundo no son los que destruyen Babilonia, sino que por el contrario, hacen duelo por lo que dejarán de obtener de ella: los reyes del mundo, los comerciantes, los capitanes de barco y marineros encargados del transporte, lloran mientras observan desde lejos el fuego de su destrucción.

Notemos que en este capítulo Juan también emplea el símbolo de la Gran Ciudad, pero en este caso, no para indicar un poder religioso corrupto, sino para mostrar una civilización basada en el poder del dinero, del orgullo desmedido y de la opresión de la gente, por lo que también será juzgada y castigada duramente.

Se hace evidente también que esta Gran Ciudad así destruida es el símbolo de los poderes mundanos que se erigen contra Dios, cuando los que se enriquecen con ella exclaman: *"¿Cuál ciudad era semejante a esta grande ciudad?"* (18: 18), tal como lo dice el profeta Ezequiel hablando de la antigua ciudad de Tiro, enriquecida también con el comercio internacional: *"Y levantarán sobre tí endechas en sus lamentaciones, y endecharán sobre tí: ¿Quién como Tyro, cortada en medio de la mar? Cuando tus mercaderías salian de los mares, hartabas muchos pueblos: los reyes de la tierra enriqueciste con la multitud de tus riquezas, y de tus contrataciones"* (Ez 27: 32-33).

También se mencionan los artículos de comercio que le otorgan su poderío, porque trafica con toda clase de objetos de lujo y hasta con seres humanos:

"La mercadería de oro, y de plata, y de piedras preciosas, y de margaritas, y de tela de lino fino, y de púrpura, y de seda, y de grana, y de toda madera de thya, y de todo vaso de marfil, y de

todo vaso de maderas las más preciosas, y de bronce, y de hierro,
y de mármol; y canela, y olores, y ungüentos, y incienso, y vino, y
aceite, y flor de harina, y trigo, y bestia, y de ovejas, y de
caballos, y de carros, y de siervos, y de almas de hombres." (18:
12-13)

Babilonia, la civilización corrupta, que establece su
poder mediante la opresión de la gente, cae en forma rápida
e inesperada. Es el juicio de Dios sobre ella, ya que, al igual
que la antigua Babilonia de los caldeos, *"sus pecados han*
crecido y llegado hasta el cielo" (18: 5). También se dice que *"en*
ella se halló la sangre de los profetas, y de santos, y de todos los que
han sido matados en la tierra" (18: 24).

～

POR LO ANTERIOR es posible establecer claramente que en
los capítulos 17 y 18 del Apocalipsis reciben su castigo dos
entidades distintas:

- Por una parte, en el capítulo 17 del Apocalipsis es
  castigada la Gran Ramera, que es aquella parte
  del pueblo de Dios que se ha vuelto infiel y está
  al servicio del mundo: el castigo lo recibe de los
  mismos poderosos a los cuales sirvió, que
  ejecutan el castigo porque así lo ha dispuesto
  Dios. Este pueblo de Dios corrupto es una
  Ramera; su opuesto es el pueblo de Dios ya
  purificado que ha llegado a ser la novia del
  Cordero, que es la Jerusalén celeste que baja del
  cielo llena de la gloria de Dios: *"Vi la santa Ciudad*
  de Jerusalem nueva, que descendía del cielo, aderezada

de Dios, como la esposa ataviada para su marido"
(21: 2).

- Por otra parte, en el capítulo 18 del Apocalipsis recibe el castigo Babilonia la Grande, la Gran Ciudad del capitalismo, que corresponde al séptimo reino de la profecía. Es la civilización construida a base del comercio mundial, que prostituye a los grandes y a los pueblos del mundo con su lujo desenfrenado, pero que, en breve tiempo, será consumida por el fuego, acompañada de los lamentos de los poderosos de la tierra que lloran por su estrepitosa ruina.

7.5 ALABANZAS POR EL JUICIO DE LA GRAN RAMERA Y POR LAS BODAS DEL CORDERO

"Y despues de estas cosas, oí una gran voz de gran compañía en el cielo, que decia: Haleluia: Salvacion, y gloria, y honra, y poder al Señor nuestro Dios;

Porque sus juicios son verdaderos y justos, porque él ha juzgado á la grande ramera que ha corrompido la tierra con su fornicacion, y ha vengado la sangre de sus siervos de la mano de ella.

Y otra vez dijeron: Haleluia. Y su humo subió para siempre jamás.

Y los veinte y cuatro ancianos, y los cuatro animales se postraron, y adoraron á Dios, que estaba sentado sobre el trono, diciendo: Amen: Haleluia.

Y salió una voz del trono, que decia: Load á nuestro Dios todos vosotros sus siervos, y vosotros los que le temeis, así pequeños, como grandes.

Y oí como la voz de una gran multitud, y como la voz de muchas aguas, y como la voz de grandes truenos, que decían: Haleluia. Porque el Señor Dios Todopoderoso reina.

Gocémonos, y alegrémonos, y démosle gloria; porque son venidas las bodas del Cordero, y su muger se ha preparado;

Y le ha sido dado que se vista de tela de lino fino, limpio, y resplandeciente; porque el lino fino son las justificaciones de los santos.

Y él me dice: Escribe: Bienaventurados los que son llamados á la cena de las bodas del Cordero. Y díceme: Estas palabras de Dios son verdaderas.

Y yo me eché á sus pies para adorarle. Y él me dijo: Mira, que no lo hagas: yo soy consiervo tuyo, y de tus hermanos, que tienen el testimonio de Jesus. Adora á Dios; porque el testimonio de Jesus es el espíritu de profecia." (19: 1-10)

Después de estas visiones del juicio, Juan oye ahora a una enorme multitud que en el cielo celebra con cantos triunfales el juicio de Dios sobre la Gran Ramera, *que ha corrompido la tierra con su fornicación.*

Los veinticuatro Ancianos y los cuatro Vivientes adoran a Dios por sus justos juicios, y una voz que sale del trono reafirma el evangelio eterno que proclama que se debe adorar sólo Dios: *Load á nuestro Dios todos vosotros sus siervos.*

Por eso la iglesia infiel, la Gran Ramera, al adorar los poderes del mundo olvidándose de su Dios ha sido juzgada y destruida. Lo mismo aconteció con Babilonia la Grande destruida en el colmo de su vanagloria y adoración a sí misma: *"porque dice en su corazón: Yo estoy sentada reina, y no soy viuda, y no veré duelo"* (18: 7). Del mismo modo sucedió con el reino de la Bestia que se levanta directamente contra Dios, destruido por las siete copas de la ira.

Juan oye también la alabanza del pueblo de Dios, purificado y transformado después del juicio a la iglesia infiel y a todos los poderes del mundo: *Y oí como la voz de una gran multitud, y como la voz de muchas aguas, y como la voz de grandes truenos, que decían: Haleluia. Porque el Señor Dios Todopoderoso reina.*

La humanidad se une a Dios de manera íntima y misteriosa, unión simbolizada con la imagen de las bodas de Dios con su iglesia ya purificada. Juan oye que han llegado las bodas del Cordero anunciadas por los profetas y en el Nuevo Testamento: *Y su muger se ha preparado; y le ha sido dado que se vista de tela de lino fino, limpio y resplandeciente; porque el lino fino son las justificaciones de los santos.* El reinado de Dios se describe aquí como un banquete nupcial, en el que el Cordero se une a su esposa, que es la iglesia purificada, y a toda la humanidad, formada por los que se han preparado para entrar a este banquete: *Bienaventurados los que son llamados á la cena de las bodas del Cordero.*

El ángel que revela estos misterios concluye diciendo que *estas palabras de Dios son verdaderas,* y reiteró el evangelio eterno que proclama que solo a Dios se debe adorar: ni a seres humanos, ni a civilizaciones ni a poderes naturales o sobrenaturales; Juan intenta adorar al ángel, pero éste se lo impide porque él es siervo de Dios igual que los discípulos que mantienen durante la historia el testimonio de Jesús. Este testimonio lo dio Jesús al cumplir en su vida todas las profecías que lo anunciaron; es decir, el testimonio de Jesús es el que inspiró a los profetas: *porque el testimonio de Jesús es el espíritu de profecía.*

La imagen de Jesucristo como Cordero, indica que el triunfo del Mesías se logra mediante el sacrificio, el sufrimiento y la muerte, para llegar a la gloria y la resurrección.

Es el Cordero degollado pero triunfante que está junto al trono de Dios y que toma en sus manos el libro de los siete sellos (5: 6-14) y que está de pie sobre el monte Sión acompañado de ciento cuarenta y cuatro mil testigos (14: 1-5). Después de vencer, celebra sus bodas con la humanidad redimida, representada como su esposa purificada y limpia.

7.6 INTRODUCCIÓN AL JUICIO Y CASTIGO DE LA BESTIA Y DEL FALSO PROFETA

En estas visiones la destrucción del reino de la Bestia se mira desde otra perspectiva: como el triunfo del bien sobre el mal, logrado en el transcurso de la historia, en la forma de un duro combate final de los que proclaman la palabra de Dios y tienen el testimonio de Jesús, enfrentados con las fuerzas del Dragón y sus secuaces. Por eso, en la siguiente visión Jesucristo no se muestra como el Cordero, sino como el Rey de reyes y Señor de señores, el Jinete victorioso sobre un caballo blanco que viene seguido por los ejércitos del cielo también montados en caballos blancos y vestidos con lino blanco, símbolo de sus fieles discípulos y testigos en el mundo.

Este punto de vista ya había sido anticipado. El Día del Señor se simboliza también como un gran combate final al que son convocados los poderosos del mundo:

"Y vi salir de la boca del dragon, y de la boca de la bestia, y de la boca del falso profeta tres espíritus inmundos á manera de ranas. Porque estos son espíritus de demonios, que hacen prodigios, para ir á los reyes de la tierra, y de todo el mundo, para congregarlos para la batalla de aquel grande dia de Dios Todopoderoso. (...) Y

los congregó en un lugar que se llama en Hebráico Armagedon."
(16: 13-16)

Son los mismos reyes que al servicio de la Bestia se
enfrentan al Cordero:

*"Estos batallarán contra el Cordero, y el Cordero los vencerá;
porque es el Señor de los señores, y el Rey de los reyes; y los que
estan con él, son llamados, y elegidos, y fieles."* (17: 14)

Juan muestra con claridad a los antagonistas de esta gran
batalla simbólica. Por una parte, el pueblo de los que
mantienen el testimonio de Jesús, guiados por la palabra de
Dios; por otra, aquellos seducidos por el Dragón, encabe-
zados por la Bestia y el Falso Profeta. El juicio y destrucción
del reino de la Bestia, que se describió en la visión de las
siete copas derramadas sobre la tierra, se presenta ahora,
desde otro punto de vista, como la gran batalla de Armagedón en la que los enemigos de Dios son derrotados: la
Bestia y el Falso Profeta son apresados y condenados a la
desaparición definitiva.

7.6.1 EL JUICIO SOBRE LA BESTIA Y EL FALSO PROFETA

*"Y ví el cielo abierto, y he aquí un caballo blanco; y el que estaba
sentado sobre él, era llamado Fiel y Verdadero, y en justicia juzga
y guerrea.*

*Y sus ojos eran como llamas de fuego, y habia en su cabeza
muchas diademas, y tenia un nombre escrito que ninguno ha
conocido, sino él mismo:*

Y estaba vestido de una ropa teñida en sangre, y su nombre es llamado La Palabra de Dios.

Y los ejércitos que están en el cielo le seguian en caballos blancos, vestidos de lino fino, blanco, y limpio.

Y de su boca sale una espada aguda para herir con ella á las naciones, y él las regirá con vara de hierro; y él pisa el lagar del vino del furor y de la ira de Dios Todopoderoso.

Y en su vestidura, y en su muslo, tiene un nombre escrito: REY DE REYES, Y SEÑOR DE SEÑORES.

Y ví un ángel que estaba de pié en el sol, y clamó con gran voz, diciendo á todas las aves que volaban en medio del cielo: Venid, y congregáos á la cena del gran Dios;

Para que comais carnes de reyes, y carne de capitanes, y carne de fuertes, y carnes de caballos, y de los que están sentados sobre ellos; y carnes de todos, libres y siervos, de pequeños, y de grandes.

Y ví la bestia, y los reyes de la tierra, y sus ejércitos congregados para hacer guerra contra el que estaba sentado sobre el caballo, y contra su ejército.

Y la bestia fué presa, y con ella el falso profeta, que habia hecho las señales en su presencia, con las cuales habia engañado á los que recibieron la marca de la bestia, y á los que adoraron su imágen.

Estos dos fueron lanzados vivos dentro de un lago de fuego ardiendo con azufre.

Y los demas fueron muertos con la espada que salia de la boca del que estaba sentado sobre el caballo, y todas las aves fueron hartas de las carnes de ellos." (19: 11-22)

Esta sección está formada por tres visiones. En la primera, Juan ve el cielo abierto y un Jinete en un caballo blanco, que viene seguido por sus ejércitos, también montados en caballos blancos. En la segunda visión ve un ángel que convoca a las aves del cielo a participar en el banquete de Dios para devorar la carne de sus enemigos. En la tercera visión ve a los enemigos de Dios preparados para enfrentar al Jinete y su ejército del cielo, y ve también el desenlace del combate que concluye con la captura de la Bestia y del Falso Profeta y con la destrucción de todos sus seguidores.

En la primera visión, Juan ve el cielo abierto, como cuando la voz de Jesucristo lo llamó a subir para revelarle las cosas *"que han de ser despues de estas"* (1: 19); el cielo se abre otra vez, pero ahora para dar paso a un Jinete montado en un caballo blanco, como símbolo de victoria, seguido por los ejércitos del cielo, también montados en caballos blancos y vestidos de blanco lino fino. Es Jesucristo, la Palabra de Dios, seguido por sus testigos, vestidos de lino blanco, *"porque el lino fino son las justificaciones de los santos [es la recta conducta del pueblo santo]"* (19: 8). Sus rasgos principales ya los había descrito Juan en el capítulo 1 del Apocalipsis, en la visión de Cristo glorificado (1: 12-16) y en la presentación de los mensajes a las siete iglesias de Asia (capítulos 2 y 3 del Apocalipsis).

Jesucristo viene como Juez y Rey, ya que *en justicia juzga y guerrea.* Es el testigo Fiel y Veraz, sus ojos son llamas de fuego, sobre su cabeza lleva muchas coronas como símbolo de su poder; ejecuta los juicios de Dios por lo que *estaba vestido de una ropa teñida en sangre* y *él pisa el lagar del vino del furor y de la ira de Dios Todopoderoso.* De su *boca sale una espada aguda para herir con ella á las naciones,* espada que simboliza el poder del evangelio, porque el nombre del Jinete es la *Palabra de Dios.*

Esta visión muestra la segunda venida de Jesucristo, lleno de poder y gloria, que desciende del cielo ahora como rey y juez de las naciones para destruir a sus enemigos *"con el Espíritu de su boca"* (2 Ts 2: 8); el espíritu o aliento de su boca es su Palabra.

También esta visión representa el evangelio predicado a los seres humanos, simbolizado en el Jinete en su caballo blanco y sus seguidores, palabra de Dios que después de un largo y duro camino transformará el mundo. Pero, de igual manera, esta imagen muestra el misterio de Jesucristo, de naturaleza incomprensible y que por eso *tenía un nombre escrito que ninguno ha conocido, sino él mismo.* Lleva también un nombre sobre su manto y en su muslo: *REY DE REYES Y SEÑOR DE SEÑORES,* llevando como propio este título atribuido a Dios: *"Al cual á su tiempo mostrará el Bienaventurado y solo poderoso, Rey de reyes, y Señor de señores"* (1 Ti 6: 15). La visión significa que la palabra de Dios que culmina en el evangelio de Jesucristo y es proclamada por sus testigos, se enfrenta a los enemigos de Dios y de la humanidad, venciendo finalmente.

En la segunda visión, Juan utiliza uno de los mitos universales que expresan la lucha entre el bien y el mal, en este caso, aludiendo al enfrentamiento entre las aves (como símbolos que se asocian al aire y a lo espiritual, como el ibis, la cigüeña o el águila) y los reptiles (y otros animales asociados al inframundo y al mal). La imagen más frecuente es la del águila que apresa una serpiente entre sus garras, presente en las tradiciones de varios pueblos. Juan ve cómo un ángel *clamó con gran voz, diciendo á todas las aves que volaban en medio del cielo: Venid, y congregáos á la cena del gran Dios*; pero no las llama a participar en el combate, sino para que acudan a comer las carnes de los que serán derrotados porque la victoria de la Palabra de Dios es segura. Los ángeles, junto con ser los mensajeros de la voluntad de Dios, también representan los estados superiores del ser, por eso este ángel está *de pié en el sol;* las aves se asocian a los mismos estados superiores o espirituales, que se enfrentan a las fuerzas inferiores o caóticas, representadas aquí por las ranas y por el Dragón, que es la serpiente antigua: *y todas las aves fueron hartas de las carnes de ellos.*

En la tercera visión se muestra directamente la victoria de Jesucristo y sus discípulos en esta simbólica gran batalla final contra los secuaces del Dragón, que son la Bestia y el Falso Profeta, más sus seguidores, *los que recibieron la marca de la Bestia, y á los que adoraron su imagen.*

EL GOBIERNO mundial del octavo reino, que es el gobierno de la Bestia de siete cabezas y diez cuernos, gobierno apoyado y fortalecido por el Falso Profeta que es la Bestia que sube de la tierra, ya se mostró antes (13: 1-18) y su destrucción la muestra Juan en la visión de las siete copas que se derraman sobre ese reino. Este octavo reino, que antes ya había existido (es uno de los siete reinos), reaparece al final de la historia: *"Y vi la una de sus cabezas como herida de muerte, y la llaga de su muerte fué curada; y hubo admiración en toda la tierra detrás de la bestia"* (13: 3). El dominio político y el poder absoluto que iniciaron su camino en la torre de Babel y que se manifestó en los muchos reinos de este mundo, ahora se muestra como un poder total, con la pretensión de ser dueño absoluto de la libertad humana. En este intento choca con el pueblo de Dios, produciéndose la Gran Tribulación anunciada, que sin embargo no será de larga duración: *"Y le fué dado de hacer la guerra cuarenta y dos meses. Y abrió su boca en blasfemias contra Dios, para blasfemar su nombre,*

y su tabernáculo, y á los que moran en el cielo. Y le fué dado hacer guerra contra los santos, y vencerlos. También le fué dado poder sobre toda tribu, y pueblo, y lengua, y nación" (13: 5-7). Sin embargo, aunque el gobierno de la Bestia obtendrá solo un triunfo temporal, el pueblo de Dios deberá soportar la persecución con perseverancia, para triunfar finalmente, oponiéndose al poder político idolátrico con gran fortaleza y fe en Jesucristo: *"Aquí está la paciencia, y fé de los santos"* (13: 10).

El poder político absoluto de la Bestia de siete cabezas y diez cuernos es apoyado por el Falso Profeta (la Bestia que sube de la tierra), que hace prodigios para convencer a los habitantes de la tierra para que adoren a la bestia de siete cabezas y diez cuernos: *"y que ninguno pueda comprar ó vender, sino el que tiene la señal, ó el nombre de la bestia, ó el número de su nombre"* (13: 17).

A este poder político absoluto se enfrenta el pueblo de Dios: esta confrontación final tan decisiva ha sido profetizada como la batalla de Armagedón, en la que los enemigos de Dios y de la humanidad serán derrotados, y que culminará con la manifestación de Jesucristo. En esta batalla la Bestia y el Falso Profeta son apresados: *estos dos fueron lanzados vivos dentro de un lago de fuego ardiendo con azufre,* ambos destruidos por la Palabra de Dios, vencidos por Jesucristo y sus testigos.

En estas visiones del juicio, presentado como una batalla final entre el pueblo fiel a Dios y los poderes del mundo que se erigen en contra suya, se simboliza la confrontación permanente que a través de los siglos ha dividido a la humanidad. Es el poder de la palabra de Dios que, expresada primero en la Ley y los profetas, culmina en el evangelio de Jesucristo. Esta palabra transformará finalmente el mundo para que llegue el reino de Dios. Es una lucha cuyo campo de batalla es el mundo, a través de la historia, pero que al culminar los tiempos tendrá un estallido final en el que aparentemente habrán vencido los enemigos de Dios y de la humanidad, pero que, por el contrario, significará el triunfo definitivo del plan de Dios que se hará realidad finalmente, porque la palabra es como la levadura, que siendo poca en cantidad, fermenta toda la masa y la transforma en el buen pan.

El triunfo de la palabra de Dios es total, porque finalmente se impone y transforma todo el mundo, ya que después de destruidos la Bestia y el Falso Profeta, *los demás fueron muertos con la espada que salía de la boca del que estaba sentado sobre el caballo.*

El pueblo de Dios, que se señala también como *los ejércitos que están en el cielo,* participa en la destrucción de los poderes del mundo, que son la Bestia y el Falso Profeta. Pero el Dragón, Satanás o el espíritu del mal solo puede ser destruido por la intervención divina. Esto se muestra simbólicamente en el capítulo 20 del Apocalipsis, que analizaremos a continuación.

7.7 JUICIO Y CASTIGO DEL DRAGÓN O SATANÁS: EL MILENIO

"Y ví un ángel descender del cielo, que tenia la llave del abismo, y una grande cadena en su mano.

Y agarró al dragon, antigua serpiente, que es el diablo, y Satanás, y le ató por mil años.

Y le arrojó al abismo, y le encerró, y selló sobre él; porque no engañase mas á las naciones hasta que los mil años fuesen cumplidos, y despues de esto, es necesario que sea desatado por un poco de tiempo.

Y ví tronos, y se sentaron sobre ellos, y les fué dado el juicio: y ví las almas de los que habian sido degollados por el testimonio de Jesus, y por la palabra de Dios, y que no habian adorado la bestia, ni á su imágen, y que no habían recibido su marca en sus frentes, ni en sus manos; y vivieron, y reinaron con Cristo mil años.

Empero los demas muertos no tornaron á vivir, hasta que fueron cumplidos los mil años: esta es la primera resurreccion.

Bienaventurado y santo el que tiene parte en la primera resurreccion: la segunda muerte no tiene potestad sobre los tales: ántes serán sacerdotes de Dios, y de Cristo, y reinarán con él mil años.

Y cuando los mil años fueren cumplidos, Satanás será suelto de su prision.

Y saldrá para engañar las naciones que están en las cuatro esquinas de la tierra, Gog y Magog, á fin de congregarlas para la batalla, el número de las cuales es como la arena de la mar.

Y subieron sobre la anchura de la tierra, y anduvieron al derredor de los ejércitos de los santos, y de la ciudad amada. Y de Dios descendió fuego del cielo, y los tragó.

Y el diablo que los engañaba fué lanzado en el lago de fuego y azufre, donde está la bestia, y el falso profeta, y serán atormentados dia y noche para siempre jamás." (20: 1-10)

En el capítulo 20 del Apocalipsis, Juan nos muestra el Día del Señor desde otro punto de vista; lo muestra esta vez como el día de la victoria definitiva sobre el enemigo supremo, el diablo, que es el que introduce el mal en el mundo, la serpiente antigua, el Dragón que seduce a las naciones. Es la misma batalla final de Armagedón vista desde otra perspectiva.

En la visión anterior ha mostrado este Día como la victoria de la Palabra o Verbo de Dios que baja del cielo, junto a sus testigos y fieles, sobre los poderes del mundo que pretenden suplantar a Dios, simbolizados como la Bestia que sube del mar, que es la Bestia de siete cabezas y diez cuernos, y el Falso Profeta, que es la Bestia que sube de la tierra, más sus seguidores. Ahora nos dice que el mal es un misterio más profundo y que para vencerlo no basta con destruir a los secuaces de Satanás. Lo que se muestra aquí es que el mal tiene un origen exterior a la humanidad, que es mucho más poderoso que los instrumentos que utiliza para engañar y seducir, y que sólo pudo ser vencido por Dios, mediante la muerte y resurrección de Jesucristo, el Mesías.

Es por esto que el capítulo 20 del Apocalipsis se inicia con otra visión del triunfo de Jesucristo sobre Satanás; Jesucristo está simbolizado aquí por un ángel que baja del cielo y que tiene poder sobre el Dragón, ya que trae en sus manos las cadenas para someterlo y las llaves del abismo. Antes señaló Juan que el único que tiene este poder es Jesucristo: *"Y el que vivo, y he sido muerto, y, he aquí, vivo por siglos de siglos, Amén; y tengo las llaves del infierno, y de la muerte"* (1: 18). El ángel ata al Dragón por un tiempo histórico, conocido como el milenio: *Y vi un ángel descender del cielo, que tenía la llave del abismo, y una grande cadena en su mano. Y agarró al dragón, antigua serpiente, que es el diablo, y Satanás, y le ató por mil años. Y le arrojó al abismo, y le encerró, y selló sobre él; porque no engañase mas á las naciones hasta que los mil años fuesen cumplidos, y despues de esto, es necesario que sea desatado por un poco tiempo.* Anteriormente, Juan ya había usado una imagen semejante, la del arcángel Miguel y sus ángeles, para simbolizar la victoria de Jesucristo:

"Y fué hecha una grande batalla en el cielo: Michael y sus ángeles batallaban contra el dragon; y el dragon batallaba, y sus ángeles.

Empero no prevalecieron estos, ni su lugar fué mas hallado en el cielo.

Y fué lanzado fuera aquel gran dragon, que es la serpiente antigua, que es llamada diablo, y Satanás, el cual engaña á todo el mundo: fué arrojado en tierra, y sus ángeles fueron arrojados con él." (12: 7-9)

A continuación, Juan aclara que esta batalla, por supuesto, es simbólica, y que la victoria se obtuvo por el sacrificio del Mesías y por el testimonio de sus fieles seguidores: *"Y ellos le han vencido por causa de la sangre del Cordero, y por la palabra de su testimonio; y no han amado sus vidas hasta la muerte"* (12: 11).

Estos mismos, los que *no han amado sus vidas hasta la muerte,* son los que, figuradamente, se sientan en tronos para juzgar al mundo. Juzgan al mundo al mostrar la verdadera manera de vivir al proclamar la palabra de Dios y mantener el testimonio de Jesús; ellos rechazan abiertamente todo compromiso con el mal, ya *que no habian adorado la bestia, ni á su imágen, y que no habian recibido su marca en sus frentes, ni en sus manos.* Esta actitud, la de adorar al único Dios y mantener el testimonio de Jesucristo sin temer a la muerte, es *la primera resurrección* que aquí menciona Juan, ya que ellos viven para Dios. De tal modo que esta *primera resurrección* no es una resurrección corporal, sino que los mártires que durante la historia fueron asesinados por proclamar la palabra de Dios y los que no aceptaron la marca de la Bestia se hicieron semejantes a Cristo en su vida y vivieron para él; es en este sentido que tuvieron una vida nueva de resucitados. Esto es lo que Juan simbólicamente designa como *primera resurrección.*

Por lo señalado, se entiende que no hay dos resurrecciones, sino una sola resurrección general al término de la historia. La resurrección de la humanidad acontecerá en el Día del Señor o segunda venida de Cristo. Después vendrá el juicio final y la llegada del reinado de Dios.

Es así entonces que el milenio es una expresión simbólica que corresponde al tiempo histórico que se inicia con la resurrección de Jesucristo y que culminará con aquel acontecimiento final anunciado por los profetas llamado el Día del Señor. De tal manera que el milenio así entendido está lejos de ser una época de paz en la tierra; por el contrario, es un tiempo histórico caracterizado como una lucha frontal entre el pueblo fiel a Dios y las fuerzas enemigas reunidas por Satanás y sus secuaces. Por eso Juan dice: *y vi las almas de los que habían sido degollados por el testimonio de Jesús, y por la palabra de Dios, y que no habían adorado á la bestia, ni á su imágen, y que no habían recibido su marca en sus frentes, ni en sus manos; y vivieron, y reinaron con Cristo mil años.*

Este período histórico de lucha y enfrentamiento entre los testigos de Jesús y los secuaces de Satanás culminará en un enfrentamiento final, en el cual las fuerzas del mal aparentemente se impondrán, dando paso a una crisis última de la humanidad. La crisis será de tal magnitud que las fuerzas del mal, llegado ese tiempo final, actuarán en forma abierta y desembozada; tanto así, que Juan la simboliza diciendo que el Dragón encadenado en el abismo fue liberado y salió de nuevo a seducir a las naciones. Pero éste no es otro enfrentamiento: se trata de la misma batalla final encabezada por Gog, rey de Magog, profetizada por Ezequiel (Ez 38: 2-9, 22), y la misma batalla de Armagedón, en la cual los enemigos de Dios y de la humanidad son vencidos por el Verbo o la Palabra de Dios, que baja del cielo (Cf. 19: 11-21). Por eso en esta batalla del fin del milenio, Juan señala, usando una expresión semejante, que *descendió fuego del cielo* (la Palabra de Dios) para vencer a Satanás y sus seguidores: *Y subieron por la anchura de la tierra, y anduvieron al derredor de los ejércitos de los santos, y de la ciudad amada. Y de Dios descendió fuego del cielo, y los tragó.*

Con este enfrentamiento final, cuya consecuencia es la derrota de Satanás y sus secuaces, que son condenados eternamente al lago de fuego —siendo esto símbolo de su desaparición definitiva o segunda muerte— se llega al fin de la historia o fin de los tiempos. Ésta ha sido la última imagen o presentación del Día del Señor, grande y terrible para los enemigos de Dios y de la humanidad, y lleno de misericordia y bondad para los justos que viven en la verdad y rechazan el mal.

Después de la destrucción de los enemigos de Cristo y del pueblo de Dios, corresponde que se manifieste el nuevo mundo preparado por Dios para la humanidad y que se ha venido construyendo dolorosamente durante toda la historia. En esta construcción del reino de Dios, los seres humanos han sido protagonistas. Cada uno está llamado a construir este reino. Sin embargo, usando su libertad, todo ser humano puede seguir el llamado de Dios a través de la revelación natural, por medio de los profetas y la Ley, y por medio de la predicación del evangelio de Jesucristo. Pero también, usando la misma libertad, puede dejarse seducir por los atractivos poderes del mal: dicho simbólicamente, puede aceptar la marca de la Bestia, adorar su imagen o llevar como marca el número de su nombre. Por eso, antes de que aparezca el nuevo mundo preparado, antes de que llegue el reino de Dios, tiene que venir el juicio final, cuando cada uno de los seres humanos dé cuenta de su rol en el drama universal, porque cada uno será examinado según sus obras.

7.7.1 CRÍTICA A LA INTERPRETACIÓN LITERAL DEL CAPÍTULO 20 DEL APOCALIPSIS: EL MILENARISMO

El milenarismo es la doctrina que sostiene que el capítulo 20 del Apocalipsis debe entenderse de manera literal, es decir, que antes del juicio final Jesucristo vendrá visiblemente a la tierra para reinar durante mil años en Jerusalén, *"la ciudad amada"* (20: 9), acompañado de sus elegidos (los mártires y los que no se sometieron a la Bestia), ya resucitados.

Esta doctrina postula que habrá dos resurrecciones y que los mil años se sitúan entre ellas.

La primera se menciona en 20: 4-5, y corresponde a la resurrección de los mártires y de los demás justos, los que se mantuvieron firmes en la fe, sin dejarse seducir por el Falso Profeta ni adorar a la Bestia:

> *"Y ví tronos, y se sentaron sobre ellos, y les fué dado el juicio: y ví las almas de los que habian sido degollados por el testimonio de Jesus, y por la palabra de Dios, y que no habian adorado la bestia, ni á su imágen, y que no habían recibido su marca en sus frentes, ni en sus manos; y vivieron, y reinaron con Cristo mil años.*
>
> *Empero los demas muertos no tornaron á vivir, hasta que fueron cumplidos los mil años: esta es la primera resurreccion"* (20: 4-5).

La segunda resurrección, que es la universal, se describe en 20: 12-13, cuando *"los demás muertos no tornaron á vivir, hasta que fueron cumplidos los mil años"* (20: 5), resucitando para el juicio final:

> *"Y ví los muertos, grandes y pequeños, que estaban en pié delante de Dios; y los libros fueron abiertos; y otro libro fué abierto, el cual es el libro de la vida; y fueron juzgados los muertos por las cosas que estaban escritas en los libros, según sus obras.*
>
> *Y la mar dió los muertos que estaban en ella; y la muerte, y el infierno dieron los muertos que estaban en ellos; y fué hecho juicio de cada uno de ellos según sus obras"* (20: 12-13).

Otro supuesto básico de los milenaristas es que los capítulos 19 y 20 del Apocalipsis son consecutivos, es decir, que la narración del primero continúa cronológicamente en el otro. Así, en el capítulo 19 del Apocalipsis se muestra cómo los secuaces del Dragón, que son la Bestia y el Falso Profeta, más los habitantes de la tierra seducidos por ellos, son derrotados por el Jinete montado en el caballo blanco y su ejército celestial. A continuación, en el capítulo 20 del Apocalipsis es derrotado el Dragón, primero siendo encerrado en el abismo por un ángel y luego de acontecido el milenio, arrojado al lago de fuego donde ya estaban la Bestia y al Falso Profeta.

En relación con la lectura literal del capítulo 20 del Apocalipsis, una mirada atenta al texto muestra que una interpretación de este tipo no se puede aceptar. Como lo hemos señalado, el lenguaje del Apocalipsis es simbólico y está lleno de imágenes, por lo que este texto también debe leerse de manera simbólica y no literal. Además de que una interpretación literal conduce a resultados inaceptables por ser contradictorios, como mostraremos a continuación.

En primer lugar, Cristo, la Palabra o el Verbo de Dios, desciende del cielo como un Jinete montado en un caballo blanco, seguido por los ejércitos del cielo vestidos de fino lino blanco. Se enfrentan a la Bestia, al Falso Profeta y a los reyes de la tierra que han reunido sus ejércitos para la batalla final. La Bestia y el Falso Profeta son capturados y arrojados al lago de fuego y sus ejércitos son destrozados por la espada que sale de la boca del Jinete. La victoria es completa, los ejércitos del cielo que acompañan al Jinete son los mártires y justos resucitados en la primera resurrección; no queda ningún enemigo sobre la tierra.

Después de estos acontecimientos, Satanás ha sido encadenado en el abismo hasta el fin del milenio. Cristo, victorioso y en toda su gloria, reina visiblemente en Jerusalén rodeado de sus santos resucitados en una era mesiánica que dura mil años, plena de justicia y de paz. Sin embargo, pasado este tiempo, Satanás es liberado para que seduzca a las naciones, lo que ejecuta con rapidez, y luego viene seguido de innumerables huestes que atacan Jerusalén. Pero baja fuego del cielo y los destruye a todos.

La pregunta que viene aquí es obvia, ¿de dónde salieron esos reyes y esas huestes innumerables, *"el número de las cuales es como la arena de la mar"* (20: 8), que cubren la superficie de la tierra y se atreven a atacar al mismo Cristo y sus santos resucitados que gobiernan desde Jerusalén, la ciudad amada? Y además, ¿Cómo es posible desatar una guerra contra personas resucitadas, de cuerpos glorificados que no pueden ser destruidos, que no pueden sufrir ni sentir miedo ni morir?

Porque ha quedado claro que después del triunfo del

Jinete del caballo blanco no quedó enemigo vivo sobre la tierra, ya que *"los demás fueron muertos con la espada que salía de la boca del que estaba sentado sobre el caballo, y todas las aves fueron hartas de las carnes de ellos"* (19: 22). Esto se afirma también cuando Juan dice que *"los demás muertos no tornaron a vivir, hasta que fueron cumplidos los mil años"* (20: 5). Entonces, en la tierra solo quedan los justos resucitados que gobiernan con Cristo en Jerusalén ya que no quedaron enemigos vivos. Por lo que el ataque a la ciudad y a *"los ejércitos de los santos"* (20: 9) es imposible porque no hay quién lo haga.

Sin embargo, hay otra posibilidad: que después del triunfo del Jinete y de sus ejércitos del cielo sobre la Bestia y el Falso Profeta, aceptemos que de alguna manera queden pueblos y naciones habitando la tierra (que son los que supuestamente no participaron en la batalla de Armagedón, aunque esto no se menciona en el capítulo 19) y que el glorioso reino terrenal de Cristo y de los justos resucitados se extienda a ellos desde su capital Jerusalén. Si esto fuera así, estamos frente a dos alternativas:

1. Estos habitantes que quedaron en la tierra tendrían que haber sido transformados por Cristo para que así pudiesen participar de su gloria y de su reino en la tierra, y por esto ya no podrían pecar ni rebelarse contra Dios; en este caso, estaríamos ante el reino mesiánico anunciado por los profetas, de paz y armonía. Por lo tanto, un ataque contra Cristo y los resucitados sería imposible.

2. Por el contrario, si los habitantes que quedaron en la tierra continúan viviendo con su naturaleza humana sometida al pecado, a la muerte, al dolor

y a todas las debilidades propias, se hace por esto imposible el reino de Cristo en la tierra. En este segundo caso, el milenio o reino de Cristo de mil años sería imposible porque ese sería un mundo semejante a la realidad que ahora tenemos.

Nuestra interpretación propone que el milenio es otra manera de presentar el tiempo histórico que comienza con la resurrección de Cristo y finaliza en el Día del Señor. Se entiende, entonces, que en este período Satanás pueda seducir a los pueblos del orbe, ir paulatinamente contra los planes de Dios y finalmente convocar al combate último a todas las naciones, a Gog y Magog. Es decir, el capítulo 20 del Apocalipsis es otra manera de presentar la batalla final de Armagedón.

Por lo que hemos indicado, una lectura literal de este texto resulta contradictoria porque habría que aceptar que Cristo, presente visiblemente en Jerusalén, gobernando con la mayor justicia y perfección que pueda imaginarse, acompañado de los justos resucitados, fracasó en su propósito de comunión con los pueblos del mundo y en la instauración de su reino en la tierra, ya que finalmente todos los habitantes prefieren seguir a Satanás y atacar la ciudad de Jerusalén; de esta manera, el espíritu del mal se mostraría superior a Cristo, aunque después fuera aniquilado junto a sus seguidores por el fuego que cae del cielo.

Pero Jesucristo no puede volver a la tierra para fracasar. Cuando venga por segunda vez, su regreso será glorioso y definitivo, será el Día del Señor. Todos los enemigos de Dios y de la humanidad serán destruidos; su segunda venida marcará el fin del tiempo y de la historia, vendrá la resurrección de todos los seres humanos, el juicio final y el inicio del reinado de Dios.

La interpretación literal del capítulo 20 del Apocalipsis contradice o disminuye la segunda venida triunfal de Cristo; por esto y por lo que hemos expuesto más arriba, la interpretación literal de este texto no nos parece aceptable.

7.8 JUICIO UNIVERSAL DE TODOS LOS SERES HUMANOS

"Y ví un gran trono blanco, y al que estaba sentado sobre él, de delante del cual huyó la tierra y el cielo; y no se halló lugar para ellos.

Y ví los muertos, grandes y pequeños, que estaban en pié delante de Dios; y los libros fueron abiertos; y otro libro fué abierto, el cual es el libro de la vida; y fueron juzgados los muertos por las cosas que estaban escritas en los libros, según sus obras.

Y la mar dió los muertos que estaban en ella; y la muerte, y el infierno dieron los muertos que estaban en ellos; y fué hecho juicio de cada uno de ellos según sus obras.

Y la muerte, y el infierno fueron lanzados en el lago de fuego. Esta es la muerte segunda.

Y el que no fué hallado escrito en el libro de la vida, fué lanzado en el lago de fuego." (20: 11-15)

Juan describe aquí la grandiosa escena del juicio final. Una vez concluido el tiempo de prueba de todos los seres humanos, terminados el tiempo y la historia, el Creador, en su trono blanco, el color símbolo del triunfo, se dispone a juzgar. Primero, según su propósito, hace nuevas todas las cosas, tanto materiales como espirituales, lo que se sintetiza en la expresión *la tierra y el cielo.* Por eso, delante del Creador *huyó la tierra y el cielo; y no se halló lugar para ellos.* Enseguida son juzgados todos los humanos que han existido sobre la faz de la tierra: *Y la mar dió los muertos que estaban en ella; y la muerte, y el infierno dieron los muertos que estaban en ellos.* Frente a Dios todos los seres humanos son iguales: *Y vi los muertos, grandes y pequeños, que estaban en pié delante de Dios.* Y sus obras, que los diferencian, están en el conocimiento de Dios, simbólicamente, escritas *en los libros.*

En el juicio final el tribunal de Dios utiliza dos tipos de libros: unos, en los que están registradas todas las obras, buenas y malas, de los seres humanos. El otro, que es el libro de la vida, donde están inscritos todos los seres humanos que han habitado la tierra.

Juan ve que *los libros fueron abiertos* (Cf. Is 65: 6-7)*;* en éstos están registradas las obras, buenas y malas, de todos: *y fueron juzgados los muertos por las cosas que estaban escritas en los libros, según sus obras.* Las decisiones más profundas y secretas de cada persona están en la presencia de Dios, y en el juicio se harán visibles. Los seres humanos pudieron optar en su tiempo histórico por la vida eterna que el Creador les ofrece, o rechazarla. Esta suprema decisión queda plasmada en las obras de cada uno. Si aceptaron la vida eterna a la que son llamados por Dios, manifestado esto en las obras de cada uno, continuarán inscritos en el otro libro, en el libro de la vida. Si, por el contrario, rechazaron la vida eterna, visible esto en sus obras, serán borrados del libro de la vida y arrojados al lago de fuego —la muerte segunda— junto con todos los que no aceptaron este don de Dios.

El lago de fuego es la segunda muerte, es decir, la desaparición definitiva. Porque, según el Apocalipsis, en la nueva creación sólo hay lugar para la vida: *y el que no fué hallado escrito en el libro de la vida, fué lanzado en el lago de fuego.* De tal manera que todos aquellos que rechazan libremente el don de la vida eterna, cortan por eso mismo todo vínculo con el Creador. Y al faltarles este vínculo que los unía a Dios, que es la fuente de la vida, desaparecen en la segunda muerte, que es el no ser, llamado aquí el *lago de fuego.*

En el libro de la vida no están escritos solo los nombres de los predestinados a salvarse, como pudiera entenderse a primera vista. Al contrario, en él están escritos los nombres de todos los seres humanos, ya que Dios los crea y los llama a aceptar el don de la vida eterna. Pero aquellos que apartándose de Dios rechazan libremente este llamado, simbólicamente son borrados de este libro, como también está indicado en otros lugares de la Escritura: *"Que perdones ahora su pecado, y si no, ráeme [bórrame] ahora de tu libro, que has escrito. Y Jehova respondió á Moyses: Al que pecare contra mí, á este raeré [borraré] yo de mi libro"* (Ex 32: 32-33). Lo mismo en el Salmo: *"Porque persiguieron al que tú heriste: y cuentan del dolor de los que tú mataste. Pon maldad sobre su maldad, y no entren en tu justicia. Sean raidos [borrados] del libro de los vivientes: y no sean escritos con los justos"* (Sal 69: 26-28).

De la misma manera, en el capítulo 3 del Apocalipsis, en el mensaje a la iglesia de Sardes: *"El que venciere, este será vestido de vestiduras blancas; y no borraré su nombre del libro de la vida, ántes confesaré su nombre delante de mi Padre, y delante de sus ángeles"* (3:5).

7.9 JUICIO SOBRE LA MUERTE Y EL REINO DE LA MUERTE

"Y la muerte, y el infierno fueron lanzados en el lago de fuego. Esta es la muerte segunda.

   Y el que no fué hallado escrito en el libro de la vida, fué lanzado en el lago de fuego." (20: 14-15)

Finalmente, la muerte y el reino de la muerte son juzgados y condenados al lago de fuego. El *lago de fuego* o *muerte segunda* significa la desaparición definitiva de los que son arrojados ahí. Es la única posibilidad, porque de otro modo, ¿cómo la muerte (o sea, el hecho de que todos los humanos mueran), el reino de la muerte o lugar de los muertos (que es la tumba), el Sheol, el abismo, el infierno o el Hades (todos sinónimos) pueden ser condenados a quemarse eternamente en un lugar de tormento?

Una vez resucitados los seres humanos, ya nadie puede morir, y por lo mismo, la muerte desaparece definitivamente; por eso es que *la muerte, y el infierno fueron lanzados en el lago de fuego.*

Como lo dice el Apóstol, *"Y el postrer [último] enemigo que será destruido, es la muerte"* (1 Co 15: 26).

Y, según lo dicho anteriormente, lo mismo vale para los seres humanos que rechazan libremente la vida eterna, ya que *el que no fué hallado escrito en el libro de la vida, fué lanzado en el lago de fuego.*

CAPÍTULO 8
LA MANIFESTACIÓN DEL REINO DE DIOS

8.1 LA CIUDAD QUE DESCIENDE DEL CIELO

"*Y ví un cielo nuevo, y una tierra nueva; porque el primer cielo, y la primera tierra se fué, y la mar ya no era.*

Y yo Juan ví la santa Ciudad de Jerusalem nueva, que descendia del cielo, aderezada de Dios, como la esposa ataviada para su marido.

Y oí una gran voz del cielo, que decia: He aquí, el tabernáculo de Dios con los hombres, y él morará con ellos; y ellos serán su pueblo, y el mismo Dios será su Dios con ellos.

Y limpiará Dios toda lágrima de los ojos de ellos; y la muerte no será mas; ni habrá mas pesar, ni clamor, ni dolor; porque las primeras cosas son pasadas.

Y el que estaba sentado en el trono, dijo: He aquí, yo hago nuevas todas las cosas. Y me dijo: Escribe; porque estas palabras son fieles y verdaderas.

Y díjome: Hecho es. Yo soy el Alpha y la Omega, el principio y el fin. Al que tuviere sed yo le daré de la fuente del agua de la vida de balde [gratuitamente].

El que venciere, heredará todas las cosas, y yo seré su Dios, y él será mi hijo.

Empero á los temerosos, y incrédulos; á los abominables, y homicidas; y á los fornicarios, y hechiceros; y á los idólatras, y á todos los mentirosos, su parte será en el lago que arde con fuego y azufre, que es la muerte segunda." (21: 1-8)

Después de las visiones del juicio, Juan contempla la primera visión del mundo nuevo preparado para aquellos que por aceptar el don de la vida eterna fueron encontrados inscritos en el libro de la vida. Por eso dice: *Y vi un cielo nuevo, y una tierra nueva*, expresión que como quedará de manifiesto a continuación, es equivalente a Nueva Jerusalén, la que se describe en la siguiente visión. El mundo nuevo se había anunciado al iniciarse el juicio final, porque ante Dios que se dispone a juzgar, desaparecen la tierra y el cielo, *"de delante del cual huyó la tierra y el cielo; y no se halló lugar para ellos"* (20: 11). Juan muestra aquí con más detalles el tema de la desaparición del mundo antiguo: *porque el primer cielo, y la primera tierra se fué, y la mar ya no era.* Es así que esta primera creación está formada por tres mundos: el cielo o mundo espiritual, habitado por Dios y sus ángeles, la tierra o mundo material intermedio, y el submundo o mundo inferior, llamado también el abismo, equivalente al mar donde habitan los monstruos del caos primitivo. Por otra parte, en la nueva creación habrá un nuevo cielo y una nueva tierra, íntimamente unidos, formando un solo mundo. Pero el mundo inferior, caótico, de donde surge el mal, desaparecerá para siempre, porque *la mar ya no era.*

La Nueva Jerusalén es otro nombre para el mundo nuevo o nueva creación: *Y yo Juan vi la santa Ciudad de Jerusalem nueva, que descendía del cielo, aderezada de Dios, como la esposa ataviada para su marido*. Se observa, entonces, que este mundo nuevo está simbolizado por una ciudad, la Ciudad Santa, la Nueva Jerusalén. Porque no se trata, finalmente, de que la humanidad recupere el paraíso perdido, aunque esto haya sido añorado por muchos, sino de la culminación de un largo proceso histórico que lleva a la construcción del reino según el plan de Dios, que entre otras muchas características, está la de ser una civilización perfecta, a la cual la humanidad es conducida y transformada para llegar a ser *el tabernáculo de Dios con los hombres*. Por eso, esta nueva ciudad baja del cielo, indicándose así que se ha cumplido el plan de Dios para la humanidad.

Con el simbolismo de la Nueva Jerusalén ataviada como esposa, Juan muestra al nuevo pueblo de Dios y a la humanidad purificada, plena de alegría. La humanidad redimida alcanza la unión completa e íntima con Dios en el mundo nuevo, *porque las primeras cosas son pasadas*. Es una unión más profunda aún que la amistad de Dios con las personas en el paraíso terrenal, cuando *"oyeron la voz de Jehova Dios, que se paseaba en el huerto al aire del dia"* (Gn 3: 8). Por eso dice una voz que sale del trono: *y él morará con ellos; y ellos serán su pueblo, y el mismo Dios será su Dios con ellos*. En el nuevo mundo culmina la historia, termina definitivamente la civilización de la opresión, del sufrimiento y de la muerte, porque *limpiará Dios toda lágrima de los ojos de ellos; y la muerte no será más; ni habrá mas pesar, ni clamor, ni dolor; porque las primeras cosas son pasadas*.

Dios mismo, *el que estaba sentado en el trono*, habla ahora a Juan para reiterar que hace una nueva creación, definiéndose a sí mismo como al comienzo del Apocalipsis, como el Dios de la eternidad y de la historia, como el Alfa y la Omega, en quien todo tiene su origen y en quien todo vuelve a reunirse. Es el Dios que invita a los seres humanos a unirse a él, a superarse a sí mismos venciendo la naturaleza humana llena de debilidades y contradicciones, venciendo un ambiente hostil, levantándose sobre un mundo de injusticias, de dolor, de sufrimientos y de muerte, atravesando el madero horizontal de la cruz para acercarse a la vida eterna. El vencedor, el que tiene sed de infinito, obtendrá la vida eterna como un don: *al que tuviere sed yo le daré de la fuente del agua de la vida de balde.* Y su herencia será compartir la vida con su Dios: *yo seré su Dios, y él será mi hijo.* El reino de Dios se instala así en el interior de cada persona, porque el reino comienza con la aceptación personal del llamado de Dios a compartir su vida; y compartirla de una manera extraordinaria, reconociendo a Dios como su Padre y sintiéndose su hijo o hija. Así el reino se manifiesta plenamente en una persona nueva. Y todos los seres humanos, renovados y transformados, unidos entre sí y con Dios, formarán el mundo nuevo, la ciudad divina. Es la Nueva Jerusalén que baja del cielo.

Pero para los que libremente corten toda relación con Dios rechazando la vida eterna, y así prefieran vivir según sus propios deseos, actuando como *temerosos, y incrédulos, á los abominables, y homicidas; y á los fornicarios, y hechiceros; y á los idólatras, y á todos los mentirosos,* su final será la desaparición definitiva y absoluta, *en el lago que arde con fuego y azufre, que es la muerte segunda.* Los que así actúan no podrán entrar en el nuevo mundo, ya que *"no entrará en ella ninguna cosa sucia, ó que hace abominación y mentira"* (21: 27). Solo entrarán en el nuevo mundo los que se hayan purificado y estén dispuestos para recibir la vida eterna.

8.2 DESCRIPCIÓN DE LA NUEVA JERUSALÉN

"Y vino á mi uno de los siete ángeles, que tenian las siete redomas llenas de las siete postreras plagas, y habló conmigo, diciendo: Ven acá, yo te mostraré la esposa, muger del Cordero.

Y llevóme en el espíritu á un gran monte y alto, y mostróme la grande ciudad, la santa Jerusalem, que descendia del cielo de Dios,

Teniendo la gloria de Dios; y su lumbre era semejante á una piedra preciosisima, como piedra de jaspe cristalizante.

Y tenia un grande muro y alto, y tenia doce puertas; y en las puertas, doce ángeles; y nombres escritos sobre ellas, que son los nombres de las doce tribus de los hijos de Israel.

Al oriente tres puertas: al aquilon tres puertas: al mediodia [Sur] tres puertas: al poniente tres puertas.

Y el muro de la ciudad tenia doce fundamentos; y en ellos los nombres de los doce apóstoles del Cordero.

Y el que hablaba conmigo, tenia una medida de una caña de oro, para medir la ciudad, y sus puertas, y su muro.

Y la ciudad está situada y puesta en cuadro, y su longitud es tanta como su anchura. Y él midió la ciudad con la caña, y tenia doce mil estadios; y la longitud, y la anchura, y la altura de ella son iguales.

Y midió su muro, y hallóle de ciento y cuarenta y cuatro codos, de medida de hombre, la cual es de ángel.

Y el material de su muro era de jaspe; empero la ciudad era de oro puro, semejante al vidrio limpio.

Y los fundamentos del muro de la ciudad estaban adornados

de toda piedra preciosa. El primer fundamento era jaspe; el segundo, zafiro; el tercero, calcedonia; el cuarto, esmeralda;

El quinto, sardónica; el sexto, sardio; el séptimo, crisólito; el octavo, beril; el nono, topacio; el décimo crisopraso; el undécimo, jacinto; el duodécimo, ametisto.

Y las doce puertas eran doce perlas; cada una de las puertas era de una perla. Y la plaza de la ciudad era oro puro, como vidrio transparente.

Y yo no ví templo en ella; porque el Señor Dios Todopoderoso y el Cordero son el templo de ella.

Y la ciudad no tenia necesidad del sol, ni de la luna para que resplandezcan en ella; porque la gloria de Dios la ha alumbrado, y el Cordero es su luz.

Y las naciones de los que hubieren sido salvos andarán en la luz de ella; y los reyes de la tierra traerán su gloria y honor á ella.

Y sus puertas no serán cerradas de dia, porque allí no habrá noche:

Y llevarán la gloria, y la honra de las naciones á ella.

No entrará en ella ninguna cosa sucia, ó que hace abominación y mentira; sino solamente los que están escritos en el libro de la vida del Cordero." (21: 9-27)

"Y mostróme un rio puro de agua de vida, claro como cristal, que salia del trono de Dios, y del Cordero.

En el medio de la plaza de ella, y de la una parte y de la otra del rio, estaba el árbol de la vida, que lleva doce frutos, dando cada mes su fruto; y las hojas del árbol eran para la sanidad de las naciones.

Y no habrá allí jamás maldicion; sino el trono de Dios, y del Cordero estará en ella, y sus siervos le servirán.

Y verán su rostro, y su nombre estará en sus frentes.

Y allí no habrá mas noche, y no tienen necesidad de luz de candela, ni de luz de sol; porque el Señor Dios los alumbrará, y reinarán para siempre jamás." (22: 1-5)

En esta visión Juan ve a la esposa del Cordero, es decir, al pueblo fiel de los testigos de Cristo que a lo largo de la historia han venido construyendo el reino de Dios, que aquí se simboliza como la Nueva Jerusalén. Lo hace mediante un fuerte contraste con la visión que muestra el juicio y castigo de la Gran Ramera. Ambos textos presentan una estructura literaria semejante: *"uno de los siete ángeles que tenían las siete redomas"* (17: 1) invita a Juan a presenciar el juicio de la prostituta: *"Ven acá, y te mostraré la condenacion de la gran ramera, la cual está sentada sobre muchas aguas"* (17:1), llevándolo sin embargo al desierto, donde ve a esta Mujer sentada sobre el poder, que es la Bestia de siete cabezas y diez cuernos, mostrándole luego su castigo por obra de los mismos poderosos del mundo que antes estuvieron con ella. Como contraste, este mismo ángel u otro de los siete que llevan las copas de las últimas plagas, es el encargado de mostrar a Juan la imagen opuesta: *Y vino a mi uno de los siete ángeles, que tenían las siete redomas llenas de las siete postreras plagas, y habló conmigo, diciendo: Ven acá, yo te mostraré la esposa, muger del Cordero. Y lo llevó á un gran monte y alto.* La novia y la esposa del Cordero es el pueblo fiel a Dios, que se ha santificado en la lucha contra la Bestia y que no aceptó su marca, y que se ha purificado en la persecución y en el sufrimiento, superando la gran tribulación; es el pueblo que se vuelve a Dios definitivamente para llegar a ser la esposa del Cordero. Por eso el ángel lleva a Juan a un monte muy alto para que contemple a la Nueva Jerusalén que baja del cielo. Esta ciudad *descendia del cielo de Dios,* porque se simboliza con esta imagen la realización del proyecto de Dios con el pueblo de

Israel, con su pueblo fiel y con la humanidad. Juan la ve con el resplandor de la gloria de Dios, simbolizada por el brillo del jaspe, piedra preciosa asociada tradicionalmente a lo sagrado. Lo mismo simboliza el oro puro transparente como el cristal del que está hecha su plaza y la ciudad, que *era oro puro, como vidrio transparente.* Esto, porque en la Nueva Jerusalén el oro deja ya de estar asociado al poder del mundo, a la ostentación y la riqueza, deja de ser símbolo de reyes y comerciantes, de estatus y de dominio; vuelve a ser el metal más precioso e incorruptible, que por su brillo y pureza se asoció desde un principio a la divinidad y que caracterizaba lo más excelso y sublime, como la edad de oro de la humanidad. Por eso el rey Salomón al construir el primer Templo lo recubrió de oro, como santuario de Dios:

> *"Y adornó el oratorio por de dentro en medio de la casa, para poner allí el arca del concierto [alianza] de Jehova.*
>
> *Y el oratorio estaba en la parte de adentro, el cual tenía veinte codos* [nueve metros] *de largo, y otros veinte de ancho, y otros veinte de altura; y vistiólo de oro purisimo: y el altar cubrió de cedro.*
>
> *Asi que vistió Salomon de puro oro la casa por de dentro: y la puerta del oratorio cerró con cadenas de oro, y vistiólo de oro.*
>
> *Y toda la casa vistió de oro hasta el cabo: y asimismo vistió de oro todo el altar que estaba delante del oratorio (...)*
>
> *Y el solado [piso] de la casa cubrió de oro, de dentro y de fuera."* (1 R 6: 19-22, y 30)

En el Apocalipsis, el ángel continúa mostrándole la ciudad a Juan: *Y tenia un grande muro y alto, y tenia doce puertas; y en las puertas, doce ángeles; y nombres escritos sobre ellas, que son los nombres de las doce tribus de los hijos de Israel.* La ciudad en esto es igual a la Jerusalén futura descrita por Ezequiel, que es cuadrada, teniendo tres puertas a cada lado (Ez 48: 31-35), ya que el profeta del Antiguo Testamento se inspira en la distribución del campamento de los israelitas, que siendo circular, agrupa las doce tribus según la orientación de los puntos cardinales: tres al Norte, tres al Oriente, tres al Sur y tres al Occidente. Es conocido el hecho de que el campamento de los hebreos era una proyección en la tierra del zodíaco celeste, con sus doce signos zodiacales. Ahora bien, la Nueva Jerusalén, que *está situada y puesta en cuadro* como el templo de Ezequiel, también tiene esta distribución zodiacal: *al oriente tres puertas: al aquilón tres puertas: al mediodía tres puertas: al poniente tres puertas,* indicándose también de este modo que la ciudad es la proyección de una realidad del cielo, lo que antes hemos indicado como la realización del plan de Dios.

El ángel tiene una vara de oro para medir el muro y la ciudad; usa una medida humana porque en la Nueva Jerusalén se integran totalmente lo divino y lo humano. Las medidas del muro y de la ciudad son múltiplos de doce, que indican perfección: ciento cuarenta y cuatro codos para el muro (65 metros) y doce mil estadios para la ciudad (2208 kilómetros).

La ciudad está rodeada de un muro, que es grande y alto, asentado sobre doce piedras que tienen inscritos los nombres de los doce apóstoles de Jesucristo; éstas son doce piedras preciosas, asociadas a la divinidad por su brillo y pureza; significa esto que el mundo nuevo tiene su firme fundamento en los apóstoles, que proclaman a Jesucristo, pero integra también la sabiduría de la Ley y los profetas. Por eso las doce puertas de la ciudad tienen grabados los nombres de las doce tribus de Israel, y cada una está hecha de una sola perla, ya que una perla de gran valor es figura del reino de los cielos y del que deja todo por encontrarlo (Mt 13: 45-46). En cada puerta hay un ángel guardián —como en la puerta del paraíso después del pecado de Adán— para indicar que ellas son el acceso a un espacio divino, abierto solo a los que han aceptado la vida eterna.

La Nueva Jerusalén, la ciudad que baja del cielo, *situada y puesta en cuadro*, tiene la forma de un enorme cubo de doce mil estadios o de 2208 kilómetros de lado, en medidas actuales, ya que *la longitud, y la anchura, y la altura de ella son iguales*. Si se objetara en el sentido de que por sus enormes dimensiones y sobre todo por su altura, esta ciudad no podría existir en la realidad, estaríamos olvidando que esta es una imagen simbólica que muestra la grandeza del nuevo mundo, y que Juan está empleando aquí el símbolo del cubo, que indica estabilidad y firmeza. Lo mismo sucedía con el tabernáculo construido por Moisés, hecho según el modelo del santuario del cielo, que Dios le mostró: el santuario contenía el Santísimo, habitación que tenía la forma de un cubo (Ex 26: 15-30) . Del mismo modo el lugar Santísimo del templo de Salomón era un cubo a imitación del mencionado santuario del desierto:

> "*Y adornó el oratorio por de dentro en medio de la casa, para poner allí el arca del concierto de Jehova.*
>
> *Y el oratorio estaba en la parte de adentro, el cual tenía veinte codos [nueve metros] de largo, y otros veinte de ancho, y otros veinte de altura; y vistiólo de oro purísimo: y el altar cubrió de cedro. (1 R 6: 19-20).*

Es por esto que la Nueva Jerusalén, el santuario definitivo de Dios con la humanidad, es un enorme cubo. En efecto, el cubo es un símbolo que indica la suprema estabilidad ya que su base es cuadrada; el cuadrado es un símbolo de la tierra, y sus cuatro lados simbolizan las cuatro direcciones del mundo. Simbólicamente, lo que se dice es que el mundo nuevo, o el reino de Dios que baja del cielo, está firmemente afianzado en la tierra, mostrando la unión total de estos dos mundos en la nueva creación. Como la ciudad tiene forma cúbica igual que el lugar Santísimo construido por Moisés y como el Santísimo del templo de Salomón, la nueva creación entera es un santuario donde Dios habitará con la humanidad. Por eso, Juan dice: *Y yo no ví templo en ella; porque el Señor Dios Todopoderoso y el Cordero, son el templo de ella.*

En la Nueva Jerusalén, de forma cúbica, culmina el camino que inició la humanidad en el Jardín del Edén, jardín cubierto de esplendorosa vegetación, de forma circular, y de cuyo centro salían cuatro ríos que se dirigían hacia las cuatro direcciones del mundo. En él se encontraban el árbol de la ciencia del bien y del mal, y el árbol de la vida. Los seres humanos optaron por comer del primero, es decir, decidieron manejar por su cuenta los criterios del bien y del mal, o sea, ellos mismos establecieron lo que puede ser bueno o puede ser malo; de este modo cortaron la relación con su Creador haciéndose autónomos para llegar a construir su mundo erigiéndose aun contra el mismo Dios.

Al cortar de ese modo el vínculo con Dios rechazaron la vida eterna a la que estaban llamados. Esto se expresa diciendo que fueron expulsados del paraíso y que se les negó el acceso al árbol de la vida, apareciendo la muerte como consecuencia de esa decisión humana. La humanidad, sin embargo, ha buscado y añorado la vida eterna, deseando encontrarla como el soma divino, como el licor de la inmortalidad, como la fuente de la juventud o como la ciudad escondida entre lejanas montañas de acceso casi imposible. La ciudad divina que baja del cielo, indica que finalmente los seres humanos, reconciliados con su Creador por medio de Jesucristo, podrán encontrar la vida eterna. Por esto la Nueva Jerusalén es un extraordinario símbolo de esta gran esperanza de la humanidad.

Por otra parte, en la nueva creación no existirán ni el sol ni la luna como luminarias para alumbrar el día y la noche, como sucedía en el paraíso terrenal, porque *la gloria de Dios la ha alumbrado, y el Cordero es su luz*. En la primera creación Dios hizo la luz como primer acto creador para alejar las tinieblas; después creó el sol y la luna. En la nueva creación, en la que los seres humanos y Dios estarán unidos, será el mismo Dios el que ilumine llenándolo todo de vida y felicidad, alejando para siempre las tinieblas y todo lo que representan, como la ignorancia, el sufrimiento, el dolor y la muerte. La gloria de Dios se mostrará en Jesucristo, *"El cual es imágen del Dios invisible, el primogénito de toda la creacion"* (Col 1: 15), por eso *el Cordero es su luz*. Como toda la humanidad está llamada a formar parte del reino, *las naciones de los que hubieren sido salvos andarán en la luz de ella; y los reyes de la tierra traerán su gloria y honor á ella*.

La noche, que es otro símbolo del mundo inferior o abismo, habrá desaparecido para siempre; por eso no tendrán acceso a la ciudad de Dios los que optaron por la oscuridad rechazando la vida eterna: *no entrará en ella ninguna cosa sucia, ó que hace abominación y mentira; sino solamente los que están escritos en el libro de la vida del Cordero*. Porque aunque se habla de una ciudad, no podemos dejar de lado que ella está formada por personas llamadas a aceptar el reino de Dios, *y* que cuando cada persona acepte que Dios resida en su corazón se manifestará la Ciudad Santa, la Nueva Jerusalén.

Se termina así para siempre la maldición que a causa del primer pecado había caído sobre la humanidad. El mal ha sido vencido y los seres humanos ya pueden ver a su Dios cara a cara: *y no habrá allí jamás maldición , sino el trono de Dios, y del Cordero estará en ella (...) y verán su rostro, y su nombre estará en sus frentes*. Del mismo modo, al culminar la historia, en la nueva creación las personas poseerán de manera sobreabundante la vida eterna porque del mismo trono de Dios y del Cordero sale *un rio puro de agua de vida, claro como cristal* que la simboliza. Con otro símbolo también se expresa lo mismo: en lugar del árbol de la vida situado en medio del jardín del paraíso terrenal, en la Ciudad Santa existen árboles de vida que dan fruto todos los meses, *y las hojas del árbol eran para la sanidad de las naciones*, es decir, la humanidad tiene por fin pleno acceso a la vida eterna.

CAPÍTULO 9
CONCLUSIÓN FINAL DEL APOCALIPSIS

"*Y díjome: Estas palabras son fieles y verdaderas. Y el Señor Dios de los santos profetas ha enviado su ángel, para mostrar á sus siervos las cosas que es necesario que sean hechas presto.*

He aquí, yo vengo prestamente: Bienaventurado el que guarda las palabras de la profecía de este libro.

Y yo Juan soy el que ha oido, y visto estas cosas. Y despues que hube oido y visto, me postré para adorar delante de los piés del ángel que me mostraba estas cosas.

Y él me dijo: Mira que no lo hagas; porque yo soy consiervo tuyo, y de tus hermanos los profetas, y de los que guardan las palabras de este libro: Adora á Dios.

Y díjome: No selles las palabras de la profecia de este libro; porque el tiempo está cerca.

El que es injusto, sea injusto todavia; y el que es sucio, ensúciese todavia; y el que es justo, sea aun todavia justificado; y el que es santo, sea aun santificado todavia.

Y, he aquí, yo vengo prestamente, y mi galardon está conmigo, para recompensar á cada uno segun fuere su obra.

Yo soy el Alpha y la Omega, el principio, y el fin, el primero y el postrero.

Bienaventurados los que guardan sus mandamientos, para que tengan derecho al árbol de la vida, y que entren por las puertas en la ciudad.

Mas los perros estarán de fuera, y los hechiceros, y los disolutos, y los homicidas, y los idólatras, y cualquiera que ama y hace mentira.

Yo Jesus he enviado mi ángel para daros testimonio de estas cosas en las Iglesias: yo soy la raiz y el linage de David, la estrella resplandeciente, y de la mañana.

Y el Espíritu, y la esposa dicen: Ven. Y el que oye, diga: Ven. Y el que tiene sed, venga. Y el que quiere, tome del agua de la vida de balde.

Porque yo protesto á cualquiera que oye las palabras de la profecía de este libro: Si alguno añadiere á estas cosas, Dios pondrá sobre él las plagas escritas en este libro.

Y si alguno disminuyere de las palabras del libro de esta profecia, Dios quitará su parte del libro de la vida, y de la santa ciudad, y de las cosas que están escritas en este libro.

El que da testimonio de estas cosas, dice: Ciertamente vengo en breve. Amen: sea así. Ven, Señor Jesus. La gracia de nuestro Señor Jesu Cristo sea con todos vosotros. Amen." (22: 6-20)

Juan concluye su libro recapitulando los principales puntos que ha venido señalando desde el comienzo, mostrando así la unidad literaria y de contenido del Apocalipsis, enviado como carta circular a las siete iglesias de Asia (Cf. 1: 11).

Comienza diciendo que el Apocalipsis es un libro profético, confiable y verdadero, que anuncia lo que pronto sucederá, ya que las visiones recibidas han sido reveladas por el

Señor, que es el Dios de los espíritus que inspiran a los profetas: *Estas palabras son fieles y verdaderas. Y el Señor Dios de los santos profetas ha enviado su ángel, para mostrar á sus siervos las cosas que es necesario que sean hechas presto.*

Las cosas que es necesario que sean hechas presto, sin duda se relacionan con el Día del Señor, porque el mismo Jesús lo confirma a continuación: *He aquí, yo vengo prestamente: Bienaventurado el que guarda las palabras de la profecía de este libro.*

El Día del Señor está muy cerca y por eso mismo las profecías del Apocalipsis deben darse a conocer, porque aunque la historia siga su marcha y aparentemente nada cambie, el misterio del mal sigue actuando en el mundo: *el que el injusto, sea injusto todavia, y el que es sucio, ensúciese todavia,* como así mismo actúa en el mundo el pueblo fiel en espera del Día del Señor: *y que el justo, sea aun todavia justificado; y el que es santo, sea aun santificado todavia.*

Aunque parezca que todo continúa igual, el Día del Señor y el juicio universal llegarán pronto, para dar a cada uno lo que le corresponda, según sus obras: *Y, he aquí, yo vengo prestamente, y mi galardón está conmigo, para recompensar á cada uno según fuere su obra.* Jesús se manifestará ese Día con todo su poder porque ha sido entronizado como Señor de la creación: *Yo soy el Alpha y la Omega, el principio y el fin, el primero y el postrero.* Jesús trae la última y definitiva palabra de Dios, y después de él no hay nadie que pueda mostrar a los seres humanos los verdaderos caminos de realización personal y de salvación. Él aplicará los juicios de Dios a todas las personas, según las obras de cada uno. Por eso: *Bienaventurados los que guardan sus mandamientos, para que tengan derecho al árbol de la vida, y que entren por las puertas en la ciudad.*

Jesús mismo es el que ha revelado todo esto, porque él es

el Mesías anunciado por los profetas, el nuevo David constituido como rey y señor del mundo nuevo que viene: *Yo, Jesus, he enviado mi ángel para daros testimonio de estas cosas en las Iglesias: yo soy la raiz y el linage de David, la estrella resplandeciente, y de la mañana.*

Juan repite lo que dijo al comenzar el Apocalipsis: que recibió las revelaciones de Dios por medio de su ángel. En efecto, Juan no sólo continúa la actividad de los profetas anteriores a él, sino que con su libro, que es el último de la Biblia, termina la revelación que se inició en el libro del Génesis. Y concluye mostrando su autoridad como profeta al decir: *porque yo protesto a cualquiera que oye las palabras de la profecia de este libro.* Es decir, que nadie debe añadir ni quitar nada del texto del Apocalipsis por ser un libro revelado por Dios.

Una de las líneas centrales del Apocalipsis es la proclamación del evangelio eterno, que Juan reitera a través de toda su obra: *Adora a Dios.* Sólo se debe adorar a Dios todopoderoso, creador y eterno, sin adorar a ninguna de sus criaturas: ni a seres espirituales ni a seres humanos ni a poderes políticos o económicos. Esta afirmación le da la estructura a su visión de la historia humana. Dios es el único que merece la adoración y Jesucristo es el Mesías, que da cumplimiento al plan divino. Este plan es que la historia humana, que se inició en el paraíso terrestre, culmine y llegue a la perfección en la Nueva Jerusalén, siendo Jesucristo expresión visible de Dios, ya que esta ciudad está iluminada porque *"la gloria de Dios la ha alumbrado, y el Cordero es su luz"* (21: 23).

Es por esto que el pueblo de Dios, inspirado por el Espíritu, clama para que Jesús vuelva pronto; y los que escuchen la lectura del Apocalipsis en las siete iglesias, clamen por el

Día del Señor: *Y el Espíritu y la esposa dicen: Ven. Y el que oye, diga: Ven.*

El Apocalipsis es una revelación disponible para los que quieran aceptar la vida eterna que Dios dispone como un don para todos los seres humanos: *Y el que tiene sed, venga. Y el que quiere, tome del agua de la vida de balde.*

Juan termina su carta con las palabras de Jesús que afirman su inminente venida, porque el Día del Señor está cercano: *El que da testimonio de estas cosas, dice: Ciertamente vengo en breve.*

Su propósito fue entregar una visión de la historia humana que adquiere su sentido con las revelaciones sobre la segunda venida de Jesús o Día del Señor. Por eso Juan concluye clamando también por este Día y diciendo:

Amen: sea así. Ven, Señor Jesus.

GLOSARIO

JUAN, EL AUTOR DEL APOCALIPSIS

Juan tiene sus extraordinarias visiones cuando sumido en oración entró en éxtasis; en esta unión profunda con Dios pudo ver y oír todo lo concerniente al Día del Señor, que es el día final escatológico, el día de juicio, siendo éste el tema fundamental de su libro. Juan indica que estaba presente en espíritu en el Día del Señor.

PALABRA DE DIOS Y TESTIMONIO DE JESUCRISTO

Esta es una expresión que se repite muchas veces en el Apocalipsis para caracterizar a los discípulos de Jesucristo. Ellos son los que proclaman la palabra de Dios y mantienen a través de la historia el testimonio que dio Jesucristo: ellos, igual que Jesucristo, anuncian a Dios como Padre misericordioso, proclaman la llegada del reino de Dios, y se enfrentan al poder de Satanás que actúa mediante los poderes políticos y económicos, y mediante la religión falsificada que sirve a estos poderes.

LA VISIÓN DE LOS CUATRO JINETES DEL APOCALIPSIS

Se inspira en dos profecías del profeta Daniel, que se refieren a cuatro reinos sucesivos de la historia de la humanidad; estos, más que reinos, son etapas de la historia: las edades de oro, de plata, de bronce y de hierro. Estas etapas están representadas por los cuatro metales de la estatua del sueño del rey Nabucodonosor y por los cuatro animales que salen del mar, en la visión del mismo profeta Daniel. Como Juan usa este modelo de interpretación de la historia, perteneciente a su tradición religiosa y cultural, los cuatro jinetes del Apocalipsis representan respectivamente la edad de oro, de plata, de bronce y de hierro de la historia de la humanidad.

EL EVANGELIO ETERNO

Anunciado por un ángel en el Apocalipsis, es la proclamación de Dios como Padre y creador de lo existente, a quien se debe el honor, el poder y la gloria, que ejecuta sus juicios, y cuya imagen visible es Jesucristo. Proclama que solo a Dios se debe adorar. No se debe adorar a ningún ser creado, sean seres humanos, ángeles, animales, organizaciones o civilizaciones. Por esto, los que adoran a la Bestia de siete cabezas y diez cuernos, y los que aceptan su marca en la mano o en la frente, o los que ponen toda su confianza en las riquezas y no reconocen la grandeza de Dios, se hunden finalmente en el más absoluto fracaso.

LA ESTRELLA CAÍDA

Se le entrega la llave del pozo del abismo y está anunciada por la Quinta trompeta; no es Satanás, porque las estrellas en la Biblia están relacionadas con Jesucristo y con el pueblo de Dios. Esta estrella caída es un apóstata que abandona la religión cristiana; se le permite actuar y llenar el mundo de violencia y de engaño por un tiempo determinado.

LA BESTIA QUE SUBE DEL MAR

Es la culminación de los poderes políticos y económicos que se erigen contra Dios en el transcurso de la historia. Estos se manifiestan, finalmente, en un poderoso jefe de las postrimerías, que tiene un éxito enorme pretendiendo construir la civilización mediante la opresión y el engaño, y con el apoyo abierto de una religión falsificada, que es la Bestia que sube de la tierra o Falso Profeta. Sin embargo, su sistema de gobierno se mantiene por poco tiempo siendo destruido por las siete copas o redomas de la ira de Dios derramadas sobre su reino.

LA BESTIA QUE SUBE DE LA TIERRA, LLAMADA TAMBIÉN EL FALSO PROFETA

Mediante prodigios y engaños, seduce a los habitantes de la tierra y fortalece los poderes de este mundo establecidos por Satanás; está por eso al servicio de la Bestia que sube del mar, de siete cabezas y diez cuernos.

Al contrario, Jesucristo vino a expulsar al espíritu del mal dueño del reino de este mundo, y a establecer el Reino de Dios. Es así que la Bestia que sube de la tierra, al hacer las obras contrarias a Jesucristo, es realmente el Anticristo, aunque en el Apocalipsis no se le menciona con ese nombre.

LAS SIETE TROMPETAS

Son siete advertencias a aquellos que optan por construir una civilización que rechaza a Dios, y que por lo mismo, desprecia a los seres humanos y a la naturaleza. Las plagas, que destruyen la tercera parte de la tierra, más los ataques al interior de las personas causándoles enormes sufrimientos, y las guerras que matan la tercera parte de la humanidad, indican que si no hay un cambio profundo que lleve a los habitantes de la tierra a reconocer a Dios como Padre y creador, su civilización irá al fracaso provocando la autodestrucción total de la especie humana y de la tierra.

LAS SIETE COPAS DE LA IRA DE DIOS

Son derramadas con el propósito de castigar y destruir el reino de la Bestia de siete cabezas y diez cuernos, que es el sistema de gobierno impío de las postrimerías, que construye una civilización que no solo rechaza a Dios, sino que aun pretende suplantarlo.

Después de las advertencias en forma de plagas anunciadas por las siete trompetas, que dañan solo a la tercera parte de la humanidad y de la tierra, se derraman las siete copas de la ira, que traen el castigo definitivo y total sobre la civilización construida abiertamente contra Dios y contra la humanidad, y que pretende destruir la tierra.

LA MUJER REVESTIDA DEL SOL

Está protegida por Dios y en actitud de aplastar el mal. Simboliza al pueblo de Israel que después de muchos siglos de preparación pudo dar al mundo a Jesucristo, el Mesías prometido. También simboliza al nuevo pueblo de Dios que debe mantener el testimonio de Jesucristo durante la historia, que deberá vivir apartado del mundo (sin contaminarse con los valores mundanos), es decir, simbólicamente, deberá vivir en el desierto.

LA GRAN RAMERA

Simboliza aquella parte del pueblo de Dios que se aparta de su Señor contaminándose con los valores del mundo para servir a los poderes políticos y económicos, sacando provecho de esto. Así, se prostituye con el poder y la riqueza, y se simboliza como la Ramera que está sentada sobre la Bestia de siete cabezas y diez cuernos. La destrucción de la Gran Ramera se produce por obra de los mismos reyes o poderosos del mundo con los que se relaciona (los diez reyes o los diez cuernos), que se vuelven contra ella, la desnudan (dejan en evidencia sus delitos) y la queman.

LA ESPOSA DEL CORDERO

Es el pueblo de Dios purificado y la humanidad redimida que se une profundamente a su Dios. Comparte su simbolismo con la ciudad de Jerusalén que baja del cielo, que viene ataviada como una novia para su esposo. Significa la unión misteriosa de Dios con la humanidad redimida, comparable a una unión matrimonial, pero también como la ciudad divina en la que Dios habita teniendo a los seres humanos como sus hijos.

BABILONIA LA GRANDE

Es la ciudad o civilización opresora que se construye a base del dinero, que con su lujo corrompe a todo el mundo y que mediante la injusticia engrandece su poder opresor. Es destruida por el fuego en una hora, cuando está en el colmo de su éxito, por un nuevo poder que se levanta en el mundo, que se relaciona posiblemente con los millones de marginados producto de su injusticia.

EL MARCO DE TRABAJO DE LA PROFECÍA DE LA HISTORIA

Juan utiliza como marco de trabajo para presentar su profecía de la historia dos sistemas: el primero lo toma de las profecías de los cuatro reinos sucesivos del mundo, del profeta Daniel. Juan se inspira en estas profecías, que en su visión toman la forma de los cuatro Jinetes del Apocalipsis. El segundo sistema, propuesto por el mismo autor del Apocalipsis, se estructura a base de siete reinos o imperios que se han sucedido en el mundo, pero que finalmente llegan a ser ocho reinos, porque uno de los siete, que ya había sido destruido por las armas, reaparece nuevamente, provocando por esto la admiración de los habitantes de la tierra; es el reino de la Bestia de siete cabezas y diez cuernos.

EL MILENARISMO

Es una interpretación literal del capítulo 20 del Apocalipsis. El milenarismo afirma que al fin de los tiempos vendrá un reino de mil años, situado entre dos resurrecciones, presidido desde Jerusalén por Jesucristo acompañado por los santos resucitados. Al final de este período, Jesucristo y los resucitados son atacados por Satanás, que seduce a todas las naciones de la tierra para destruir este reino extraordinario de mil años.

La interpretación milenarista es difícil de aceptar por las contradicciones que se producen al intentar una lectura literal de este capítulo. Por ejemplo, nadie podría atacar a Jesucristo mismo y a sus santos resucitados que no pueden morir, no son vulnerables, y no pueden experimentar miedo ni sufrimiento alguno.

LA NUEVA JERUSALÉN

Es un símbolo del nuevo mundo preparado por Dios, de gran estabilidad y firmeza, por lo que esta ciudad tiene forma cúbica. La ciudad, morada de Dios con los seres humanos, es igual al Santísimo del templo de Salomón y al lugar Santísimo de la tienda del testimonio de Moisés, que también tenían forma cúbica.

LOS DOS TESTIGOS

Son una alegoría del testimonio de todos los discípulos de Jesucristo a través de la historia, hasta el fin de los tiempos. Tendrán que dar su testimonio en un mundo hostil, optando por una vida dura y de grandes sacrificios, pero teniendo siempre la protección de Dios. Darán su testimonio entre las naciones, siendo rechazados por los habitantes de la tierra. Finalmente, al manifestarse la Bestia que surge del abismo, serán vencidos y muertos como Jesucristo en la Gran Ciudad, que, como la antigua Jerusalén, es una entidad seudo religiosa que sirve a los poderes del mundo y que rechaza a los testigos de Jesucristo.

Sin embargo, cuando todos los creen destruidos, son revividos por el poder de Dios, triunfando definitivamente sobre los poderes del mundo y sobre los habitantes de la tierra, que reconocen a Dios y se vuelven a él.

LA MARCA DE LA BESTIA DE SIETE CABEZAS Y DIEZ CUERNOS

El jefe del reino de las postrimerías, ayudado por el Falso Profeta, obliga a los habitantes de la tierra a llevar su marca, matando o excluyendo de la sociedad a los que rehúsan llevarla.

Esta marca es el nombre de la Bestia o el número correspondiente a su nombre. En idiomas antiguos, las letras del abecedario tienen un valor numérico, por lo que un nombre puede también expresarse numéricamente. Sin embargo, la marca en la frente o en la mano derecha es un símbolo, no es una marca física: significa que los habitantes de la tierra deberán adherir totalmente a la persona de este gobernante de las postrimerías, aprobar todo lo que haga aceptando sus métodos de opresión y engaño usados para imponer su gobierno. Significa una actitud de sumisión absoluta, de pensamiento y obra, adorando a este gobernante como si fuera un dios. Como dice el capítulo 13 del Apocalipsis, todo aquel que no muestre esta actitud, deberá perecer o ser excluido de la sociedad, es decir *"que ninguno pueda comprar ó vender"* (13:17).

LOS VEINTICUATRO ANCIANOS

El pensamiento analógico supone que las cosas establecidas en la tierra existen porque tienen su modelo arquetípico en el cielo: ciudades, templos y objetos del culto. De este modo, las veinticuatro clases sacerdotales al servicio del templo de Jerusalén tienen su arquetipo en los veinticuatro ancianos del Apocalipsis, que cumplen funciones sacerdotales en el templo verdadero, junto al trono de Dios.

LOS CUATRO VIVIENTES

Uno tiene rostro de toro; otro, rostro de león; el tercero rostro de hombre y el cuarto rostro de águila. Representan los cuatro elementos de los que todo está formado: agua, fuego, tierra y aire. Representan las fuerzas vivas de la creación por lo que están siempre junto al trono de Dios.

LOS LIBROS DE DIOS Y EL LIBRO DE LA VIDA

Los seres humanos, sus obras y sus decisiones están en el conocimiento profundo de Dios. Esto se simboliza diciendo que Dios tiene unos libros donde están registradas las obras buenas y malas de cada uno de los seres humanos, los que serán abiertos en el juicio final.

Dios también tiene otro libro, el libro de la vida. En él están escritos los nombres de todos los seres humanos, ya que todos son llamados a compartir la vida eterna con Dios. Pero aquellos que libre y definitivamente se apartan de

Dios, rechazando así la vida eterna, simbólicamente son borrados del libro de la vida (desaparecen en la segunda muerte).

EL SÉPTIMO REINO

Es un reino que cuando se escribió el Apocalipsis se anuncia para el futuro. En ese momento, el mundo estaba bajo el poder del sexto reino, que es el imperio romano. Este imperio no termina en el siglo V d.C, sino que continúa hasta el siglo XV en Oriente, y en Occidente hasta 1803, cuando Napoleón acaba con el imperio austríaco.

La nueva forma de gobierno mundial o séptimo reino, es el sistema capitalista, que comenzó a imponerse en el siglo XVI, se estableció con la revolución francesa y domina en la actualidad con el movimiento de globalización del mundo. Cuando haya obtenido el dominio mundial completo llegará su final en forma rápida mediante el fuego, lo que el Apocalipsis profetiza en la visión de la destrucción de Babilonia la Grande, la Gran Ciudad.

EL OCTAVO REINO

Corresponde al sistema histórico de siete reinos mundiales sucesivos que gobiernan el mundo. Después de destruido el séptimo reino del capitalismo mundial profetizado en la destrucción de la Gran Babilonia, se establecerá el octavo reino que, sin embargo, es uno de los siete anteriores. Éste había sido destruido mediante las armas, pero reaparece provocando por esto la admiración y la adhesión de todos los habitantes de la tierra. Es la Bestia de siete cabezas y diez cuernos, a quien se le entrega el poder mundial por un tiempo breve y vence a los siervos de Dios, pero es aniquilado finalmente por la manifestación de Jesucristo.

LA GRAN CIUDAD

Es un símbolo con doble significado. Es, por una parte, la civilización que se construye a base del lujo y la riqueza, que trafica con todos los artículos de comercio del mundo y hasta con seres humanos. Tiene su modelo en las grandes ciudades antiguas como Tiro, Nínive y sobre todo Babilonia. Seduce a los seres humanos y los aparta de Dios. Por eso la Babilonia del Apocalipsis, la Gran Ciudad, perece en el juicio divino, destruida en una hora por el fuego, cuando estaba en la cúspide de su poder y gloria.

Por otro lado, la Gran Ciudad también simboliza a toda organización religiosa que abandona a su Dios, como la antigua Jerusalén que no reconoció a Jesucristo como el Mesías. Por eso, los dos testigos, vencidos y muertos por la Bestia que sube del abismo, permanecen expuestos en la plaza de la Gran Ciudad, la misma donde su Señor fue crucificado.

LOS QUE LLEVAN EL SELLO DE DIOS

Son los discípulos de Jesucristo más toda la humanidad redimida, que al estar unidos a Dios, simbólicamente están marcados con su sello. Este sello es el nombre de Dios, lo que significa que los sellados o así marcados aceptan completamente a Dios en sus vidas y hacen su voluntad, lo que se simboliza diciendo que llevan su nombre escrito en la frente.

LOS SIERVOS DE DIOS Y LOS HABITANTES DE LA TIERRA

En el Apocalipsis, la historia se presenta como un enfrentamiento permanente entre los siervos de Dios (testigos y fieles creyentes) y los habitantes de la tierra (los que rechazan a Dios en sus vidas). Nadie puede ser neutral en esta lucha. Sin embargo, los siervos de Dios no buscan la perdición de los habitantes de la tierra. Al contrario, el evangelio eterno, que proclama a Dios como Padre y creador que se hace visible en Jesucristo, está dirigido a todos los seres humanos.

EL JINETE DEL CABALLO BLANCO

Es Jesucristo, el Verbo de Dios, que desciende del cielo acompañado por sus fieles discípulos que se enfrentan a los enemigos de Dios y de la humanidad. Cabalgan caballos blancos como símbolo del bien y se enfrentan a la Bestia de siete cabezas y diez cuernos, al falso profeta y a todos sus seguidores. El Jinete del caballo blanco obtiene una victoria total porque él es Rey de reyes y Señor de señores.

Aunque tiene alguna semejanza con el primero de los cuatro jinetes del Apocalipsis por el color blanco de las cabalgaduras, no hay una relación entre ellos porque el primer jinete del Apocalipsis no desciende del cielo, sino que es convocado por uno de los seres vivientes que están junto al trono de Dios, llamándolo desde los procesos históricos de la humanidad, simbolizando así la primera etapa mítica de la historia humana, la edad de oro.

BIBLIOGRAFÍA

BIBLIAS UTILIZADAS

1. *La Santa Biblia - Versión de Cipriano de Valera.*
   Revisada y corregida por Ángel Herreros de
   Mora y Henry Barrington Pratt. Sociedad Bíblica
   Americana, Nueva York, 1865.
2. *Biblia de Jerusalén.* Editorial Española Desclee de
   Brouwer S.A., Bilbao, 1975.
3. *La Biblia de Estudio - Dios Habla Hoy*, Sociedades
   Bíblicas Unidas, Brasil, 2002.
4. *La Biblia Latinoamericana*, Editorial Verbo Divino,
   Estella - Navarra, 2002.
5. *La Sagrada Biblia*, P. Guillermo Jünemann B.,
   A.G.D. Impresiones, Santiago de Chile, 1993.

LIBROS CONSULTADOS

1. Ampuero Matta, Víctor. *Certeza de un Futuro*

Mejor, Casa Editora Sudamericana, Buenos Aires, 1958.

2. Becker, Udo. *Enciclopedia de los Símbolos*, Editorial Robin Book, Ediciones Robinbook S L, Barcelona, 1996.

3. Cannobio, Giacomo. *Pequeño Diccionario de Teología*, Ediciones Sígueme, Salamanca, 1992.

4. Castellani, Leonardo. *El Apokalypsis de San Juan*, Editorial La Esfera de los Libros, Madrid, 2010.

5. Eliade, Mircea. *Imágenes y Símbolos*, Editorial Nuevas Gráficas S.A., Madrid, 1956.

6. Equipo Cahiers Evangile. *El Apocalipsis*, Editorial Verbo Divino, Estella (Navarra), 1994.

7. Finegan, Jack. *Esplendor de las Antiguas Religiones*, Editorial Luis de Caralt, Barcelona, 1964.

8. Fukuyama, Francis. *El Fin de la Historia y el Último Hombre*, Editorial Planeta S.A., Barcelona, 1992.

9. Guénon, Rene. *Símbolos Fundamentales de la Ciencia Sagrada*, EUDEBA, Buenos Aires, 1969.

10. Haag, Herbert. *Breve Diccionario de la Biblia*, Editorial Herder, Barcelona, 1992.

11. Lacunza, Manuel. *La Venida del Mesías en Gloria y Majestad*, Editorial Universitaria S. A., Santiago, 1969.

12. Machado, Antonio. *Campos de Castilla*, Alianza Editorial, Madrid, 2006.

13. Urzúa, Miguel Rafael. *Las Doctrinas del Padre Manuel Lacunza*, Imprenta y Litografía Universo, Santiago de Chile, 1917.

ABREVIATURAS

ANTIGUO TESTAMENTO

- 1 Cr: 1 Crónicas
- 1 R: 1 Reyes
- 2 Cr: 2 Crónicas
- Am: Amós
- Dn: Daniel
- Dt: Deuteronomio
- Ex: Éxodo
- Ez: Ezequiel
- Gn: Génesis
- Is: Isaías
- Job: Job
- Jr: Jeremías
- Lv: Levítico
- Nah: Nahúm
- Neh: Nehemías
- Nm: Números

- Os: Oseas
- Sal: Salmos
- Sof: Sofonías
- Zac: Zacarías

NUEVO TESTAMENTO

- 1 Co: 1 Corintios
- 1 Jn: 1 Juan
- 1 Ti: 1 Timoteo
- 2 Jn: 2 Juan
- 2 P: 2 Pedro
- 2 Ts: 2 Tesalonicenses
- Col: Colosenses
- Flp: Filipenses
- Gl: Gálatas
- Hch: Hechos
- Heb: Hebreos
- Jn: Juan
- Lc: Lucas
- Mt: Mateo

OTRAS ABREVIATURAS

- Cf.: Confrontar
- d.C.: Después de Cristo
- ss: Siguientes

Made in the USA
Middletown, DE
04 June 2021